JN427513

중국의 상관습과 지역별 비즈니스 환경

고영근 · 김동하 공저

부산외국어대학교 출판부

중국의 상관습과 지역별 비즈니스 환경

2010년 2월 28일 1판 1쇄 발행
2010년 9월 20일 1판 2쇄 발행

저　자/ 고 영 근, 김 동 하
발행인/ 유 선 규
발행처/ **부산외국어대학교 출판부**
등　록/ 제 카7-53호 (1988. 9. 1.)
주　소/ 608-738 부산광역시 남구 석포로 15
전　화/ 051)640-3439, 3440　팩스/ 051)640-3580
인터넷/ http://press.pufs.ac.kr

편　집/ 주간 · 김수환, 디자인 · 배영수
인쇄처/ 세종문화사 (051)463-5898
공급처/ 한국출판협동조합 (02)716-5616～9

ⓒ Pusan University of Foreign Studies(PUFS) Press. 2010.

* 저자의 허락없이 발췌·표절·복사 등을 금함.
* 저자와의 협의에 의해 인지를 생략함.
잘못된 책은 바꾸어 드립니다.

ISBN 978-89-8312-328-2　93320

값 12,000원

머리말

세계 4대 문명 발생지인 황하(黃河)와 5천여년 역사를 가진 중국, 그리고 이곳에 사는 중국인들은 복잡하고 다양한 문화를 가지고 있다. 중국인들의 의식 구조는 이러한 역사와 문화의 부단한 영향으로 인해 구성 되었을 것이다.

1949년 공산당 혁명후 성립된 新중국은 수 천년간의 봉건제도에 종말을 고하며 가장 큰 전환을 보여주었다. 이후 공산주의, 평등주의 등 이전에는 경험하지 못했던 새로운 정치・사회・문화 형식이 중국에 도입되었으며, 최근에는 '사회주의 시장경제'로 대표되는 서구식 경제시스템과 제도가 물밀 듯이 쏟아지고 있다. 최근 60년간의 이러한 드라마틱한 변혁은 현대 중국인의 의식 구조를 형성하는 토대가 되었다. 그럼에도 불구하고, 중국에는 신의(信義), 혈연(血緣), 중용(中庸) 등 전통적으로 중시되었고 고양되었던 문화 양식이 아직도 근저(根底)에 자리 잡고 있음을 쉽게 발견할 수 있다.

문학가, 정치인, 역사가, 교육자, 경제학자, 지리학자 등 53명의 중국 국내외 전문가가 중국인의 특성을 서술한 것을 종합하면 대략 다음과 같이 여덟가지로 귀결된다. 먼저 보수주의적 가족주의, 체면을 중시하는 자존심, 관료주의적 인간관계와 개인주의, 숙명론적 낙천주의, 상인으로써 우수한 중국인 기질, 중용과 평화주의, 근검 절약 정신, 애매모호한 언어구조와 대화술 등이다. 본고는 먼저 제 1장에서 이러한 중국인의 의식구조와 그 특징을 고찰하였다.

중국인이 대단한 장사꾼이라는 데에 이의를 다는 이는 없을 것이다. 주판은 이곳 어린아이들의 중요한 장난감이었고 글자를 배우기 이전에 숫자를 먼저 배운다. 복잡한 종교관을 갖고 있는 중국인에게 신앙은 유교, 도교, 불교 등이 복합적인 상태로 구성되어 있으나 각 부분에 공통으로 재신(財神)이 한 부분을 차지하고 있다. 중국인들은 손자병법식 상술에 능했다. 그들은 정세 변화에 적응하는 지혜와 결단의 시기에 밀어붙일 수 있는 용기, 남이 버리면 줍고 원하면 주는 인(仁), 참고 기다릴수 있는 강인함을 가지고 있었다. 중국이 사회주의라는 죽(竹) 의 장막을 치고 난 뒤에도 본토바깥에 거주하고 있는 화상(華商)은 그들의 뛰어난 상술로 성공을 거두었다.

중국을 경험한 외국인들은 중국인의 단점으로 교활함과 능수능란한 거짓말 등을 든다. 그러나 이러한 요소들은 위대한 상인이 되기 위해서는 반드시 갖추어야 할 덕목들이다. 기원전 16세기에 상인(商人)이라는 호칭이 이미 중국에 등장했지만, 그후 중국에서의 상업주의는 엄청난 유교 문화의 무게에 눌려 장사꾼 취급을 받을 수밖에 없었다. 서방에서는 중상주의가 대두되고 산업혁명을 거쳐서 자본주의로 그 결실을 향유할 때도, 공산혁명 중의 중국에서 상업인들은 민족자본을 팔아먹는 매판 자본가의 이름표를 목에 걸고 형장으로 향해야만 했다. 1980년부터 시작된 중국의 개혁개방 정책은 수십년 전의 시각으로 보면 합작 형식을 빌려 외국 자본가와 손을 잡은 매판 자본가의 대량 생산에 지나지 않을지도 모른다. 하지만 중국인의 피에 살아 숨쉬고 있는 천성(天性)인 탁월한 상업성을 발휘할 기회를 제공한 것이다.

본고는 제2장에서 접대 문화 등을 포함한 중국의 상관습을 살펴보았으며, 이와 함께 중국인과의 상거래 전략, 협상 전략을 정리하였다. 중국인은 식사를 '먹는 예술(吃的藝術)'이라고 표현한다. 중국인에게 먹는 것은 단지 에너지 보충이 아니라 오페라 감상, 갤러리의 명화 감상처럼 예술성을 따지는 일이다. 따라서 우리가 중국 상인과의 협상장에 음식 문화를 익히고 상거래에 나서는 것과 그렇지 않는 것은 큰 차이가 있을 것이다.

중국 회계 처리 관행은 현대 중국의 접대 문화와 연결되어 있다. 즉 회사에서 손님에게 식사비로 나가는 접대비는 한도에 따라 적절히 회계처리 할 수 있지만, 술집에서 접대한 영수증의 회계처리는 쉽지 않다. 따라서 현대 중국인은 접대시 반드시 식사 자리에서 술 접대까지 해야하는 시스템적 제한을 가지고 있었다. 이는 한국의 접대 문화와는 다른 점이다. 따라서 중국인의 상거래에 따르는 접대는 식당에서 음식과 술로 대접하는 것을 의미한다. 이는 중국의 상거래가 식탁 위에서 이루어질 수도 있음을 방증하는 근거이기도 하다. 이러한 현대 중국의 접대문화는 수십년간 지속되어왔고, 일종의 상관습처럼 이어져 오고 있다. 따라서 중국인과 식사 예절뿐만 아니라 접대 관습을 아는 것은 중국 상거래의 기본 중 하나를 터득하는 일이다.

본고 3장에서는 중국의 지역 환경을 살펴보고, 권역별 경제 현황을 분석하였다. 중국은 3대 권역, 7개 권역, 8대 권역, 9대 권역 등 여러 가지 방법으로 구분되어 지며, 각 권역은 각기 다른 사회・경제 특성을 가지고 있다. 이러한 특성을 이해하는 것은 투자 대상지뿐만 아니라 비즈니스 환경의 이해 차원에서도 반드시 필요한 과정이라 할 것이다.

최근 중국에 진출한 한국 투자기업들은 급격한 경영환경 변화에 내륙지역으로 진출 혹은 동남아시아로 사업장 전환 등 여러 가지 다변화 전략을 모색하고 있다. 본고에서 분석한 8대 권역은 지리적 인접성, 역사적 연속성, 자연조건의 유사성, 경제발전 수준, 사회구조, 적정 규모, 행정구역의 형태, 연구와 정책 진행의 편리성 등을 고려한 것으로 한국기업의 보다 정확한 권역별 비즈니스 환경 파악에 도움을 주리라 본다.

마지막으로 본고 4장에서는 중국 16개 지역에 대한 상인의 특성을 고찰 하였다. 중국인의 국민성은 지역에 따라서도 큰 차이를 보인다. 장강(長江)을 중심으로 북쪽에 사는 북방인은 대체로 도량이 넓고 인내심이 강하며 의리를 중하게 여겨 비밀을 잘 지키는 대륙적 기질을 계승하고 있다. 북방인은 역사적으로 정권과 문화를 주도해 왔기 때문에 남방인을 무시하는 경향이 있다. 남방인은 전통적으로 상업에 능하고 두뇌 회전이 빠르다. 남방 상인은 일단 계약이 체결되었더라도 불이익이 예상되면 이를 지키지 않는 경우도 있다.

중국인의 공통점을 발견하는 일도 중요하지만 자신이 만나는 중국인의 계층이나 신분, 출신 지역에 따른 차별성을 파악하는 일이 필요하다. 내가 만난 중국인은 모든 중국인을 대표하는 사람은 아니다. 우리가 상거래에서 새로운 잠재 고객을 접할 때 그의 출신 지역을 알고 그 지방의 문화에 맞추어 고객을 접대한다면, 큰 무례나 실수를 피할 수 있을 것이다. 중국인의 일반적인 상관습 이외에도 지역에 따라 차이를 둔 상관습을 알아야 될 필요성이 여기에 있는 것이다.

중국은 땅이 넓고 물산이 풍부(地大博物)한 나라이며 광활한 지리만큼이나 지역문화 격차도 큰 국가이다. 북경 상인, 광동 상인, 상해 상인이 모든 중국 상인을 대표할 수 없다. 아무쪼록 중국 상인의 넓고도 깊은 특성을 이해하려는 여러 독자들의 첫걸음 역할을 본고가 해 내길 기대한다.

2009년 12월

저자 고영근 · 김동하

목차

제1장
중국인의 의식 구조

1. 중국인 의식 구조의 형성

세계 4대 문명 발생지인 황허(黃河)와 5천여년 역사를 가진 중국, 그리고 이곳에 사는 중국인들은 복잡하고 다양한 문화를 가지고 있다. 중국인들의 의식 구조는 이러한 역사와 문화의 부단한 영향으로 인해 구성 되었을 것이다.

1949년 공산당 혁명후 성립된 新중국은 수 천년간의 봉건제도에 종말을 고하며 가장 큰 전환을 보여주었다. 이후 공산주의, 평등주의 등 이전에는 경험하지 못했던 새로운 정치 · 사회 · 문화 형식이 중국에 도입되었으며, 최근에는 '사회주의 시장경제'로 대표되는 서구식 경제시스템과 제도가 물밀 듯이 쏟아지고 있다. 최근 50년간의 이러한 드라마틱한 변혁은 현대 중국인의 의식 구조를 형성하는 토대가 되었다. 그럼에도 불구하고, 중국에는 신의(信義), 혈연(血緣), 중용(中庸) 등 전통적으로 중시되었고 고양되었던 문화 양식이 아직도 근저(根底)에 자리 잡고 있음을 쉽게 발견할 수 있다.

1) 혈연주의에서 꽌시로

중국에는 가족개념의 확대를 위해 양자를 삼아 키워주는 풍습이 있다. 중국 前총리 리펑(李鵬)이 저우언라이(周恩來)의 양자라는 것은 널리 알려져 있는 사실이다. 이처럼 지금도 중앙 정치 실력자의 2세나 양아들이 정계에서 영향력을 행사하고 있다. 이들 그룹을 '태자당(太子黨)'이라고 하는데, 개방이후 특히 경제 부문에서 맹활약을 벌이고 있다.

혈연주의는 '꽌시(關係)'로 연결되어 진다. 이는 비록 혈연으로 맺어지지 않았지만 사적인 관계 혹 네트워크를 형성하여 서로의 이익을 보전하려는 '현대식 혈연주의'가 중국에서 '꽌시'라는 개념으로 등장하는 것이다. 관계가 가까워져 자기사람이 되면 확실하게 믿고 밀어준다. 유력인사의 추천이나 소개장은 큰 힘을 발휘한다. 이를 동원하면 없는 비행기표도 구할 수 있고 건물의 고도제한도 풀 수 있다. 새 친구를 오랜 친구로 만들어 확실한 '꽌시'를 쌓아 놓는 일은 중국 상인과의 거래시 중요한 일이다. 중국에서 비즈니스는 인맥 구축이 사업 성공의 결정적인 요인이 될 경우가 다른 나라에서의 경우보다 많다.

'꽌시'는 신의(信義)를 토대로 구축된다. 신의를 중요하게 생각한다는 것은 역설적으로 보면 의심하는 구석이 많다는 점이다. 다른 사람을 잘 믿지 않는 중국인의 속성은 전쟁과 권력 투쟁으로 형성된 역사와도 무관하지 않다. 홍(紅)에서 전(專)으로, 우(右)에서 좌(左)로 끊이지 않는 권력 이동과정에서 살아남기 위해서는 자신과 혈육밖에 믿을 사람이 없다는 의식을 갖게 됐다.[1)]

2) 사회주의와 현대 중국인의 형성

'몫이 적은 것 자체는 문제가 되지 않는다. 다만 다른 사람보다 내 몫이 적을 때 문제가 된다.' 이는 1949년 공산당의 新중국 성립후, 새롭게 구축된 사회주의 의식 구조를 표현하는 가장 적절한 표현일 것이다.

이는 사회주의 체제 아래서 평등주의에 물든 중국인의 의식 구조를 나타내고 있다. 일을 열심히 하지 않는 사람도 결과의 균등 분배를 실현하는 사회주의 체제라는 우산 아래 보호를 받아왔다. 자기 몫을 인정하지 않는 체제가 일을 열심히 하려는 사람들의 의욕을 무력화시켜 놓았다. 균등 분배의 악순환으로 개방개혁 이전의 중국 사람들은 평균 수준의 일을 대충 대충 하면서 살아왔다. 교사와 의사 그리고 근로자 모두 8시간 일을 한 대가(임금)는 큰 차이가 나지 않았다.

1980년대의 개혁개방, 1990년대의 '사회주의 시장경제'의 도입, 2001년 WTO 가입으로 이러한 사회주의 의식구조는 빠른 속도로 변하고 있다. 그럼에도 불구하고, 지금도 이 같은 사회주의 잔재는 중국인의 의식구조에 뿌리깊이 박혀있다. 이러한 평등주의 의식은 한국 투자기업의 노무 실패 사례에서도 증명된 바 있다. 즉 모두가

---

1) 중국 공산당 안에서 명시적, 또는 묵시적으로 대립 · 갈등 관계에 있던 두 노선을 말한다. 하나는 이념적 정치적 목표가 앞세워지며, 의식 혁명, 도덕적 誘因, 혁명전통의 계승이 경제발전보다 중시되는 좌파노선[紅]이며, 다른 하나는 경제발전의 우선, 행정의 능률, 과학적 전문화의 추진, 물질적 유인이 강조되는 실용주의 노선[專]이다. 전자는 三面紅旗운동, 문화혁명에서 표현된 毛澤東 사상이 핵심이며, 후자는 鄧小平으로 대표되는 개혁개방정책으로 볼 수 있다. 따라서 [紅]은 이념을 대표하며, [專]은 경제 발전을 중시한다.

동의하지 않는 일방적인 보너스 제도의 섣부른 도입은 기업의 효율을 향상시키기 보다는 노사 분규만 초래했기 때문이다.

3) 역사가 가르친 중용

역사가 2천년도 더된 유학자들의 가르침인 중용지도(中庸之道)는 현대 중국인의 의식구조에서 아직도 유효하다. 현대를 살아가는 처세술을 주제로 한 베스트 셀러에서도 늘 등장하는 단골 메뉴이기도 하다.[2] 과유불급(過猶不及)은 너무 지나침을 꾸짖고 있으나, 중용은 지나침도 모자람도 모두 경계하고 있다.

지금도 중국인은 "먼저 나는 새가 총 맞는다(槍打先鳥)"는 말을 자주 한다. 5천여년의 역사동안 2년에 한번 꼴로 전쟁을 치른 과거의 역사에서 터득한 생활 지혜다.

이 같은 소극적 후퇴 철학은 사회주의 체제 아래서 더욱 심화 되었다. 「新중국경제사」에 묘사된 대약진 시기(1958~1960년), 다음과 같은 당시 농촌 풍경은 중국인의 경험이 어떤 것이었는지 여실히 보여준다. "인민공사(人民公社) 집단농장에서 일하는 인민은 종

---

2) 四書의 하나. 《中庸》의 작자에 대하여는 孔子의 손자인 子思라는 설이 있으나 확실하지 않다. 구성은 전체 33장이며 1장에서 天命·性·道·敎로써 중용의 철학적 근거를 밝힌 뒤 '致中和天地位焉萬物育焉(중화를 이루면 하늘과 땅이 제자리에 있게 되고 만물이 자라게 된다)'이라는 중용 최고의 경지를 밝혔다. 12~20장은 공자의 말과 詩經을 인용하여 中庸之道의 원리와 작용을 밝히고, 중용과 중화의 관계를 體와 用으로 설명하였다. 21~26장은 '誠은 하늘의 도요, 성되려는 것은 사람의 도'라 하고, 27~33장은 至誠을 체득한 성인의 도·德·敎化에 대하여 설명하였다. 주희의 설명에 따르면 中이란 한쪽으로 치우치지도 기울지도 않으며 지나침도 못미침도 없는 것을 일컫고, 庸이란 떳떳함(平常)을 뜻함으로써 인간 性品의 이치를 담고 있다.

소리와 함께 아침 일을 하러나간다. 종치는 사람이 종을 치지 않으면 나가지 않는다. 일을 나가서도 2km가 넘는 밭고랑 한가운데서 눈치를 살피며 논다. 일을 열심히 하는 사람에게 다른 사람들은 '열심히 하면 너만 힘들고 우리 모두가 피곤해진다'며 만류한다."

다시 40년이 지난 후, 某대학 졸업식장에서 총장은 여전히 졸업생에게 "좌우 전후 상하로 눈치를 살피되 앞서려고 하지 말라"며 중용사상(中庸思想) 철학으로 축사를 대신 한다.

중국의 사회주의 체제는 '서두르면 빨리 죽는다(急人急死)', '빨리 갈려면 오히려 도달하지 못한다(欲速則不達)' '조심해야 복이 많다(小心多福)'라는 소극적이고 후퇴적인 생활관을 가지도록 만들

자료: 상해시 인민정부 홈 페이지 (2009.11)

〈사진 1〉 상해시 금산현에 남아 있는 인민공사 유적지

었다.

中庸之道는 옛 것에 집착하는 수구주의(守舊主義)를 조장했고, 이는 또 공로를 세우기 위하여 노력하기보다는 과오를 범하여 처벌 받지 않으려는 소극주의를 형성하였다. 난득호도(難得糊塗)라는 관용어가 중국에 있다. 청나라의 정판교(鄭板橋)라는 화가가 한 이 말은 '어수룩해지기가 어렵다'라는 뜻인데 바꾸어 말하면 '총명하면 반드시 화를 입는다'라는 뜻이기도 하다. 중용(中庸)은 이러한 수구(受舊)에 바탕을 두고 있다. 극단(極端)은 화를 초래한다는 관념 역시 중국인 마음속 깊이 뿌리 잡고 있다.

4) 중국인이 본 중국인

많은 중국의 지식인은 중국의 봉건체제(封建體制)와 사회주의체제에서 형성된 소극적인 중국인의 의식구조와 국민성을 질타했다. 유명한 근대 문학가 노신(魯迅 · 1881~1936)은 1923년에 발표된 아큐정전(阿Q正傳)에서 지주 집 머슴 '아큐(阿Q)'를 통해 피해정신에 사로 잡혀 떳떳하지 못하게 살아가는 중국인을 신랄하게 비판했다. '중국인은 누군가가 나서서 말해주지 않으면 안 된다'라고 주장한 노신은 '아큐'라는 중국의 전형적인 인물을 주인공으로 신해혁명을 전후하여 봉건사회의 몰락과정에서 나타난 중국인의 나약성 · 비겁성 · 비굴성 등 중국인의 약점을 고발하여 민족의 각성을 촉구한 바 있다.

또한 대만 문학가 보양(柏楊)은 1984년 발표한 '추한 중국인(醜陋的中國人)'에서 중국을 거대한 장독(醬缸)에 비유하여, 보수적이

자료: 新華網(2009.10)

〈사진 2〉 2003년 사스 유행시, 침을 뱉지 말자는 공익 포스터

고 폐쇄적인 중국인의 속성을 질타했다. 장독 속에는 사과, 배, 바나나, 파인애플, 귤 등 아무리 신선한 과일을 많이 넣어도 장이 되고 만다는 의미를 통해, 고질적인 중국병을 지적하였다. 그가 지적한 중국병은 교만함, 불결함, 무질서, 소란스러움 등이 있다.

5) 특성화 되어진 중국인의 성격

53명에 달하는 문학가, 정치인, 역사가, 교육자, 경제학자, 지리학자 등의 중국 국내외 전문가가 중국인의 특성을 서술한 것을 종합하면 대략 8가지로 귀결된다. 먼저 이들은 보수주의적 가족주의(20.7%)를 꼽았으며, 그 다음으로 체면을 중시하는 자존심(16%)을 들었다. 개방성이 아닌 보수성, 가족 중심주의, 체면 등이 중국인을 대표하는 3대 특성으로 꼽힌 셈이다.

다음으로는 관료주의적 인간 관계와 개인주의(14.7%), 숙명론적 낙천주의(14%)가 뒤를 이었고, 상인으로써의 우수한 중국인 기질은 53인 전문가중 13.3%가 지적했다. 즉 모든 중국인이 장사를 잘하는 장사꾼 기질이 있는 것은 아님을 알 수 있다.

우리가 널리 인지하고 있는 중국인의 특성에 해당되는 중용과 평화주의(10.7%), 근검절약 정신(6.7%), 애매모호한 언어구조와 대화술(4%)의 비중은 그다지 높지 않다. 물론 조사 대상 전문가들은 19세기부터 20세기말까지 비교적 최근에 활동했던 이들로, 아마 조사 시기가 더 이전 시대였거나 2000년 이후였다면 또 달라졌을 것이다. 그러나 위 8가지 특성은 그 비중만 다를 뿐, 역시 모두 중국인 성격을 특성화 하는 요인으로 다시 꼽혔을 것이 분명해 보인다.

중국인은 싱싱한 활력과 열정을 연상시키기보다는 조용하고 수동적인 저항력, 진화와 정복보다는 저항과 인내로써 이루어진다. 가장 나쁘면서 또한 뚜렷한 중국인의 특징은 참을성, 무관심이다. 참을성은 인구 과잉과 경제적 압박 속에서 비롯된 것으로 특히 중국 가족제도의 결과로 생겨난 것이다. 무관심은 주로 개인의 자유에 대한 법의 보호와 제도적인 보장이 없기 때문에 생긴 것이다.

참을성이 강한 것은 누구도 부정할 수 없는 중국인의 미덕 중 하나이다. 그러나 참을성이 너무 지나치면 악덕이 된다. 중국인들은 전제(專制) 정치, 무정부상태, 그리고 학정을 참고 견디어왔다. 중국인들은 그러한 것들을 오히려 자연 법칙의 일부인 것처럼 생각했던 것 같다.

〈표 1〉 53인의 중국 국내외 전문가 지적한 중국인의 특성

전문가가 지적한 중국인의 특성	지적수	비중(%)
보수주의적 가족주의	31	20.7
체면 중시의 강렬한 자존심	24	16
관료주의적 인간관계 중시와 개인주의	22	14.7
숙명론적 낙천주의	21	14
돈의 가치 부여와 우수한 상인정신	20	13.3
중용을 따르는 평화주의	16	10.7
근검절약의 생활화	10	6.7
애매모호한 언어구조와 대화술	6	4
합계	150건	100%

주: 53인 전문가에는 孫中山, 梁啓超, 魯迅, 陳獨秀, 胡適, 林語堂, 蔡元培, 費孝通, 錢穆, 柏楊, J.Dewey, R.Gilbert, R.Wilhelm 등 정치가, 문학가, 역사가, 경제학자, 교육자, 지리학자 등이 망라됨.
자료: 沙蓮香(1990) 및 이상준(2008)

중국인은 감정을 표시할 때 아주 신중하며, 직접적인 감정표현을 경시하는 경향이 있다. 때로는 어떤 상황에서든지 약간의 감정조차 표시하려 들지 않는다. 따라서 이별이나 사망 시에도 노골적으로 나타내지 않는다. 내면의 기쁨이나 슬픔도 자기의 기분만 표시할 뿐 언어와 태도로 나타내지 않는다. 그러므로 타인에게 공개적으로 친밀감을 표시하거나, 심지어 부모와 자녀간에도 공개적으로 사랑을 표시하는 것을 어색하고 부자연스럽게 여기는 경향이 있다.

한 외국인 선교사는 처음 중국에 왔을 때 '중국인에게 감정이 결여되었다'고 느꼈는데, 12년 간 중국에서 생활한 이후부터는 그의 생각이 바뀌었다고 한다. 일정한 거리를 유지하며 감정을 표시하는 방식은 중국인의 일반적인 경향이다. 이런 방식은 외국인에게 습관

화되지 못하였기 때문에 '불성실하거나 신경이 둔하거나 감정이 마비되었다'는 등의 오해를 가져 올 수 있다. 그러나 자기의 감정을 일정한 거리를 두면서 관찰한 선교사에게 중국인은 '예법이 밝고 현실적이며 낙천적이고 유머가 있다'로 다시 표현 되었다.

2. 전통적인 중국인의 의식구조

1) 중화사상(中華思想)

대국주의로도 표현될 수 있는 중화사상은 중국 문화를 이루는 근간 중의 하나이다. 중국이 세계의 중심이고, 세계는 중국으로 중국은 세계로 통한다는 것이 중화사상의 기본이다. 실지로 수 백년 전까지만 하여도 만리장성 밖의 모든 나라들은 오랑캐였고, 한국은 중국에 조공을 바치고 일본은 이러한 한국에서 문화를 배워 갔으니 지금의 경제 성적표의 석차 순위는 역사 성적표에 이르러서는 역순이 되는 셈이다. 지금 글을 읽을 수 있는 모든 중국인들은 손에 이런 역사 성적표를 들고 있다. 중화사상은 中華民族優越主義(Sinocentrism)로 표현되기도 하며, 즉 중화민족의 우월감에서 비롯되었다는 평가도 있다.

이러한 중화사상은 일반 중국인들에게 보편화 되어 많은 중국의 관광지를 가보면 외국 관광객들을 상대하는 관계자들이 영어를 하려는 노력조차도 하지 않는 것을 볼 수 있다. 이는 정부의 방침이나 제도와는 무관하게, 중국을 보러 오는 외국인이면 중국어를 당연히 알아야 한다는 개인적인 중화 의식이 그 바탕이다.

중국에 오는 외국 가수는 중국어 노래를 해야만 중화사상으로 무장한 이곳의 청중들을 감동시킬 수 있고, 외국인들이 칭글리쉬(Chinglish=Chinese+English) 라고 놀리는 특히 주요 공공 장소에 붙어 있는 엉터리 중국식 영어 문구들은 고치지 않는다.

중국에 들어오는 모든 외래어는 중국어 이름을 갖게 된다. 미국의 GM이나 GE의 회사명은 이곳에서는 通用公司로 불리고 있음은 상당한 중국어 공부를 하기 전까지는 상상도 할 수 없는 일이다. 제너럴 모터(GM)나 제너럴 일렉트릭(GE) 중의 General 이라는 영어 단어의 뜻풀이 결과이다. 1995년 3월에 북경에서 공연을 가진 호주의 록 그룹 Air Supply의 중국 이름은 공기 보급(空氣補給)이다.

1995년 67회 아카데미 시상식에서 6개 부문을 수상한 톰 행크스 주연의 포레스트 검프(Forrest Gump)가, 북경에서도 같은 해 6월에 상영되었다. 이 영화의 이름을 중국인들이 어떻게 지을까 자못 궁금하였는데 결론은 아감정전(阿甘正傳)이 되었다. 중국의 유명한 현대 문학가 노신(魯迅)의 대표작 아Q정전(阿Q正傳)은 阿Q라는 저능아를 통하여 봉건사상의 질곡에서 벗어나지 못하고 있는 중국을 질타한 작품이다. 역시 Forrest Gump라는 인물을 통하여 미국사 전반에 비판을 가하고 있는 이 영화 내용을, 주인공 이름 중 검프와 비슷한 음이 나는 姓인 감(甘)을 음역자로 따와서 지은 阿甘正傳이란 제목만 보고도 짐작할 수 있다.

음역이나 훈역이라는 일정한 과정을 통해서 이루어지는 이러한 현상을, 모든 외래문화를 중국의 것으로 용해 흡수시키는 同化主義로 해석하는 이도 있으나, 中華思想도 근본에 있을 것이다. 이들의 중화사상은 이곳의 우체국 차량이 POST라고 영문 표기를 하는 것도 못마땅해한다. TAXI라는 영문 표기는 외국 관광객의 편의를 위하여 어쩔 수 없다지만, 녹색의 우체국 차량에 POST라고 단 표지는 불필요하다는 주장을 펼치는 것을 중국신문에서 읽었다.

이러한 중국의 문화를 잘 이해하고 있는 외국 회사들은 중화사상을 광고에 이용하여 상당한 효과를 거두고 있다. 다국적 정유 회사인 쉘은 그들의 기업 이미지 광고를 통하여 '중국인은 저력이 있는 중화 민족이며 반드시 멀지 않은 장래에 선진국으로 발전할 것'이라고 예언하여 준다. 그리고 '그 발전에 우리 회사가 한 몫을 담당하면 대단한 영광'이라고 자신을 낮춘다. 물론 이 광고는 중국인들의 자부심을 살려주는 효과 만점의 기업 이미지 광고이다. 몇 시간 후 같은 채널에서 상품 광고를 하는 쉘 윤활유가 중국에서 잘 팔리는 것은 하나도 이상하지 않다.

2) 메이 꽌시(沒關係)

메이 꽌시(沒關係)라는 중국어는 나와는 관계가 없다는 뜻이다. 일단 나와 관계가 없어지면 남남이고, 남남이면 그 대우는 상상을 초월할 정도로 냉혹해진다. 중국에서 공공 물건이 함부로 다루어지는 것도 나와 관계가 없는 공공의 소유이기 때문이다. 봉건주의는 주종 관계를 낳았고 황제 한사람 이외의 그 밑 모든 사람들은 신하의 관계였다. 따라서 우리가 이야기하는 '주인 정신'이라는 개념은 중국인들의 의식 속에 존재하지 않았다. 단지 주인이 아닌 사람들이 모여, 내 것인지 아닌지 혹은 나와 관계가 있는지 없는지를 따지게 되었다.

'메이꽌시'는 '괜찮다'라고 해석되기도 한다. 왜 괜찮은가 하면 나하고 관계가 없기 때문에 괜찮은 것이다. 쓸데없이 남의 일에 참견하는 사람에게 '샤오꽌시엔스(少管閑事)'라고 말하는데 이는 당신과는 상관없는 일에 끼여들지 말란 뜻이다. "집 앞 눈만 썰어내면 되지, 이웃 지붕 위 서리는 상관할 바 아니다(各人自掃門前雪,莫管他人瓦上霜)."라는 격언이 있다. 중국인은 한국인과 달리 남의 일을 잘 간섭하지 않는다. 이를 뒤집어 보면 '꽌시(關係)'를 매우 중요시한다는 사실을 알 수 있다. '꽌시'는 우리나라에서 인간적인 네트워크 혹은 인맥으로 표현될 수 있을 것이다.

자급자족의 개념에서 보면 이 沒關係는 나와 관계없는 다른 성(城)의 사람이라는 말이다. 따라서 전혀 이해관계가 없는 다른 마을이나 사회단체의 사람이니 더 이상의 상황 진행이 될 수가 없다. 실제로 쌍방간에 이러한 공통의 關係가 없어서 비지니스의 경우 서울에서 비행기 타고 온 수입상의 상담 요청을 한마디로 거절하거나, 유학생의 경우 입학원서조차 못 얻는 상황이 벌어지기도 한다. 물론 지금은 '돈' 이라는 모든 이의 關係 공통분모가 혈연이나 지연과 동등하게 그 위력을 발휘하고 있기는 하다. 중국의 문화 중 가족주의나 종족주의 역시 이 沒關係에 연유한다.

3) 혈연주의

봉건사상은 가족간의 유대를 공고히 하게 하였고 이것은 혈연주의를 낳게 되었다. 현재 북경시에 문을 열고 있는 사유기업의 고급

간부 60% 이상이 형제 친척 지간이라는 통계를 일간지에서 보았다. 현재까지도 존재하는 중국의 문화 중의 하나가 바로 이 혈연주의이다.

1980년대, 대만에서 '中共 태자당'이라는 책이 출판 된 적이 있다. 중국 공산당은 이제는 나이가 들어 주요 1선에서 물러난 혁명1세대들의 자식들로 구성된 태자당(太子黨)이라는 내용이 그 요지이다. 또한 덩샤오핑(鄧小平)의 아들과 딸은 지금 어느 직책에, 양상쿤의 자식들은 지금 어느 요직(要職)을 차지하고 있으면서 치부(致富)를 하고 있음을 자세히 적어 놓았다.

물론 이 책은 발행과 동시에 중국에서 금서 목록 첫 페이지에 들어가 있다. 지금도 바이두에 太子黨이라는 검색어를 입력하면, '지금 당신이 입력한 검색어는 현행 법률에 저촉될 수 있습니다' 라는 경고 문구와 함께 '현행 법규에 따라 일부 검색 결과는 보여지지 않습니다'라는 설명문이 붙은 검색 결과를 볼 수 있다. 太子黨은 아직도 중국에서 금기어인 셈이다. 하지만 이 책을 쓴 대만의 현실도 당시에는 국민당정부 최고지도자였던 장개석(蔣介石)의 장남인 장경국(蔣經國)이 통치할 시절이었으니, 중국 민족으로 이루어진 대만 역시 혈연주의의 예외가 아니었다.

중국에는 깐푸(乾父), 깐무(乾母) 라는 호칭이 있다. 즉 혈연 지간이 아닌 의부모(義父母)를 부르는 용어이다. 한자 뜻대로 따뜻한 피가 아닌 메마른(乾) 관계로라도 혈연관계를 맺어 놓으려는 중국 특유의 혈연주의가 낳은 부산물이다. 현 중국의 지도층을 보면 하나의 거대한 가계(家系)가 형성된다. 여기에는 실제 혈연관계가 아닌 乾父, 乾母에 의해서 맺어진 가계도 포함된다.

중국 前국가주석인 장쩌민(江澤民)은 前국가부주석 리시엔니엔(李先念)이 乾父이며, 국무원 前총리 리펑(李鵬)은 乾父가 前총리 저우언라이(周恩來)이고 乾母가 덩잉초(周恩來의 부인)이다. 국무원 前부총리인 저우지아화(鄒家華)는 중앙군사위원회 前부주석인 예진잉(葉劍英)의 사위이다. 국무원 국무위원을 역임한 리티에잉(李鐵映)은 중국 원로 정치인 리웨이한(李維漢)의 친아들이다. 중앙정치국 위원이었던 양바이빙(楊白冰)은 軍의 1인자 자리를 차지했던 양상쿤(楊尚崑)의 친동생이다.

혈연주의는 지금도 계속되고 있다. 후진타오 이후 중국 차기 지도자로 부상하여 우리에게도 잘 알려진 시진핑(習近平)상무위원은 前부총리 시중쉰(習仲勳)의 아들이며, 대련시장 · 요녕성장 · 상무부 장관을 거치며 한국과도 인연이 많은 보시라이(薄希來) 중경시 당서기는 前부총리 보이보(薄一波)의 아들이다. 위정성(兪正聲) 호북성 당서기는 로얄 패밀리 그 자체인데, 청나라 정치가인 증국번(曾國藩)의 5대 외손자이며, 아버지는 기계부장관, 어머니는 북경시 부시장, 부인 역시 부총리 장아이핑의 딸이다.

요즘 태자당은 개혁개방과 경제발전을 배경으로 정계가 아닌 비즈니스 업계에 포진하고 있다는 점이 좀 다르다. 최고 에너지기업 화넝(華能)을 이끌고 있는 리샤오펑(李小鵬)은 리펑 전 총리의 아들이다. 후진타오 주석의 아들 후하이펑(胡海峰)은 유명 IT그룹인 칭화퉁팡(清華同方)총재이며, 원자바오 총리의 아들 원윈쑹(溫云松)은 유망 IT기업 유니허브(Unihub)사의 총재다. 주룽지(朱鎔基) 전 총리의 아들 주윈라이(朱云來)는 중국 국부펀드 운용기관인 중국국제금융공사(CICC) CEO로 아버지에 이어 공기업에서 중국경제를 좌지우지 하고 있다.

4) 꽌시와 혈연주의가 만든 차별

'메이 꽌시'는 곧 편견과 차별로 통한다. 중국인은 일정 수준의 편견과 차별의 개념을 가지고 있다. 먼저 대외적으로 중원 밖의 나라 사람인 외국인에 대해서 이 편견이 적용된다. 무엇을 잘해도 혹은 못해도 외국인이라서 그렇다는 판단이 우선한다. 내적으로는 중국인들 자체의 차별이 존재한다.

중국은 55개의 소수 민족과 현 지배 민족이자 다수 민족인 한족(漢族)으로 구성된 나라이다. 중국이 현재 실시하고 있는 소수 민족 정책은 다른 UN 회원국이 배워 갈 정도로 완벽하다. 소수 민족의 문자와 언어를 존중하고 그들의 문화가 전승될 수 있도록 실질적인 지원을 하고 있다.

중국이 하루아침에 이러한 민족 관리 정책을 보유한 것은 아니고 역시 5천년의 역사와 같이한다. 역사 이래로 중국 민족들은 변방국과 - 여기에는 한국도 포함된다 - 타 민족들을 다루어 오는 실질적인 교육을 받아 왔다. 이러한 교육의 실패는 곧 나라의 흥망과 이어졌고 후대는 선대보다 더 낳은 민족 관리 정책 경험을 보유할 수 있게 되었다.

중국의 마지막 왕조인 청나라는 4백만 남짓의 소수 민족인 만족(滿族)이 중국이라는 대국을 267년간 다스린 왕조였다. 비교적 태평성대를 누린 이 清朝의 성공 요인으로 滿族이 漢族에 완벽이 同化한 점을 꼽는 이도 있으나, 만족이 한족을 성공적으로 관리한 점도 있다. 물론 이는 몽고족이 세운 원나라의 패망을 교훈 삼은 청나라의 정책 덕이기도 하다.

그렇다고 여기에 차별이 없는 것은 아니다. 중국인의 신분증에는 민족 표시란이 있다. 즉 모든 중국인은 조선족, 만족, 몽고족, 漢族 등 자신의 출신 민족으로 구분이 지어진다. 이것부터가 차별이다. 각 자치구의 가장 높은 자리에는 漢族 출신 공산당이 자리잡고 있다. 물론 제2인자는 그 지역 민족 출신 공산당원이다. 명목은 공산당의 지도하에 소수 민족을 올바른 길로 이끌어 가기 위해서이지만 민족 차별 관점에서 보면 漢族의 소수 민족 관리 · 지도이다.

일부 소수민족 젊은이들이 어떤 이유에서건 중국인들을 비난하기도 한다. 그들이 비난하는 중국인은 바로 漢族이고 이유를 들어보면 대부분 차별로 귀결된다. 무능한 상사가 漢族이라는 이유만으로 해외 교육을 간다거나, 승진에 차별이 있다거나, 민족 차이로 인해 무시를 당한다 등이다.

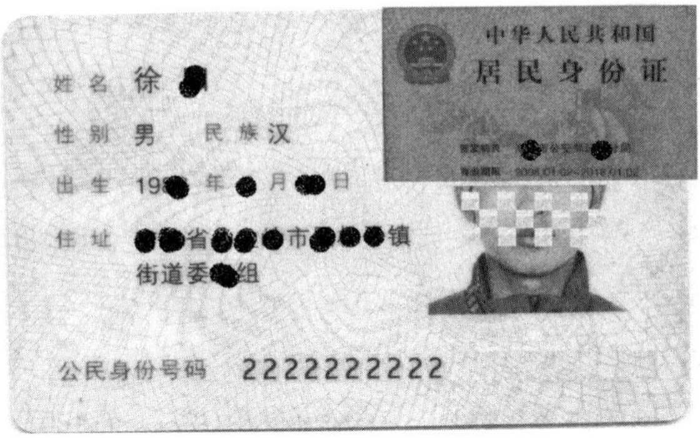

자료: 바이두 사진 D/B 검색 (2009.11)

〈사진 3〉 민족 구분이 되어 있는 중국 주민신분증

5) 체면(面子) 차리기

체면으로 풀이될 이 '미엔 쯔(面子)'는 우리나라에도 있는 중요한 문화 중의 하나이다. 중국이나 한국 모두 유교 문화 사상을 가진 국가여서 충효 사상이나 교육 중시 등은 공통으로 보이는 문화이다. 우리가 학교에서 배운 예절 교육이나 父子有親, 長幼有序 같은 삼강오륜 역시 중국인들의 문화 의식 속에서 존재하고 있다.

중국에는 '왕빠딴'(王八蛋)이라는 욕이 있다. 여러 가지 의미를 가지고 있는 이 욕은 가장 덜 심한 한국말로 옮기자면 '개자식' 정도가 된다. 하지만 이전의 王八蛋의 세 글자 중 王字는 임금 王字가 아닌 잊어버릴 忘字였다. 물론 王이나 忘 역시 중국어 발음으로는 동일한 '왕'이다. 즉 이전의 王八蛋은 忘八蛋이었고 이는 8가지 덕목 - 즉 3가지 강령과 5가지 윤리 규범인 三綱五倫 - 을 잊어버린 人性이 없는 자식 (알을 나타내는 蛋은 '놈'이란 뜻이다) 이라는 상당히 고급스러운 욕이었다. 욕에서조차 삼강오륜을 통해 체면을 찾고자 하는 중국인이다.

중국인의 여러 행동은 체면 차리기와 무관하지 않다. 중국인에게 선물을 주면 80년대에는 두세 번 사양을 하고 나서 마지 못해 받았다. 물론 계속 사양한다고 세 번째에 선물을 안주고 가 버리면 王八蛋 욕을 먹을 것이다. 하지만 90년대에는 사양하지 않고 그냥 받는다. 하지만 다음에는 절대 이런 선물하지 말라는 인사치레 말로서 역시 최소한의 체면을 차린다. 물론 다음에 정말로 안하면 그 사람은 王八蛋이다.

중국에서 벌어지는 많은 의식(儀式)들은 모두 이 체면 차리기와 무관하지 않다. 어느 도시에서 상점을 개업한다고 하자. 이 상점의 성공 여부는 얼마나 많은 체면을 차렸는가에서 결정 난다. 먼저 상점의 제일 중요한 이름(상호)은 반드시 중요한 권력자가 - 시장이나 군수 혹은 면장이라도 - 붓글씨로 적어 준 것이 간판으로 걸려야 한다. 즉 '친필휘호(親筆揮毫)'를 써 준 사람이 시장이면 이 상점은 시장의 체면과 동격인 셈이다.

상점 안을 들어가 보자. 시장이나 더 높은 사람이 식당에 와서 찍은 사진이 걸려 있어야 체면이 더 올라간다. 옛날 같았으면 고관대작의 일필휘지 친필 족자가 그 역할을 대신했을 것이다. 마지막으로 국가검정기관이 수여한 여러 가지의 상장과 상패가 전시되어 있어야 한다. 이러한 최소한의 체면을 차리고서 나서야 우수한 상품과 싼 가격으로 승부를 내려 한다.

아직도 많은 외국기업의 중국내 합작 계약식에 나가 보면 전혀 기업과는 관계없는 정치인들이 계약 식장에 종종 등장한다. 이는 중국에서의 성공 보장을 위한 '체면 차리기'에의 첫걸음이기 때문이다.

물론 중국인들도 서로 친한 이들은 체면이고 뭐고 없이 허물없이 터놓고 지내기도 한다. 하지만 사업상이건 업무상이건 아직 서로의 체면이 살아 있을 때는 이야기가 달라진다. 남의 체면을 100%에 더해서 10%라도 더 챙겨 줘야, 남도 내 체면을 최소한 100%는 챙겨주리라는 황금률을 모두 가지고 있는 것이다.

중국인의 체면은 단순한 자존심에 관한 문제라기보다는 위신과 존엄에 관한 문제일 것이다. 일반적으로 중국인과의 상거래에 임하는 외국인은 무엇이 중국인의 체면을 손상시켰는지는 알 수 있으나, 어떻게 하는 것이 상대방의 체면을 세워 주는 것인지에는 익숙하지 못하다.

6) 만만디(慢慢的)의 느긋함

우리에게 소개되거나 널리 알려진 중국인의 특성 중 대표적인 것이 만만디(慢慢的)의 나라 혹은 차부뚜어(差不多) 일 것이다. 무엇이든지 천천히 그리고 대충 대충으로 해석할 수 있는 이 두 가지 문화는 중국의 전반에 흐르고 있는 중요한 의식임에 틀림없다.

현재 중국의 수도인 북경은 5천년이 넘는 중국 역사에서 보면 북방의 변방 도시였다. 북방의 오랑캐들을 막기 위한 만리장성에 접해 있던 국경 수비 도시였다면 더 정확한 설명이 될 것이다. 역사적으로 보면 중국은 두개의 강이 흐르는 두 가지 유역을 중심으로 발달해 왔다. 그 하나는 서안(西安) – 낙양(洛陽) – 정주(鄭州)로 이어지는 황하(黃河) 라인이고 나머지는 무한(武漢) – 남경(南京) – 상해(上海)로 이어지는 장강(長江) 라인이다. 지금은 화남(華南) 혹은 화중(華中)으로 분류되는 이 지역의 문화 혹은 민족성이 중국의 문화와 민족성을 형성해 왔다 하여도 과언이 아니다. 즉 중원(中原)으로 표현되었던 중국의 중심이 바로 이 두 유역 사이인 것이다.

이 지역은 대표적인 농경 지대로서 춥고 배고픈 북방 지역과는 달리 풍족한 물자와 자원을 향유하던 지역이다. 따라서 급하거나 서두를 필요가 없었고 이러한 기후적 환경은 이 지역의 중국인의 문화 의식 형성에 지대한 영향을 미쳤다. 慢慢的는 농경 사회 생활에서 형성된 문화로서 그 특징은 느긋함, 경쟁심 부족, 無긴장, 非적극성 등으로 설명될 수 있다. 물론 이러한 느긋함은 대단한 인내력으로 보여지기도 한다. 특히 중국인은 그 인내성이 남다르다. 수술 중인 환자가 받는 고통의 자극을 그래프로 나타낸 과학적인 자료는 중국인이 서구인들보다도 체질상 그 감지 정도가 약함을 나타내고 있다.

중국인들은 '빨리 빨리'를 입에 달고 다니는 한국 사람을 '想得快作得快 後悔得快 改得快'라고 흉을 보기도 한다. 이는 조급한 생각과 얕은 지식으로 섣부른 결정을 내린 한국인이, 결국은 후회도 빨리하고 내린 결정을 금방 다시 고친다는 것을 희화한 표현이다. 상담이나 계약시 한국인 특유의 조급함이나 서두름은 협상에서 오히려 불리한 결과를 초래한다.

7) 차부뚜어(差不多)

매사를 非과학적이고 非적극적이고 非합리적으로 대하려는 差不多 역시 이러한 농경 사회의 문화와 무관하지 않다. 중국의 유명한 문학가인 후스(胡適) 조차도 그의 문학작품을 통해 이러한 중국인의 差不多문화를 비판한 적이 있다. 이 작품 속에 등장하는 전형적인 중국인은 '10과 100은 0하나의 차이이라서 그 차이가 많지 않다(差不多)'라고 하며 심지어는 '죽는 사람이나 산 사람이나 뭐 별 차이가 있겠냐'하며 병에 걸려 죽어 가면서까지 '차부뚜어'라고 내뱉는다.

후스는 이처럼 우유부단하고 '대충주의'에 물든 중국인을 차부뚜어(差不多)선생 이라고 꼬집기도 했다. 이는 일을 하는데 대충대충 넘어가고 완벽하게 처리하지 않는 성격을 비판하는 표현일 것이다.

시계 보기에서도 이러한 문화가 나타난다. 칸트가 오전 8시 30분 39초에 한 가로수 앞을 지난다면 시인 이백은 진시(辰時)무렵이나 - 중국인은 24시간을 十二支인 12시간으로 나누었다 - 혹은 日出무렵에 동정호를 거닌다고 밖에 표현할 수 없다. 물론 지금도 많은 중국인들이 10시에서 11시 사이는 열시가 한참 넘었지 라는 뜻의 十点多 '스 띠엔 뚜어'로 표현한다.

3. 사회주의 중국인의 의식구조

1949년 新中國 건립 후 중국인 - 특히 대외 무역 등으로 외국인과의 접촉이 많은 중국인을 중심으로 - 들에게는 전통적인 문화 이외에도 중국적 사회주의 혹은 중국적 시장경제 상황하에서 발생된 독특한 의식구조가 자리 잡아 가고 있다. 또한 이들 新중국인의 의식구조는 중국의 전통적인 문화와 배치되기도 한다.

1) 자급자족과 기업의 사회화

성(城)을 중심으로 한 봉건시대에서 가장 중요한 경제 목표는 자급자족이었다. 성내에서 모든 것을 해결해야만 백성이 편하고 백성이 편해야만 제후는 자신의 절대 권력을 유지 승계할 수 있었다. 이러한 자급자족의 문화는 지금까지도 이어지고 있다.

가령 清華大學이라고 하는 한 대학교를 예를 들어보자. 동서남북

사방으로 난 학교 교문 안에 들어서면, 모든 것이 교내에서 해결된다. 한 인간의 삶을 살펴보자. 먼저 대학 교내 병원에서 태어난 아이는 역시 교내 유치원, 초등학교, 중고등학교, 대학교를 거쳐서 직장을 대학 내부에서 잡고 결혼식은 교내 식당에서 올린 후 학교에서 내어 준 아파트에서 가정을 꾸리고 은퇴 후에는 교내 노인 대학에서 정력적인 활동을 하다가 태어난 병원이나 아파트에서 생을 마감할 수 있다.

시장이나 백화점은 기본적으로 교내에 있는 설비이고 은행, 우체국, 서점, 빵집, 식당, 인쇄소 등은 한국의 대학 구내에도 있다고 쳐도 세탁소, 빵공장, 관광버스 임대 회사, 졸업생들이 교내에 차린 수많은 회사들, 철공소, 목공소, 발전소와 대학에 온 손님이 묵을 수 있는 각기 다른 등급의 호텔들 마져 교내에 있다면 하나의 작은 시나 군 단위의 사회집단인 셈이다.

이러한 자급자족 문화는 60년대에 이르러 정치적 상황으로 삼선건설(三線建設)을 계기로 다시 부활하게 된다. 삼선 건설은 마오쩌둥이 인도와 중국과의 국경 분쟁, 미국의 베트남전, 대만의 중국 침략론 등에 대응하여 내륙 지역에 중화학 공업기지를 건설하려는 전략이었다. 삼선 건설은 1965년에 시작 되었으며, 1966년에 본격적으로 이루어진다. 이 시기 귀주성, 사천성, 중경시 등에 간선 철도가 부설되고, 반지화강철(사천성), 주천강철(감숙성), 무한강철(호북성), 포두강철(내몽고), 태원강철(산서성) 등 5대 철강사가 건설된다.

이후 1969년에서 1971년까지 동시에 신설되거나 내륙 지역으로 이전되는 중대형 프로젝트만 1000여개에 달했으나, 이중 많은 공정이 자금 및 설비, 원자재 부족으로 완성되지 못해 경제적 손실을 초래했다.

즉 아무런 사회 기반 시설이 없는 지역에 철강회사 같은 중화학 산업단지를 건설하게 되자, 기업들은 할 수 없이 직원들을 위해, 학교, 병원, 식당 등 사회 기반시설을 동시에 건설해야 했으며, 수많은 이들 사업단위의 수익까지 기업이 책임져야 했다. 즉 봉건시대 자급자족 문화가 '기업의 사회화'로 다시 재현된 것이다.

이러한 완벽한 자급자족을 달성한 사회 단위는 수도철강공사나 중국석유화학공사 같은 비교적 큰 회사들에게 국한되어 있지만, 막 생기기 시작한 작은 회사들에서 일하는 중국인들의 궁극적인 목표 역시 자신의 회사 내에서 모든 것이 해결되기 바라는 자급자족 의식을 가지고 있다. 북경시에만 200개가 넘은 대학이나 대학급의 연구기관이 있는데 모두 규모의 차이만 있는 이런 각각의 城을 이루고 있다.

2) 인치(人治)의 나라에서 법치(法治)의 나라로

황제의 나라였던 중국은 근본적으로 법치의 국가가 아니라 인치의 국가였다. 법조문에 앞서서 선대의 조상이나 선임 관리가 어떻게 인치를 하였나를 먼저 살폈기 때문이다. 양계초(梁啓超) 같은 선각자도 이미 1910년에 법치의 중요성을 중국의 실업가들에게 경고한바 있다. 하지만 5천년 이래로 계속되어 온 중국의 인치는 지금까지도 계속되고 있다. 3)

중국에서 '法治'보다는 '德治'나 '人治'가 중시되며, 대부분의 문제는 법대로 하기보다는 당사자끼리 해결하거나 이것이 불가능할 경우 제3자의 개입을 통해서 해결하려는 경향이 크다. 이러한 경향은 상관습에서도 나타난다.

논어에는 "不在其位,不謀其政"이라는 말이 나온다. 일반 백성들은 누가 정치를 하건 관심이 없다는 이야기다. 봉건시대에서는 누가 황제이건 일반 백성들은 관심 밖 사항이었다. 백성들은 동전에 새겨지는 연호가 바뀜을 보고 나서야 황제가 바뀌었음을 알 수 있었다.

新中國 건립 후 마오쩌둥은 황제와 같은 위치에서 무소불위(無所不爲) 권력을 공산당이라는 조정(朝廷) 안에서 행사하여 왔다. 비록 공산 혁명이 반봉건을 실현했지만 중국의 인치는 계속된 셈이었다. 덩샤오핑 역시 마오쩌둥의 뒤를 이어 인치를 무리 없이 실행하였고 그는 상해 시장이었던 장쩌민을 다음 중국 인치의 최고 자리에 앉혀 놓았다.

대다수의 중국인들은 정치를 평할 때 "어떠한 법규가 잘되어서 어떤 결과가 나타나 나에게 도움이 된다"라는 식으로 표현하지 않는다. "시장 아무개가 엉터리고 정치를 하여 이 모양이다" 혹은 "이전의 아무개 당서기 시절이 좋았다"라고 표현한다. 누구의 인치가 좋았더라 는 식이다.

---

3) 양계초(梁啓超 · 1873~1929) 중국 혁명가이자 사상가. 정치 경제 언론 문화에 관한 근대적 정책과 계몽적 담론은 대부분 그를 통해 중국에 소개되고 사회현실과 접목되었다. 양계초의 삶은 '과도(過渡: 건너감, 옮겨감)'와 '다변(多變)' 두 가지로 설명할 수 있다. 옛 중국에서 새로운 중국으로의 '과도', 낡은 백성에서 참신한 백성으로의 '과도'를 위해 매진했다. 이를 위해 '다변' 즉 새로움에 대한 끝없는 추구를 드러냈다.

이러한 중국의 人治 문화는 개혁개방후 수많은 법제도 도입과 중국의 WTO 가입으로 크게 바뀌고 있는 중이다. 특히 대중매체(TV · 인터넷)의 보급으로 인해 法治로의 전환이 가속화 되고 있다. 현재 농촌을 포함한 대다수의 중국 가정에는 TV가 보급되어 있고 중앙 정부는 법률 조항을 내세워 끊임없는 국민 법치교육에 박차를 가하고 있다. 범법자들은 TV에 나와서 자신이 무엇을 잘못했는지 모르겠다고 우물쭈물 댄다. 하지만 이곳 아나운서들은 먼저 당신은 형법 제00조 제00항을 위반한 범법자라고 자세히 정의를 내려 주고 인터뷰를 계속한다.

중국의 개혁 개방은 개인 자영업자인 많은 개체호를 탄생시켰다. 국가가 법으로 허락한 최초의 사영(私營)업자인 이들은 누구 보다도 법의 개념을 피부로 실감하며 살아오고 있는 이들이다. 많은 사영기업들이 개혁 개방의 경제법의 기초에서 건설되었으며, 여기에서 근무하는 대다수의 직원들은 법치의 개념이 누구보다도 강하다. 하지만 우리가 상대하는 대형 국유기업 등 일정 규모 이상의 기업 임직원들은 아직도 인치 개념을 가지고 있음에 주의할 필요가 있다.

3) 공자에서부터 시작된 실용주의(實用主義)와 현실주의(現實主義)

중국인들은 매우 현실적이며, 현실을 중시하는 민족이다. 중국인들은 공자(孔子)를 위대한 사상가이자 교육자로 추앙하고 있으며, 이들의 현실중시 경향은 공자의 영향을 받았다. 공자는 귀신이니

도깨비 등 눈에 보이지 않는 것을 일체 언급하지 않았으며, 심지어는 '하늘'이니 '죽음'까지도 논하려 들지 않았다. 이것들은 '비현실적'인 것이었기 때문이다. 그가 경전에서 강조한 것들은 현실과 밀착된 것들, 즉 교육, 부모공양, 수양, 음악 듣기, 친구 사귀기 등이었다.

실례로 논어(論語)를 살펴보자. 논어는 중국 고전인 사서오경(四書五經) 중 첫 번째 책으로 공자와 그 제자들의 언행이 담긴 어록(語錄)이다. 공자는 15세에 학문에 뜻을 두어 가난에 시달리고 천한 일에 종사하면서도 부지런히 이치를 탐구하고 실천에 힘써 위대한 성인(聖人)으로 추앙받았다. 20대에 이미 이름을 떨쳐 제자들이 따르게 되었으며 그의 관심은 예(禮)와 악(樂) 등 문화 전반에 걸쳐 있었다. 당시 노(魯)나라는 계손·맹손·숙손의 삼환씨(三桓氏)가 정권을 농락하는 형편이었다. 공자는 51세 때 대사구(大司寇; 법무장관)까지 역임하였으나 자신의 포부를 펼치지 못하고 물러났다. 그 뒤 천하를 다니면서 정치적 혁신을 실현하려 하였으나 결국 실패하고 68세에 고국으로 돌아와 후진 양성에 힘썼다.

공자는 인(仁)의 실천에 바탕을 둔 개인적 인격의 완성과 예(禮)로 표현되는 사회질서의 확립을 강조하였으며, 궁극적으로는 도덕적 이상국가를 건설하려 하였다. 공자는 철저한 현실주의자로 그의 사상은 실천을 전제로 한 도덕이 핵심을 이루고 있다.

이러한 중국인의 실용성과 현실 중시 태도는 유가 사상의 영향이라고 할 수 있다. 이는 의식주에 대한 한국과 중국의 인식의 차이에서도 드러난다. 한국에서는 '衣食住' 순서이지만 중국에서는 '食衣住行'순 이다. 즉 중국인은 먹는 문제(食)를 옷(衣)과 주택(住)보다 중시하고 있다. 이는 백성을 먹이는 문제가 '하늘'과 같은 존재(民以食爲天)라는 역대 황제들의 국정 방침에서도 알 수 있다.

중국인들의 현실 중시 경향은 쉽게 드러난다. 복잡한 형식이나 겉치레를 싫어하며, 내용을 중시한다. 그들이 지내는 제사를 보면 절차가 우리보다 훨씬 단순하다. '겉 보다는 실속'을 중시하고, '바깥보다는 안'을 중시한다.

중국 고사성어에 '참새는 작아도 오장은 있다(麻雀雖小、五臟俱全)'라는 표현이 있다. 즉 중국인에게는 있고 없음이 중요하지 어떤 것이 있는냐는 그다지 중요하지 않다. 1949년 마오쩌둥이 공산혁명으로 新중국을 성립한 후, 중국인들이 자가용과 입은 옷으로 사람을 판단하기 시작한지 불과 10년도 되지 않는다.

마오쩌둥과 덩샤오핑은 중국 국민들에게 존경 받는 지도자들이다. 아마도 마오쩌둥은 가장 기본적인 현실문제인 '배고픔으로 부터의 해방'을 완결했고, 덩샤오핑은 실용주의 노선을 기본으로 하는 개혁개방 정책을 펼쳤기 때문일 것이다.

4) 준비성

전통적인 중국 문화는 差不多와도 같은 '대충주의'이기도 하지만 모든 사회의 시각이 경제로 향하고 있는 지금 중국인들은 주도면밀해지고 있으며 그 준비성은 완벽에 가까워지고 있다. 많은 중국인들은 열쇠고리를 가지고 다닌다. 우리 같으면 열쇠만 달고 다닐 이들의 열쇠고리에는 최소한 10개 이상의 물건들이 매달려 있다.

먼저 손톱깎이와 병따개가 있다. 그리고 족집게, 드라이버, 칼, 부적 등으로 이어진다. 모두 주도면밀한 준비성에 기인한다. 비록 시장에는 우리에게는 '맥가이버 칼'로 통하는 스위스産의 빅토리녹스社 다기능 칼이나 중국산 카피 제품이 나와 있지만 중국인의 준비성을 만족시키기에는 턱없이 부족하다. 이러한 열쇠고리에 달리는 부속품들이 전자계산기, 위폐 감지기, 줄자 등 해가 갈수록 늘어나는 경향이라고 하니, 이들의 준비성은 끝없이 강화되는 것 같다.

무역 상담의 경우 중국 측은 여러 가지 예상되는 변동사항을 고려한 공식적인 문서만으로도 1안에서 10안까지 준비해 오는데 비해 한국은 한 두가지 안이 고작이다. 무역 방면에서의 중국의 준비성은 개혁개방 추세에 따라 발전을 거듭해 왔다. 한 영국 실업가는 80년 이전 중국과 무역 상담은 마치 여러 겹의 커튼을 치고 있는 회의실에서 하는 것과 같다고 하였다. 기껏 앞에 앉은 부사장과 계약을 맺어 놓으면 커튼 뒤에서 이번에는 사장이 나와서 무슨 소리냐고 묻는다. 다시 사장과 사인을 하면 사장은 서류를 들고 회장에게 보고해야 된다며 역시 커튼 뒤로 달려간다. 당연히 일이 성사되는 것은 늦어질 수밖에 없고, 만약 이 계약이 중국 측이 甲이 아닌 乙인 수출 계약 건이 였다면 바이어는 당장 보따리를 싸서 대만이나 한국으로 발걸음을 옮겼을 것이다.

하지만 지금은 그렇지 않다. 무역 상담장에 나온 중국인들은 대부분이 전권을 위임받은 이들이며 치밀한 준비에 바탕을 둔 신속한 판단이 항상 가능하다. 특히 외국에 출장을 나가서 상담하는 중국인들은 그 권한이 우리보다 광범위 하다. 우리가 본사에 연락하여 계약서의 부가 사항에 대한 부서장의 허락을 맡아야 할 때, 그들은 공장으로 전화하여서 샘플의 출하 가능 일자를 물어 본다.

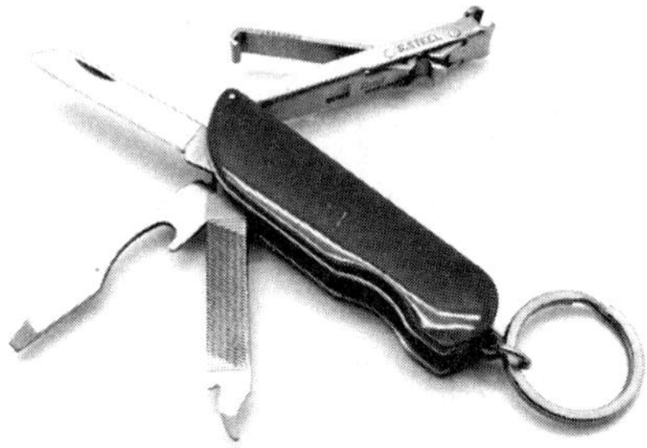

자료: 바이두 사진 D/B 검색 (2009.11)

〈사진 4〉 중국인의 준비성을 보여주는 다목적 열쇠고리

5) 책임주의

중국 관용어에 "一言爲定" 이란 말이 있다. 즉 '그러면 말한 이대로 정하자'라는 뜻이다. 앞서 설명한 차부뚜어(差不多)처럼 애매 모호하기가 그지없다. 최소한 언제, 어디서, 무엇을, 어떻게, 누구를 위해, 왜를 따져야만 최소한의 보고서나 계약서 형식이 될 것인데 모든 것이 생략되었다.

하지만 사회주의 중국에서는 그렇지 않다. 모든 일을 처리함에 있어서 누구의 책임인지를 따진다. 자신의 영역 밖의 일은 하지도 않고 관심도 기울이지 않는다.

우리의 경우 한 권의 책이 공동 저작일 경우, 대부분은 막연히 공저로 표기된다. 하지만 중국은 정확히 구분을 하여 1장부터 5장까지는 김선생이 6장부터 10장까지는 이선생이 작자임을 나타낸다. 심한 경우는 페이지까지 표시한다. 자기의 책임 한계를 분명히 하고 넘어간다는 이야기이다.

공산주의 사회경제 아래에서의 직업 분배는 일정한 양의 일을 될 수 있으면 많은 사람에게 동등하게 분배하여야만 하였다. 따라서 우리의 시각으로는 한사람이 해도 될 일을 10명이 하고 있는 것이 이곳의 현실이었다. 하지만 바꾸어 생각하면 일을 세분하여 그 책임 한계를 분명히 해 놓았다는 이야기이다. 물론 책임감이 있느냐 없느냐는 별개의 문제이다.

중국 백화점의 매장 한 층에는 물건값을 받는 수납처가 다섯군데도 넘는다. 옷도 남성복, 여성복으로 신발도 운동화, 신사화, 숙녀화로 그리고 보석류도 시계, 반지, 안경 등으로 수납처가 따로 나뉘어 있다. 한국의 백화점이면 2~3개 정도의 금전등록기면 처리될 상황이다.

물건을 사면 반드시 수납처가 어디인가를 물어 보아야 된다. 이를 생략하고 가장 가까운 수납처에 전표와 함께 돈을 내밀었다가는 수납 계원의 핀잔을 면하기 어렵다. 하지만 가짜 돈(위폐)이나 도난 신용카드의 사용 같은 사건이 발생하면 이러한 수납처의 분화는 책임 한계를 분명히 하는데 도움이 된다.

6) 자기 중심적 경향과 독생 자녀들

新중국 성립후, 中庸之道와는 다른 개념인 자기 중심적 사고가 널리 퍼지고 있다. 말을 하거나 문장을 작성할 때, 능동형인지 피동형인지를 보아도 그 주체가 남보다는 자기 중심이 되어감을 알 수 있다.

연회(宴會)를 개최할 때, 한국 사람은 일반적으로 '오셔서 자리를 빛내 주시면 감사 하겠습니다'라고 상대방 중심의 표현을 사용하는 편이다. 그러나 중국인은 '연회를 개최하오니 참석하십시오'라고 주인 중심의 표현을 사용하는 경우가 많다.

물건을 사고 파는 것을 뜻하는 글자인 매매의 경우, 한국은 '먼저 팔고 다시 산다는 의미의 한자인 매매(賣買)로 표기한다. 반면, 중국은 한자의 순서를 바꾸어 '마이마이(買賣)'로 표현한다. 즉 중국인은 내가 필요한 물건을 먼저 산 연후에 남이 필요로 하는 물건을 팔겠다는 자기중심적인 사고를 보이고 있는 것이다.

대도시의 대형 백화점만 벗어나면 이러한 자기 중심적 사고는 쉽게 대할 수 있다. 중국 일반 상점에서 물건을 파는 종업원 자세를 보면 '네가 너에게 물건을 팔아 준다'는 의식이 강하다. 즉, 고객이 내 물건을 사준다라는 의식은 찾아보기 힘들다. 따라서 이들 종업원으로부터 물건을 산후, 진심에서 우러나는 감사 표시를 받는 경우는 많지 않다.

이러한 자기 중심적 사고는 개혁개방후 실시되고 있는 중국의 '독생자 정책'에 기인한다는 분석이다. 1978년 중국에서는 한 가정 한 자녀만을 허용하는 가족계획(計劃生育)을 실시했다. 이후 태어난 '샤오황디(小皇帝, 황제처럼 귀하게 자란 독생자녀)'는 모두 9천만명에 이른다. 장웨이칭 중국 국가인구계획생육위원회 주임은 한 세미나에서 "이들 독생자녀에 대해 가정, 학교, 사회가 공동의 관심을 가져야 한다"고 강조한 바 있다. 즉 중국정부조차 이들 독생자가 사회적으로 문제가 있음을 인식하고 있는 것이다.

가족계획 실시 이후 집안에서 부모 2명, 혹은 4명(부모+조부모), 혹은 6명(부모+조부모+외조부모)에 이르는 '보호자들'의 일방적인 보살핌을 받으며 버릇없게 자라난 '샤오황디' 현상은 중국에서 사회현상의 하나로 부상하고 있다. 이 때문에 장 주임은 "독생자녀들의 도덕, 지적능력, 심리, 체능 등을 건강하게 발전시키는 게 사회의 중대 관심사로 자리잡았다"고 밝혔다. 1978년 가족계획의 실시로 중국 당국은 중국 내 55개 소수민족의 경우 1가정 2자녀까지 허용하고, 한족의 경우 1가정 1자녀만을 허용해왔다

강제 시행된 '한가정 한자녀' 정책 이후 태어난 중국의 독생자녀 세대들이 가정의 개념을 바꾸고 있다. 젊은이들 사이엔 동거가 일반화됐고, 결혼을 전제로 한 계약동거인 '시혼(試婚)'도 급속히 늘고 있다. 게다가 혼인신고 없이 결혼식만 올리고 살거나, 혼인신고만 하고 결혼식을 올리지도 않는 풍조도 유행하고 있다. 고향을 떠나 외지에서 학교를 다니거나 직장 생활을 하면서 부모의 간섭이 닿지 않는 것이 이런 현상을 부채질하고 있다.

젊은이들의 동거와 시혼 열풍이 거세지면서 부작용 또한 만만치 않다. 상대방을 이해하고 배려하는 생활 습관이 없고 자신만 아는 이기적인 '독생자녀' 동거족 상당수가 성격 차이를 이기지 못해 파탄에 이르기 때문이다. 중국 관영 영자지인 차이나데일리가 15~25살 청소년 7천명을 대상으로 실시한 온라인 설문조사에서, '자신은 이기적이고 고집이 세다'는 응답자가 58%에 이른 것도 젊은이들의 이런 심리와 행태를 잘 보여준다.

서남사범대학 사회학교수 리강은 '전통적인 결혼제도에 대해 회의를 가지는 데에는 강요에 의해 원치 않는 결혼을 했던 부모세대의 잘못된 결혼생활에 원인이 있다'고 지적했다. 그는 동거와 시혼은 외롭고 이기적인 소황제들이 형제자매가 없는 데 대한 반작용으

로 나타나는 현상이라며, 남녀가 같이 살면서 생활비를 절약할 수 있고 성적 욕구를 해결할 수 있다는 것도 또 다른 원인이라고 말했다.4)

자료: 바이두 사진 D/B (2009.11)

〈사진 5〉 1980년대 중국 가족계획 포스터

4) 한겨레신문 온라인, '독생자녀 세대 시험 결혼 열풍', 중경/모종혁 통신원 (2005.7.28)

제2장
중국인의 상관습

1. 상인의 역사

상인(商人) 또는 상업에서 보이는 상(商)의 어원은 원시 촌락의 이름이었다. 그 촌락은 지금의 하남성 상구(商丘)시 남부였고, 촌락을 세운 시조 계(契)는 우(夏왕조를 열였던 전설상의 제왕)의 치수 공사에 공이 있어서 그 땅을 봉토로 받았다. 夏왕조는 기원전 21세기부터 16세기까지, 商왕조는 B.C16세기~B.C11세기 간 존재하였다.

계로부터 10대째인 왕해(王亥)는 방목을 생업으로 했으나 장사에도 수완이 있었다. 전해지는 말에 의하면 사육하고 길들였던 소를 밭농사에 이용하는 한편, 달구지를 끌게하면서 황하 일대에서 물건을 사고 팔았다. 그가 사망하자 친족들은 3백마리의 가축을 죽여서 장사를 지냈다. 이는 왕해가 얼마나 장사에 성공했고, 영향력을 가지고 있었는지 보여준다.[5]

---

5) 차오티엔성 (2000) 48-49쪽.

기원전 16세기에 이르러 왕해로부터 4대째인 탕(湯)이 군사를 일으켜 夏나라를 멸하고 박(亳. 산동성 曹현의 남쪽)이라는 곳에 도읍을 정했다. 이것이 이른바 상 왕조이다. 이후 몇 번의 천도가 있었고, 마지막으로 은(殷. 하남성 安陽 小屯村)에 이르렀다. 따라서 상을 은이라고도 불렀으나, 상나라 사람들은 그들의 나라를 商이라고 불렀다.

마침내 은이 멸망한 후, 주 왕조의 주공 단(旦)은 은의 유민들에게 장사를 계속할 것을 요구했다. 그래서 은・상(殷・商) 사람들은 장사를 잘한다는 말이 전해지게 되었다. 주 왕조에서는 물건을 팔고 사는 사람들을 가리켜 은상인, 즉 상인(商人)이라고 부르게 되었고, 이것이 상인이라는 호칭이 탄생하게 된 시초인 셈이다. 또한 그 상인들이 물건을 사고 파는 활동을 상업(商業)이라고 부르게 되었다.

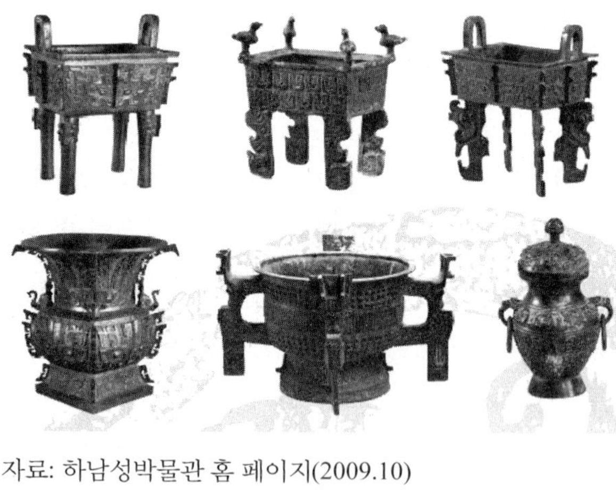

자료: 하남성박물관 홈 페이지(2009.10)

〈사진 6〉 商, 夏 시대 유물

1) 2천년전 중국의 경제학자 사마천

사마천(司馬遷)은 중국 전한시대(前漢時代) 역사학자로 자는 子長, 太子公 또는 太史公이라고 높여 부르기도 한다. 섬서성 하양(夏陽) 출신이며, 출생연대는 BC 145년 또는 BC 135년이라는 설이 있고, 사망 연대는 확실하지 않다. 어렸을 때부터 고문(古文)으로 쓰여진 고전을 배웠고, 전국을 돌아다니며 사적을 탐방하여 견문을 넓혔다. BC 108년, 아버지에 이어 태사령에 임명된 사마천은 아버지의 유언에 따라 중국역사 편찬에 착수하였다. BC 99년 한나라 장군 이릉(李陵)이 흉노와 싸우다가 패하여 포로가 된 사건이 생겼다. 이릉사건에 대한 처분을 결정하는 자리에서 일가멸족의 의견이 대다수를 차지했으나 사마천 혼자만 이릉의 충절과 용감함을 변호했으므로 무제의 뜻을 거스르게 되어 궁형(宮刑: 거세형)에 처해졌다.

몇 년 후 출옥하여 중서령(中書令) 직책으로 복귀하였다. 그 뒤 역사서 저술에 전력을 기울여 마침내 사기(史記) 130권을 완성하였다. 사기는 제왕의 연대기인 본기(本紀) 12편, 제후와 왕을 중심으로 한 세가(世家) 30편, 역대 제도 문물의 연혁에 관한 서(書) 8편, 연표인 표(表) 10편, 시대를 상징하는 뛰어난 개인의 활동을 다룬 전기 열전(列傳) 70편 등으로 구성되어 있다. 사기의 백미는 열전이며, 열전의 하이라이트는 작가의 후기 격인 태사공자서(太史公自序)바로 앞에 있는 화식열전(貨殖列傳)이다.

'화(貨)'는 재산, '식(殖)'은 재산이 불어난다는 뜻으로 요즘 시각으로 보면 재테크 기법인 셈이다. 화식열전은 춘추시대 말기부터 한나라 초기까지 상공업으로 부를 쌓은 사람들의 활동을 기록한 것이다. 여기에 나오는 인물들은 요즈음의 상공인 즉 기업가에 해당한다. 2천년전 사마천은 화식열전 서문에서 먹고사는 문제, 즉 경제 능력이 사회 생활에서 얼마만큼 중요한지를 강조 하고 있다.

사마천이 생각하기에 농업 · 공업 · 상업 등의 분업은 사회 경제 생활에 있어 중요한 작용을 하는 필연적인 것이다. 그는 상업이야 말로 의식주 해결의 원류로 보았으며, 이들 직업 모두를 함께 중시하는 진보적 면모를 보였다. 그는 중농억상(重農抑商)의 전통적인 가치관을 부정하고 있었다.

화식열전 서문의 주요 내용을 정리하면 다음과 같다. [6]

> 노자가 말했다. 가장 이상적인 정치는 이웃 나라가 서로 바라보일 만큼 가까워서 닭 우는 소리와 개 짖는 소리가 마주 들린다 하여도, 백성들이 각기 제 나라의 음식을 맛있다 하고, 제 나라의 의복을 아름답다하며, 자기고장의 풍속을 편히 여기고, 자신들의 일에 만족하여, 늙어 죽을 때까지 다른 나라에 서로 내왕하지 않는 것이다. 그러나 이런 정치가 훌륭하다 하여 일부러 그렇게 하려 한다면 지금의 세상에서는 백성의 귀와 눈을 틀어막는다 해도 불가능할 것이다.
>
> 『시경』『서경』에서 말하고 있는 순(舜) · 우(禹) 이후에 이르러서는 사람들의 귀와 눈은 아름다운 소리와 빛을 즐기려 하고, 입은 소와 양 따위의 맛있는 고기 맛을 찾아 헤매며, 몸은 편하고 즐거운 생활을 원하며, 마음은 권세와 능력으로 얻은 영화를 자랑하고 있다. 이러한 풍속에 백성들의 삶이 젖어들은지 오래이기 때문에 아무리 노자의 훌륭한 가르침을 들려준다 하여도 백성들을 쉽

---

6) 강효백(2002), 오세주의 고사성어-사기열전(osmstar.com.ne.kr), 열국연의(오귀환의 디지털 사기열전 yeolkook.net) 번역문을 참조.

게 바꾸지는 못할 것이다.

그러므로 가장 훌륭한 정치가는 백성의 마음으로 다스리고, 그 다음으로는 이익을 통하여 백성을 이끌며, 그 다음은 백성들을 가르쳐 깨우쳐 주는 것이며, 그 아래 방법은 강제로 백성들을 규제하는 것이다. 가장 못난 정치는 백성들과 다투는 것이다.

농사꾼은 양식을 공급하고, 나무꾼은 연료를 공급하며, 기술자들은 필요한 물건을 만들고, 장사꾼들은 이러한 상품들을 유통시킨다. 그런데 이러한 활동들은 국가에서 이래라 저래라 해서 되는 것이 아니다. 그 일에 종사하고 있는 각자가 최선을 다해 원하는 것을 손에 넣는 것뿐이다. 그러므로 물건 값이 싸다는 것은 장차 비싸질 조짐이며, 비싸다는 것은 싸질 조짐이다. 자기 맡은 일에 충실한 것은 물이 높은 것에서 낮은 곳으로 흐르는 것과 같아 끊이지 않고 계속된다. 또한 물건을 만들어 내는 것이다. 이것이 자연의 도에 부합하는 결과인 것이다.

주서(周書)에는 다음과 같은 말이 있다. 농민이 생산하지 않으면 식량이 모자라게 되며 공업이 부진하면 상품이 부족하고, 상인이 물건을 유통시키지 않으면 3보(三寶:식량, 자재, 상품)의 공급이 끊기게 된다. 또한 나무꾼이 나무를 베지 않으면 자재가 모자라게 되고, 자재가 모자라게 되면 산과 택지는 개발되지 못한다. 이 네 가지야말로 생활의 근원이 된다.

근원이 크면 백성은 부유해지고, 근원이 작으면 백성은 빈곤해진다. 위로는 나라를 부강하게 하고, 아래로는 가정을 부유하게 만드는 것이다. 빈부라는 것은 누가 주거나 빼앗을 수 있는 것이 아니라 결국은 스스로의 능력에 따라 결정되는 것이다. 재주가 있는 사람은 부유해지고 모자라는 사람은 가난할 수밖에 없다.

2천년전 사마천의 경제론은 200여년전 고전 경제학의 창시자 아담스미스를 초월한다. '물건 값이 싸다는 것은 장차 비싸질 조짐이며, 비싸다는 것은 싸질 조짐이다'라는 사마천의 말은 애덤 스미스의 수요・공급의 법칙과 닿아 있다. '백성들이 먹고 입는 것의 근원이 크면 백성들은 부유해지고, 작으면 가난해진다'는 말은 성장과 분배에 관한 파이 이론을 연상시킨다. '파이를 키워야 분배의 몫도 커진다'는 사마천식 표현이다.[7)]

사마천은 한 나라의 경제정책은 국민이 자유롭게 경영하도록 놓아 두는 것이 최상책이며 국가가 간섭하는 것은 최하책이라고 밝혔다. 이는 구미 각국의 추구하는 자유시장경제 이론과 일치한다.

화식열전이 보여주는 경제적 관점은 매우 탁월하다. 앞서 살펴본 서문 외에도 화식열전은 태공망・도주공・자공의 사례, 지역별 특성, 자본의 활용 방법, 남들과 다른 방법으로 부자가 된 사람들 등 7 단락으로 구성되어 있다. 이를 요약한 사마천의 경제관을 보면 다음과 같다.

1. 수신-제가-치국-평천하의 근본은 경제다.
2. 경제는 자유방임주의를 큰 틀로 하면서, 적절한 정부의 개입을 보완책으로 결합시킨다.
3. 인간의 본성은 부귀를 지향한다.
4. 상업이야말로 인간의 의식(衣食) 문제를 해결하는 길이다.
5. 지경학(地經學)도 지정학(地政學)만큼이나 중요하다.
6. 부는 권력, 명예 등 더 많은 것을 가능하게 한다.
7. 재테크에서는 시테크도 매우 중요하다.
8. 아껴쓰고 부지런한 것은 기본이고, 나아가 반드시 기이한 방법을 사용해 부자가 됐다.

---

7) 오귀환 (2005)

2) 상방(商幇)의 구성

상방(商幇)은 상회(商會) 같이 자신들의 이익을 보호하기 위하여 상인들이 만든 단체, 즉 상인의 조직을 의미한다. 영어로는 commercial bang, commercial groups, merchant gang 등으로 번역되어 쓰이고 있다. 하지만 놀랍게도 상방은「現代漢語詞典」등 정규 사전에는 등록되어 있지 않다. 즉 표준어가 아닌 상회의 속칭인 셈이다. 단지 사전에는 방회(幇會)라는 단어만 있는데, '구사회의 민간 비밀조직의 총칭'이라고 서술되어 있다. 따라서 상방은 공개적으로 조직되고 활동한 단체가 아닌, 배타적이고 비밀스러운 상인 조직이었음을 짐작할 수 있다.

청말, 상인들은 같은 고향 상인들끼리 동향회(同鄉會)를 조직하였는데, 이들 조직이 상방으로 불리었다는 기록도 있다. 상방이 문헌에 등장하기 시작한 것은 명, 청대이다. 명대는 3대 상인이 유명하였는데, 진상(晋商. 산서상인), 휘상(徽商. 안휘상인), 조상(潮商. 광동상인)[8] 등이 그 주인공이다. 특히 명대에 이르러 일부 지역 상인들에게 정부가 염전의 독점적 판매권을 주면서, 특정 제품을 배타적으로 경영하는 상인 단체가 등장함에 따라 이들을 중심으로 상방(商幇)이라는 용어가 등장하게 된다.

청대에 이르러서는 10대 상방이 등장하였는데, 먼저 복건 상방, 광동 상방, 섬서 상방, 산동 상방, 영파 상방, 진상 상방(산서 상인), 휘상 상방(안휘 상인), 용유(龍游) 상방, 동정(洞庭) 상방, 강서 상방

8) 潮商은 潮州 상인으로 불리었으며, 현재 조주시(潮州)는 광동성 북단에 있고 홍콩과 대만 사이에 위치해 있다.

등이 그들이다. 이중 용유 상방은 절강성 중서부 지역 상인들 단체로, 이중 용유현(龍游縣) 상인이 가장 많아 용유 상방으로 불리었다. 동정 상방은 호남성에 위치한 담수호인 동정호(洞庭湖) 유역 상인의 조직으로 주로 실크 무역에 종사했으며, 나중에 금융업으로까지 발전하였다.

실제로 청말 상방 조직을 기록한 문헌에는 호북성 무혈시(武穴市)에 1930년대초까지 실존했던 8대 상방을 다음과 같이 서술하고 있다. 무혈시는 장강 연안에 위치하며 호북성, 안휘성, 강서성 교차점에 있는 물산 및 유통 중심지였다. 무혈시에서 활동했던 휘주방은 안휘성 歙縣, 黟縣, 休宁縣 지역의 상인으로 조직된 상방으로 700여명이 가입하고 있으며 주로 소금, 식용유, 비단, 전당포를 경영하고 있고 거래되는 상품은 남부지역으로 판매하였다. 이들은 당시 무혈시에 있는 300여개 점포중 반수를 점유하고 있었다. 매 점포는 10만元(당시 화폐인 銀元)의 자본금을 가지고 있었고, 도매와 소매에 종사하였으며, 그 경영 범위는 인근 12개 현에 달했다. 9)

이상의 기록을 참조하면, 실존하는 특정 지역의 소규모 상방들은 해당 지역 상인 이익 단체로써 꽤 강력한 조직으로 20세기초까지 독점적이고 배타적인 경영 활동을 영위했음을 알 수 있다.

---

9) 호북성 무혈시 인민정부 홈 페이지 참조 (2009.10)

2. 중국인의 상인 기질

1) 탁월한 상업성

중국인이 대단한 장사꾼이라는 데에 이의를 다는 이는 없을 것이다. 주판은 이곳 어린아이들의 중요한 장난감이었고 글자를 배우기 이전에 숫자를 먼저 배운다. 복잡한 종교관을 갖고 있는 중국인에게 신앙은 유교, 도교, 불교 등이 복합적인 상태로 구성되어 있으나 각 부분에 공통으로 財神이 한 부분을 차지하고 있다. 장사를 나타내는 중국어 중 하나는 성이(生意)이다. 한자 뜻대로 하면 삶(生)의 의미(意)인데, 즉 중국인 삶의 의미 자체가 바로 상업인 셈이다.

중국을 경험한 외국인들은 하나 같이 중국인의 단점으로 사기성, 협박성, 교활성, 능수능란한 거짓말 등을 든다. 그러나 이러한 요소들은 위대한 상인이 되기 위해서는 반드시 갖추어야 할 덕목들이다. 물론 중국 상인하면 신용(信用)과 의리(義理)라는 정의도 있었다. 그러나 이는 대상인(大商人) 혹은 거상(巨商)들에게 해당되는 말이었다.

중국에서의 상업주의는 엄청난 유교 문화의 무게에 눌려 장사꾼 취급을 받을 수밖에 없었다. 서방에서는 16세기말 중상주의가 대두되고 18세기 산업혁명을 거쳐서 자본주의로 그 결실을 향유할 때도, 공산혁명 중의 중국에서 상업인들은 민족자본을 팔아먹는 매판 자본가의 이름표를 목에 걸고 형장으로 향해야만 했다.

80년부터 시작된 중국의 개혁개방 정책은 수십년 전의 시각으로 보면 합작 형식을 빌려 외국 자본가와 손을 잡은 매판 자본가의 대량 생산에 지나지 않을지도 모른다. 하지만 중국인의 피에 살아 숨쉬고 있는 천성(天性)인 탁월한 상업성을 발휘할 기회를 제공한 것이다.

중국인이 장사를 잘한다는 것은 중국인으로 이루어진 국가인 싱가포르[10)]나 대만을 보아도 알 수 있다. 세계 어디를 돌아다녀도 번창하는 차이나타운 혹은 당인가(唐人街)를 가보면 중국인들만의 특유한 상술을 직접 체험할 수 있다. 중국인들은 China Town을 당나라 사람들의 거리라는 뜻의 唐人街로 부르는데 가장 풍성한 문화와 경제를 향유했던 당나라 시절을 그리워해서일 것이다.[11)] 만약 중국이란 거대한 나라가 자본주의 국가였다면 이미 세계의 절반은 차이나타운이 되었을 것이다.

여름철 북경TV 광고에는 분무식 바퀴 살충제인 레이드(雷達. Raid) 선전이 나온다. 방안에 바퀴가 걸어다니자 광고에 등장한 한 주부는 가방에서 레이드를 꺼내 가볍게 한번 뿌려 준다. 그리고 하

---

10) 싱가포르 인구(423만명)는 중국계가 76%, 말레이계 15%, 인도계 7%, 기타 2%로 구성되어 있다. 중국어・타밀어・영어가 공용어이나 행정 공용어는 영어다. 화교 중 1/3은 복건성, 1/3은 광동성 출신이다. 근대 싱가포르 역사는 1819년 영국령 식민지가 효시이며, 2차대전 중 일본군에게 점령되었으나 1945년 다시 영국이 점유 하였다. 1959년 내부적으로 완전한 자치권을 얻었으며 1963년에는 말레이시아와 연방을 형성하여 독립했다. 그러나 주민 대부분인 중국계 사람들은 말레이계 사람들에게 통치받기를 원하지 않았고, 인도네시아가 말레이시아연방 결성에 반대하여 1965년 분리, 독립하여 싱가포르공화국이 성립되었다.

11) 문헌상에 보이는 가장 빠른 기록은 일본 에도시대(1603년~1867년)에 명나라에서 중국인들이 이주하기 시작하면서, 당나라 때 가장 일본과 거래가 많았던 연유로 당시 중국인 거주지역을 일본인들이 '大唐街'로 부른데서 연유한다. (纳兰性德, ≪渌水亭杂识≫, "日本, 唐时始有人往彼, 而居留者谓之'大唐街', 今且长十里矣." 1673년)

는 대사는 "나는 레이드를 믿어요. (我信雷達)"이다. 이 주부가 믿는 것은 하느님이나 부처님이 아닌 레이드이다. 중국인의 상업성은 이 주부의 대사처럼 자연스럽다.

세계은행이 예측 한데로 2020년에 중국이 최대 강대국이 되리라는 것은 이러한 상업성이 완벽히 보장된다는 전제(前提)가 있어야 할 것이다. 전세계를 주름잡고 있는 화교 상인들은 완벽한 상업 활동이 보장된 서구 사회에서 활동 중인 중국인들에 지나지 않는다. 지금과 같은 추세로 중국인이 상업성을 발휘할 기회가 넓고 깊어진다면, 많은 중국인들의 바램대로 다시 한번 中華時代가 도래할 것이다.

2) 여사장을 보는 시각

한국에서의 여성 사장은 사회의 편견과 불평등 같은 온갖 어려움을 극복하고, 1인 4역(직업인, 며느리, 어머니, 아내)을 억척스럽게 해내며, 남성과의 경쟁에서 승리한 인간 승리의 주인공으로 비추어진다. 그러나 1949년 공산혁명 후, 남녀 평등을 표방한 중국에서는 또 한 명의 사장일 뿐이다.

중국어 중에 반변천(半邊天) 이라는 말이 있다. 이는 원래 하늘의 절반이라는 뜻의 말이었으나 지금은 하늘의 절반을 받치고 있는 - 특히 중국의 하늘은 반 이상을 여성이 받치고 있다 - 여성을 가리키는 별칭이 된지 오래이다. 이처럼 중국 여사장에 대한 우리와 다른 시각은 협상장에 들어선 한국기업이 반드시 이해야 할 부분이다.

공산당 이외에 중국을 이끄는 대표적인 세 가지 단체가 있다. 첫째는 공산당 청년단이고 두 번째가 전국 총노동자회 그리고 마지막이 부녀연합회(中華全國婦女聯合會)이다. 봉건시대를 무너뜨린 新中國은 여성에게 해방과 함께 무거운 짐을 주었다. 공산당이 실현한 남녀평등은 어찌 보면 여성에게 이전에는 없던 노동의 의무를 지워 준 또 다른 불평등인지도 모른다.

지금은 경제환경상 맞벌이를 하지 않으면 자식 교육이나 주택 문제 등 도시 생활을 영위하기 어려워 부부가 맞벌이를 한다지만, 개혁개방 이전에는 모든 여성이 직장에 나가야만 하였다. 아직도 북경시의 많은 버스 운전사는 여자이고 대중을 대하는 직업 - 차장, 매표원, 건물 관리인 등 - 은 몇 십년 전에 국가에서 배정해 준 직장에서 첫 사회생활을 시작해 온 부녀자들이다.

옛 봉건 시절 남아(男兒)중시 사상은 新中國 건립 후 여아중시(輕男重女)로 바뀐지 오래이다. 한 예를 보자. 이곳 법에 의하면 상해에 호적이 있는 아버지가 북경에서 직장을 다닐 경우 그 자식은 북경에서 학교를 다닐 수가 - 자식의 호적이 북경으로 이전될 수가 - 없었다. 그러나 어머니가 북경에서 직장을 다닌다면 그 자식은 북경에서 진학할 수 있었다. 아버지보다는 어머니가 강한 곳이 이곳 중국이다. 부계(父系)보다는 모계(母系)쪽이 강해지고 있는 사회이기도 하다.

흔히들 중국의 여자들이 드세다고들 한다. 실지로 여자 택시 운전기사들도 바가지를 씌운다거나 과속을 하는 등 억척스러운 경우도 있다. 하지만 아내, 어머니 그리고 직장인이란 최소 1인 3역을 해야 하는 이들이 억척스러워지지 않을 수 없는 것이 이곳의 현실이다.

1997년 즈음, TV에 나온 중국 대외경제무역합작부(現상무부) 여장관인 우이(吳儀)[12]는 중국의 GATT(WTO의 前身) 가입 사안을 두고 '중국은 할 일을 다했으며 이제 중국의 GATT 가입 여부는 서방국가들의 책임'이라는 강경한 발언은 新中國의 여인상이다. 온화하고 합리적이며 기회주의적이기까지 한 中庸의 외교정책을 구사했던 당시 치엔지천(錢其琛) 외교 장관과는 상반되는 이미지이다.

자료: 인민망 사진 D/B (2009.11)

〈사진 7〉 前부총리 우이와 치엔지천

12) 호북성 무한 출생인 우이는 1938년생이다. 1962년 북경석유학원 졸업후 蘭州 정유공장의 기술요원으로 발령 받아, 석유공업계에서 25년간 일해 왔다. 1988년에 북경시 부시장을 역임 후, 1991년에는 대외경제무역합작부에 들어와 부부장을 거쳐 장관직인 부장에 임명되었다. 본인은 독신주의자가 아니고 너무 일이 바빠 배우자를 찾을 시간이 없었다고 말하는 열성 여성이다. 사스가 중국을 엄습한 2003년에는 吴桂贤(1975), 陈慕华(1978)에 이어 新중국 세 번째 여성 부총리(2003.3~2005.4)가 되어, 국가 위기상황을 원만히 해결했다.

3. 접대 문화

1) 음식 문화

일반적으로 광동요리 위에차이(粤菜), 사천요리 촨차이(川菜), 산동요리 루차이(魯菜), 강소성 회안과 양주 일대의 화이양차이(淮揚菜)를 아울러 중국 4대요리로 부른다. 또한 중국 8대 요리로는 위 사천요리, 산동요리, 광동요리에 더해, 복건요리(閩菜), 강소요리(蘇菜), 절강요리(浙菜), 호남요리(湘菜), 안휘요리(徽菜) 등을 꼽는다.

"네 발 달린 것은 책상만 빼고, 두 발 달린 것은 사람만 빼고, 하늘을 나는 것은 비행기만 빼고, 물속을 헤엄치는 것은 잠수함만 빼고 다 먹는다"고 할 정도로 진귀한 식재료를 활용한 요리가 위에차이(광동요리)이다. 중국의 만두 문화와 서양의 베이커리 문화가 결합되어 탄생한 딤섬[13] 역시 위에차이의 일부이다. 사천분지의 비옥한 토지에서 나는 농산물을 이용해 혀가 마비될 정도로 맵게 요리한 음식이 촨차이(사천요리)이다. 마파두부, 어향육사는 촨차이의 대표 요리. 우리의 백김치와 다를 바 없는 시큼한 사천 김치도 빠뜨릴 수 없다.

---

13) 딤섬 (點心 dimsum). 한 입 크기의 작은 중국 만두. 點心의 광동식 발음으로, 표준어로는 디엔씬. 간식・군것질거리・과자라는 의미이지만 딤섬문화가 발달한 홍콩에서는 끼니를 대체하는 별식을 의미한다. 200여 종류에 이르는 딤섬은 바오(包), 지아오(餃), 마이(麥)의 3종류가 대표적이며 그 밖에 펀(粉)이라 하여 얇은 쌀가루 전병에 갖은 소를 넣어 돌돌 말아 부친 형태가 있다. 속에 들어가는 재료는 상어지느러미, 새우, 쇠고기, 돼지고기, 시금치, 부추, 아스파라거스 등 다양하다.

산동성은 해산물 생산량에서 중국 1위를 차지할 뿐 아니라 농산물도 풍부하다. 중국 황실 요리사의 70%가 산동성 출신이었을 정도로 루차이(산동요리)의 위력은 대단했다. 한국에 진출한 중국화교의 90% 이상이 산동성 출신인 만큼, 한국의 중화요리도 루차이의 절대적인 영향을 받았다.

화이양차이는 정교한 칼질, 섬세한 조리법, 풍부한 맛으로 정평이 났다. 1949년 중화인민공화국 건국을 축하하는 '건국 공식만찬(建國第一宴)', 1999년 건국 50주년 경축 연회, 2002년 미국 부시 대통령 환영 만찬 등에 모두 등장했을 만큼 중국인의 사랑을 받고 있는 요리가 화이양차이이다.

중국 요리의 분류

중국은 지형과 풍토가 이질적인 만큼이나 음식도 다양하다. 앞서 이야기한 4대 요리는 대표주자인 셈이고 현대 중국인이 생각하는 중국요리의 분류는 20종류도 넘는다. 북경의 가정마다 한 권씩 구비하고 있다는 생활지침서인 '북경인수첩(北京人手帖)'에서는 2만 개가 넘는다는 북경 소재 식당들을 22개 범주로 나누고 있다. 이를 살펴 보면,

- 북경 요리, 상해 요리
- 청진(淸眞) 요리(이슬람교도를 위한 전문 요리)
- 궁중 요리, 해물 요리
- 산동 요리, 사천 요리, 운남 요리, 동북 요리, 티베트 요리
- 불고기 요리, 야채 요리
- 조주(潮州) 요리(복건 민남요리 중 한 분파로 해산물, 독특한

양념 등으로 유명)

- 호남 요리와 호북 요리
- 신강 요리, 귀주 요리, 몽고 요리, 서북 요리
- 상어지느러미 · 전복 · 제비집 요리
- 약선(藥膳) 요리 (약재를 이용하는 건강식)
- 강절(江浙) 요리 (강소성 남경, 절강성 항주 지역 요리)

4대 요리나 8대 요리 정도로 중국 음식을 알고 있던 우리에게 이 현란한 스펙트럼은 당혹감을 안겨준다. 중국 영토의 60%를 차지하고 있는 소수민족들은 한족과 다른 독특한 음식문화를 지켜나가고 있다. 민족의 수만큼 요리가 있고, 요리의 수만큼 민족이 있다고 할 만큼 각 민족별로 음식의 재료나 조리방법이 다르다.

중국인들이 평생 못 해본다는 세 가지, 즉 한자를 다 익히지 못하고, 중국 땅을 다 가보지 못하고, 중국음식을 다 맛보지 못한다는 말은 결코 과장이 아닌 것이다.

최근 급격한 도시화로 인구의 이동이 증가하면서 지역 음식들 사이의 경계가 조금씩 허물어지고 균일화되는 추세라고는 하나, 한 번 길들여진 입맛이 변화되기까지는 긴 시간이 필요하다. 중국 지역 요리의 고유한 특색도 쉽게 사라질 것 같지 않다.

중국식당 간판 읽는 법

전 세계 요리의 전시장이자 각 지역 요리의 경연장인 수도 북경. 거리를 걷다가 식당 간판만 보고 안에서 어떤 음식들이 만들어지고 있는지 알아채기까지는 적지 않은 내공이 필요하다. 식당 상호에는 식당의 내력과 고급스러운 중국 문화의 정수가 농축되어 있기 때문이다.

물론 단순한 멋을 추구하는 상호들도 적지 않다. 대사관 밀집 지역인 싼리둔(三里屯)의 라오한쯔(老漢字. 오래된 한자)는 객가요리 전문점이다. 찬쿠(禪酷. 선의 매혹)는 '하늘에는 천당이 있고 땅에는 소항이 있다'는 소주·항주요리 전문점이다. 중국 공산당의 슬로건으로 상호를 삼은 '인민을 위해 일하자'(爲人民服務)는 정작 태국식당이다. 취엔취더(全聚德), 동라이순(東來順), 두이추(都一處) 등과 같은 라오쯔하오(老字號)는 역사가 수백년이 된 전통 음식점과 상점이다. 이들은 검은색 바탕에 금색 글씨를 쓴 간판을 사용한다.

오래된 이들 라오쯔하오는 야사(野史)도 많은데, 두이추는 산서 출신인 왕레이푸(王瑞福)가 북경 치엔먼(前文)에 1738년(건륭 3년) 개점한 식당으로, 이미 225년이 넘었다. 1752년(건륭 17년) 섣달 그믐밤, 변복 차림의 건륭황제가 시찰을 마치고 식당을 찾았으나 모두 문을 닫아 겨우 이곳에 도착했다. 식사를 맛있게 하고 식당 이름을 물었으나 상호가 없다고 하자, 섣달 그믐 수도 북경에 문을 연 단 한 곳의 식당이라는 뜻으로 두이추(都一處. 수도에 단 한 곳)로 지워주었다고 한다.

이와 달리 대다수의 음식점 상호에는 지역색이 드러난다. 라오베이징짜장면(老北京炸醬麵), 내몽고샤오페이양(內蒙古小肥羊), 사천반점(四川飯店), 카이펑띠이루(開封第一樓) 등은 지역이나 주력 메뉴를 상호에 직접 표기했다. 그러나 모든 상호가 이렇게 직설적이지 않다.

유신촨차이(渝信川菜)는 중경을 가리키는 유(渝)와 사천의 약칭 천(川)을 함께 썼으니 사천요리점이다. '삼국연의'를 연상시키는 촉국연의주루(蜀國演義酒樓)나 파국포의(巴國布衣)도 마찬가지이다. 晋이 들어있는 진양반장(晋陽飯庄)에서는 산서성 음식을, 湘이 들어있는 상원(湘園)에서는 맵기로 정평이 난 호남요리를 맛볼 수 있다. 湘鄂情은 두 지역의 약칭인 상(湘)과 악(鄂)이 들어있으니 호남요리와 호북요리를 함께 내는 음식점이다.

천안문광장 동편 건국로에 자리한 차마고도(茶馬古道)에서는 정통 운남요리를 맛볼 수 있다. KBS에서 다큐멘터리로 방영한 차마고도는 운남성의 차와 티베트의 말이 오가던 오랜 교역로였다. '아홉 개의 머리를 가진 새'라는 뜻의 구두조(九頭鳥)는 대표적인 호북요리 전문점이다. 머리가 영리하고 이해타산이 분명한 호북

사람들을 구두조라고 부른다. 절강성 소흥이 고향인 현대 문학가 노신(魯迅)의 유명한 소설 제목을 가져온 공을기(孔乙己)는 회양(淮陽)요리, 즉 강소・절강 요리 전문점이다. 또 외교부 맞은 편 골목에 위치한 식당 아판티(阿凡提, 위그르족 성인의 이름)에서는 매일 밤 위구르족의 공연과 음식으로 화려한 연회가 벌어진다.

유명 인사의 전속 요리사나 그 후손들의 레시피로 만든 쓰지아차이(私家菜) 식당도 있다. 天華毛家菜大酒樓는 마오지아차이(毛家菜), 즉 마오쩌둥이 즐겨 먹던 고향 음식을 재현한 식당이다. 1994년 개업식 날 마오쩌둥의 차남 毛岸青이 참석했고, 마오쩌둥의 전속 요리사가 고문을 맡고 있을 정도로 명소이다. 메이푸지아엔(梅府家宴)이라는 화이양 요리 식당은 중국 최고의 경극배우 메이란방에서 기인한다. 이곳은 강소성 泰州가 고향인 메이란방(梅蘭芳. 1894-1961)의 전속 요리사 3대 후손이 주방을 맡고 있다.

자료 : 바이두 사진 D/B (2009.10)

〈사진 8〉 북경 都一處 식당 앞의 건륭제 동상

2) 식사 접대

중국인은 식사를 '먹는 예술(吃的藝術)'이라고 표현한다. 다시 말하자면 먹는 것은 중국인에게 단지 에너지 보충이 아니라 오페라 감상, 갤러리의 명화 감상처럼 예술성을 따지는 일이다. 그러므로 중국인은 제대로 된 한 끼 식사를 손님에게 접대할 때 직장인 한 달 봉급을 다 쓸 수도 있는 것이다.

중국 회계 처리 관행은 현대 중국의 식사 접대 문화와 연결되어 있다. 즉 회사에서 손님에게 식사비로 나가는 접대비는 한도에 따라 적절히 회계 처리 할 수 있지만, 술집에서 접대한 영수증의 회계처리는 매우 힘들다. 따라서 중국인은 접대시 반드시 식사 자리에서 술 접대까지 해야하는 시스템적 제한을 가지고 있었다. 이는 한국이 1차, 2차로 이어지는 접대 문화를 가지고 있는 점과 다른 점이다.

따라서 중국인의 상거래에 따르는 접대는 주로 호화스러운 레스토랑에서 고급 음식과 고급 술로 대접하는 것을 의미한다. 이는 중국의 상거래가 식탁 위에서 이루어질 수도 있음을 방증하는 근거이기도 하다. 이러한 현대 중국의 접대 문화는 수십년간 지속되어왔고, 일종의 관습처럼 이어져 오고 있다. 따라서 중국인과 식사 예절뿐만 아니라 접대 관습을 아는 것은 중국 상거래의 기본 중 하나를 터득하는 일이다.

a. 식탁의 질서 정하기

주객유서, 존비유별(主客有序, 尊卑有別), 즉 손님과 주인의 질서가 있고, 그 중요도에 따라 접대를 달리 해야 한다. 또한 접대 목적에 따라 식당의 수준을 결정해야 하는 것이 중국의 식사 접대 관행이다.

중국인의 거래처 접대시에는 반드시 목적이 있다. 목적의 중요성 및 손님의 수준에 따라 식당의 수준도 달라야 한다. 왜냐하면 너무 비싼 곳에 가면 상대방에게 우리 측이 낭비적이고 진실되지 못한 이미지를 줄 수 있고, 너무 저렴한 곳에 가면 손님을 무시하는 오해를 초래할 수 있다. 그러므로 손님에 따른 적당한 수준의 연회 장소 선택은 매우 중요하다.

식탁에서 자리 순서 잡는 것부터 관습법이 시작된다. 손님이 연회장 들어올 때 주인은 손님의 왼편에 따라가야 한다. 이는 중국인은 우(右)측을 상위로 생각하기 때문이다. 계단을 오를 시에는 주인은 뒤에 따라가야 하며 손님이 미끄러지면 뒤에서 받쳐줄 수 있기 때문이다. 계단을 내려올 때는 반대로 손님에게 뒤에 따라 오게 하여 앞으로 넘어지는 사고에 준비하는 자세를 보여야 한다. 손님을 인솔 할 때에는 코너, 계단 사이 및 엘리베이터 등에서 발걸음을 멈추고 손님을 기다려야 한다. 엘리베이터를 탈 때에는 손님이 먼저 들어가고, 나올 때는 반대로 해야 한다.

중국에서의 식사 테이블은 주로 원형이다. 이는 손님들과 주인 간에 순조로운 대화가 이루어지게 하는 목적이며 테이블과 테이블 사이의 적당한 거리는 1.4m～1.83m 정도이다. 그리고 인원수에 따라 테이블 배치하는데 차이가 많다.

본고에서 예를 든 그림을 참조하면, 방 한 개(연회장)에서 테이블 3개, 4개, 5개, 6개 따라 배치하는 방식(Lay out)이 서로 다르다. 주인과 귀빈이 앉는 主桌(Main table)은 항상 커야하며 이는 존비(尊卑) 유별의 개념이다. 주로 연회장에서 제일 안쪽 혹은 중앙 쪽에 메인 테이블을 배치하는 것이 일반적인 관례이다. 그리고 제일 낮은 등급의 손님은 항상 문(門)과 제일 가까운 곳이 일반적이다. 이는 문이 열리고 닫히고 하는 것이 손님에게 불편함을 주기 때문이다.

중국인은 중국 요리 접대시 주로 테이블 크로스(table cloth)로 오렌지색을 선호한다. 그리고 중앙에 빨간 꽃을 장식한다. 그리고 공식적인 연회에서는 반드시 요청한 손님의 명패를 테이블 각 위치에 미리 준비하여 손님이 자기 명찰이 있는 곳에 앉도록 유도한다. 이는 서로에게 자리 양보를 하면서 귀빈들끼리 '식탁의 질서'를 정해야 하는 번거로움을 생략해 줄 수 있기 때문이다.

중국에서 상석(上座), 하석(下座)의 정의는 룸에서 벽면에 기대고 바로 입구를 바라보는 방향이 上座이다 (상세 내용은 그림 참조). 上座의 또 다른 기준은 룸에서 벽면에 기대는 자리가 1순위라면 그 맞은 편이 2순위고, 좌측이 3순위며, 우측이 4순위다.

이처럼 중국인의 식사는 테이블과 의자가 보편화 되어 있다. 따라서 한국에서의 중국인 접대에도 테이블과 의자 없이 앉아서 먹어야 하는 한정식 식당은 피하는 것이 좋다. 지금은 글로벌화가 많이 되어 있어서 실례가 아니지만, 10여년전만 하더라도 회가 나오는 일식집에서의 중국 바이어 접대는 곤혹스러운 장면이 연출되고는 했다. 중국에서는 익히지 않는 날 음식은 감옥 안의 죄수들이나 먹는 식사였기 때문이다. 따라서 상대의 음식 습관을 미처 파악하지 못한 중국 바이어의 한국 내 식사 대접은 고급스러운 뷔페 식당이 무난해 보인다.

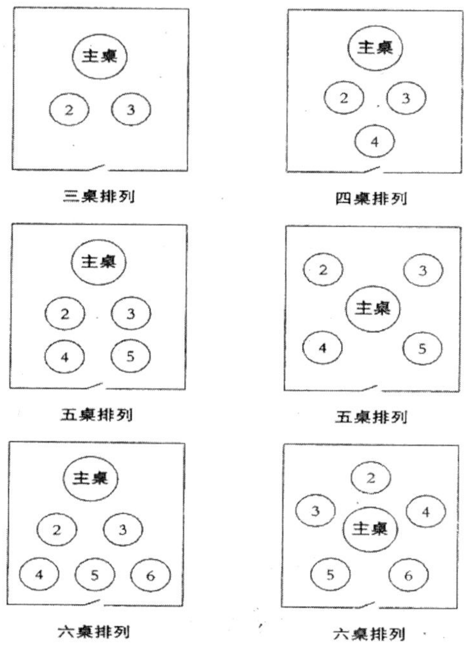

〈그림 1〉 연회장 테이블 배치시 주탁의 위치와 테이블별 순위도

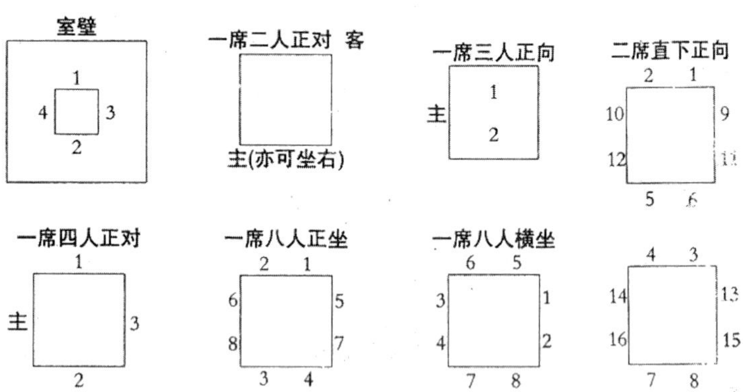

〈그림 2〉 장방형 테이블의 상석 순위도

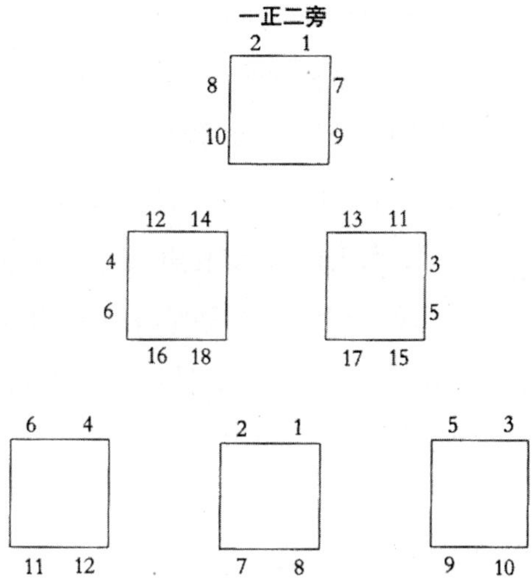

〈그림 3〉 장방형 테이블의 연회장 배치 및 상석 순위도

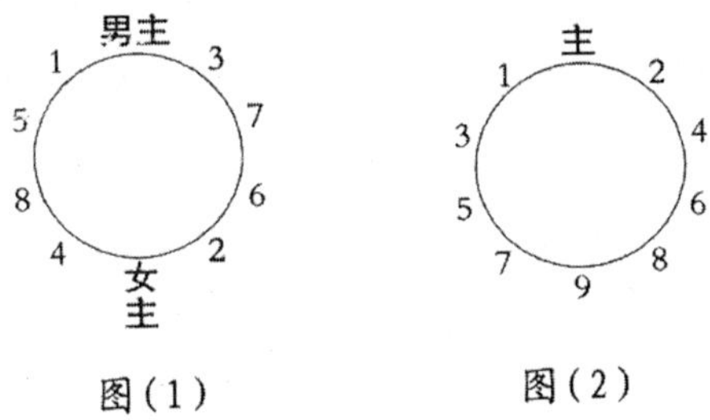

〈그림 4〉 원형 테이블의 상석 순위도

b. 접대 자리에서의 호칭과 인사말

중국인이 손님에게 일반적으로 많이 사용하는 호칭은 남자의 경우 장선생(張先生), 여자의 경우 Ms.리(李小姐) 정도이다. 주의할 것은 기혼 여성 또한 미혼 여성 혹 아가씨를 의미하는 샤오지에(小

姐)를 많이 사용한다. 약 50세 이상 여성은 뉘스(女士)로 호칭한다.

직책을 호칭으로 쓰는 경우도 많다. 장사장(張社長), 이부장(李部長) 등 직책으로 호칭하기도하고, 박사학위를 가진 자는 짱보스(張博士)라고 부를 수 있다. 하지만 통상 석사, 학사는 호칭하지 않는다. 그리고 의사(다이푸, 大夫), 변호사(뤼스, 律師), 교사 등은 우리말 선생님을 뜻하는 라오스(老師)로 통칭하기도 한다. 식당에서 서빙하는 아가씨들의 경우, 샤오지에로 부르기도 하나 좀 더 점잖고 공식적인 표현은 푸우위엔(服務員)이 있다.

호칭을 보면, 한국은 아직도 남존여비 사상이 남아 있음을 알 수 있다. 한국에서는 '신사, 숙녀 여러분'으로 남자가 먼저 나오지만, 중국은 서양과 같이 Lady and Gentleman 순으로 뉘스먼 시엔성먼(女士們,先生們)으로 시작한다.

접대 자리에서 손님의 직책은 한 단계 승진하기도 한다. 상대방이 副總經理(부사장), 副董事長(부회장)이면, 일반적으로 副를 빼고 總經理(사장), 董事長(회장)으로 통칭하는 것이 중국적인 예이다. 물론 같은 자리에 사장과 부사장이 한꺼번에 있다면 예외이지만 말이다. 반대로 상대방이 총경리(사장), 동사장(이사장)인데 앞 글자를 생략하고 경리(부장), 동사(이사)로 호칭하면 상대방 직급을 여러 단계 낮춘 셈이 되니 절대 금물이다.

중국인 가족들과 사적인 식사 자리에서는 미리 가족 호칭을 익혀놓아야 하겠다. 상대방에게 본인의 가족을 칭할 때 겸손의 표시로 지아푸(家父, 아버님), 지아무(家母, 어머님), 서띠(舍弟, 남동생), 서메이(舍妹, 여동생), 샤오얼(小兒, 내 아들), 샤오뉘(小女, 내 딸)라고 호칭한다.

반대로 상대방 가족을 호칭할 때는 존칭어를 써야 한다. 상대방 가족을 칭 할 때는 쭌푸(尊父, 아버님), 쭌무(尊母, 어머님), 시엔디(賢弟, 귀하의 남동생), 시엔메이(賢妹, 귀하의 여동생)으로 한다. 또 링(令)이라는 존칭을 써서, 링탕(令堂, 상대방 아버지), 링랑(令郎, 상대방 자녀)등으로 호칭할 수도 있다.

접대 자리에 해야 할 인사말이 정해진 것은 아니다. 그러나 접대해야 할 손님에게 일반적인 중국어보다 격식 있는 인사말을 사용하면 첫 인상이 좋아질 것이다.

처음 만날때는 지우양(久仰), 오래간만에 만날 때는 지우웨이(久違)라고 한다. '많은 지도편달을 부탁합니다'라는 의미는 뚜어뚜어즈지아오(多多指教)라고 하며, '많은 양해부탁 드립니다'는 뚜어뚜어빠오한(多多包涵)이라고 한다.

다른 사람에게 부탁드릴 때는 라오지아(勞駕)라고 하는데 영어의 Pardon, 혹은 가벼운 수준의 Excuse me 정도 표현일 것이다. 길 좀 비켜 달라고 할 때는 지에광(借光), 요리 접시나 양념통의 전달을 부탁하면서 상대방을 번거롭게 했으면 따라오(打擾)라는 표현을 붙인다.

중국어에는 우리말처럼 '갔다, 가셨다' 같은 존대말이 없다. 간 것은 그냥 저우(走) 한 글자로 표현된다. 하지만 자신을 낮추는 겸양어 혹은 남을 높이는 존칭어에 해당되는 단어가 있어, 이 단어를 문장에 사용하면 존대말이 된다.

즉 축하할 때 궁시(恭禧), 문장 및 글을 쓰고 나서 지도를 부탁드릴 때 푸정(斧正), 지적을 부탁할 때 츠지아오(賜教), 상대방의 의견을 높이는 말은 까오지엔(高見), 다른 사람 방문을 의미하는 겸양어는 바이팡(拜訪), 일처리 부탁 시에는 바이투어(拜托) 라는 표현을 쓴다. 또한 손님이 오는 것은 꽝린(光臨), 손님이 가실 때는 만쭈어(慢走), 멀리서 온 손님을 환영할 때는 시천(洗塵), 친구와 함께 있는 것은 펑페이(奉陪), 마중 나오는 것을 만류할 때는 리우부(留步), 구매 부탁할 때는 꽝구(光顧), 물건 돌려 줄때는 펑환(奉還), 노인의 연세를 물어볼 때는 까오수(高壽)라는 표현을 쓴다.

c. 예습이 필요한 요리 주문법

요리 주문하는 수준을 보면, 얼마나 중국통(中國通)인지 알 수 있다는 이야기가 있다. 이는 이처럼 요리 주문법이 어렵다는 의미일 것이다. 중국 요리는 밥과 국 그리고 반찬이 거의 한꺼번에 나오는 우리와 달리, 전채, 요리, 식사, 후식으로 나누어지며, 나오는 순서도 요리 종류에 따라 각기 다르다.

중국요리를 주문하는 경우 종류도 많고, 이름 또한 복잡해서 그 요리가 어떤 재료로 또한 어떻게 조리가 되서 나오는지 파악하기 힘들다. 무조건 비싼 것을 주문하여 예산을 낭비할 수도 없고, 너무 싼 것으로 주문하여 손님에게 인색 하다는 느낌을 주어서도 않될 것이다.

육고기(소고기, 돼지고기), 생선, 야채를 어느 정도 배합해야 하는지, 중국 어느 지방에서 온 사람들은 어떤 요리를 좋아하고 술은 어떤 종류, 어느 도수로 마셔야 적당한지 등은 공부를 해야 한다. 또 요리 주문시 명심해야 할 것은 상대방이 먹지 못하는 양념(한국인이 주로 못먹는 샹차이 · 香菜 등)이나 특별한 알레르기 반응이 있는 음식 재료를 미리 알아 두어야 한다. 이를 중국어로는 진지(禁忌)

혹은 지커우(忌口)라고 표현하며, 고급 식당에서는 종업원이 의례 손님에게 이를 물어보고, 음식을 조리할 때 빼고 조리하여 준다. 중국인에게 접대를 할 때, 보다 세심한 요리 주문은 상대방에게 좋은 인상을 심어 줄 것이다.

중국인은 한국인처럼 소고기, 돼지고기, 회, 야채 등 다양한 음식을 모두 즐기는 경우는 드물다. 일반적으로 보면 식당 분위기를 고려하는 여성보다는, 남성은 본인이 좋아하는 음식 자체에 치중한다.

중국 북방사람은 면(麵)을 좋아하고 짠 음식을 좋아한다. 하북(河北)성 사람은 짠 음식을 즐기며, 천진(天津)사람은 짠 음식중 조금은 단 음식을 좋아하고, 산서(山西)사람은 짠 음식중 시고 매운 음식을 좋아하며, 동북(東北)사람은 짜고, 시고, 매운 음식을 선호한다.

서북(西北)사람은 시고 매운 음식을, 북경사람은 고기중 돼지고기 · 양고기를 좋아하고, 짠 음식을 즐긴다. 상해사람은 해물류 및 약간 단 음식을 좋아한다. 광동사람은 해물류와 국(湯)을 좋아한다.

중국에 존재하는 56개 소수민족의 식습관도 그 생김새만큼이나 한족(漢族)과 차이가 많다. 몽고족은 식사할 때 항상 유(乳)제품 및 육고기를 먹고, 육고기는 주로 소, 양, 낙타, 말고기 순으로 선호한다. 몽고사람들은 양고기를 먹을 때 물로 삶은 것을 좋아하며, 식사할 때 항상 milk tea를 같이 마신다. 몽고족은 술을 잘 마시며 백주, 맥주, 乳酒, 馬乳酒를 선호한다. 만주족(滿族)은 주로 쌀과 밀가루 음식을 선호하며, 딱딱한 빵과 돼지고기도 좋아한다. 면요리는 일반적으로 산동성, 하남성 북부, 산서성, 섬서성 사람들이 주식으로 먹는다. 특히 산서성 면요리는 유명하다. 기타 지역은 쌀을 주식으로 삼고 있어, 면요리는 별식인 셈이다. 산동 사람들은 국수류 외에도 각종 만두류 요리를 좋아한다.

요리 주문에도 순서와 원칙이 있다. 중국요리는 많은 반찬이 한꺼번에 상에 올라오지 않고 한 개씩 제공되며, 손님이 다 먹은 후에야 다시 새로운 요리가 올라온다. 기본적으로 6가지, 8가지, 12가지, 14가지 등으로 올라온다. 요리 종류별로 상에 올라오는 순서가 지방마다 조금씩 다르긴 하지만 대체적으로 아래와 같은 원칙이 있다.

- 찬 요리 先, 뜨거운 요리 後
- 요리 先, 디저트 後
- 볶은 요리 先, 삶은 요리 後
- 짠요리 先, 단요리 後
- 담백한 요리 先, 기름진 요리 後

따라서 요리 주문시에도 위와 같은 원칙을 지켜야 한다. 우선 몇 가지의 냉채(Cold dish)를 주문해야 식탁에 메인 요리가 올라오기 전에 초라해 보이지 않는다. 그리고 각 지방 혹은 그 식당의 특색 요리를 주문한다.

예를 들면 샥스핀, 해삼, 전복, 제비집 등은 특색 요리이며, 생선, 육고기, 야채요리는 일반 요리이다. 특색 요리는 맛을 보는 정도로 주문해야 하며, 특색 요리로 배를 채우지는 않으므로, 사람이 많으면 육고기를 많이 주문해야한다.

중국인은 짝수를 좋아하므로 4인 이상인 경우, 기본적으로 6~12가지 요리를 주문하고, 특별한 손님에게는 더 많은 요리를 주문할 수도 있다. 식후 디저트는 만두, 케익, 과일 등을 주문한다. 10명 정도의 인원이면 6~12가지 요리를 주문할 수 있다.

4명 정도는 3~4가지 냉채(Cold dish), 3~4가지 볶음요리(Hot dish), 그리고 메인 요리(Main dish 특색요리나 특별요리), 국 마지막으로 한 두가지 디저트를 주문하는 것이 일반적인 요리 주문법이다. 우리와 달리 밥이나 면을 먹지 않는 경우도 많으며, 식사가 끝나기 전에 손님에게 반드시 주문 여부를 물어보는 것이 좋다. 죽통밥(竹筒飯)이나 사천 딴딴미엔(担担面)처럼, 방문한 식당의 메뉴 중 밥 혹은 면 자체가 특색 요리인 경우에는 반드시 주문을 해야할 것이다.

그러나 친구와 같이 가볍게 식사 할 경우 4개 요리(4명의 경우)와 국 1개를 주문해도 무방하다. 중국요리 주문시 四菜一湯(4개 요리 국 1개), 六菜一湯(6개 요리 국 1개), 八菜一湯(8개 요리 국 1개) 같이 숫자를 따지기도 한다. 볶은 밥이나 국은 큰 그릇에 한꺼번에 담겨 나오며, 테이블에서 종업원이 작은 1인용 국그릇에 나누어 준다.

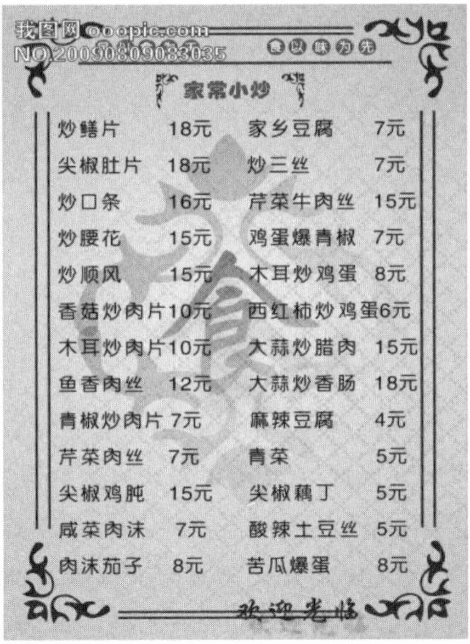

자료: 바이두 사진 D/B (2009.10)

〈사진 9〉 예습이 필요한 중국 요리 메뉴

사스 발생(2003년), 북경 올림픽 개최(2008년) 이후,

중국의 음식 문화도 많은 변화를 보이고 있는데, 대표적인 변화로는 도수가 높은 독주(白酒) 보다는 건강에 좋은 포도주로, 음식은 먹을 만큼만 적당히 주문하기 등을 들 수 있다. 중국인의 식탁에도 웰빙 바람과 환경보호 컨셉이 등장 하고 있는 것이다. 따라서 접대하는 손님 격식에 따라 전통적인 음식 주문법에 얽매이기 보다는 실용적인 방법을 찾는 것도 필요해 보인다.

중국 메뉴판 보는 방법

한식의 요리이름은 재료와 조리법으로 이루어져 있다. 김치찌개, 오징어볶음, 조기구이, 갈치조림, 아구찜, 감자탕처럼 말이다. 중국음식 이름도 크게 다르지 않아서 대체로 재료, 조리법, 모양으로 구성된다. 돼지고기를 볶으면 차오로우(炒肉), 닭을 기름에 튀기면 펑지(烹鷄), 오리를 구우면 카오야(烤鴨), 새우를 지지면 지엔시아(煎蝦), 생선을 찌면 쩡위(蒸魚), 오이를 무치면 파이황과(拌黃瓜)가 된다. 중국어는 한국어와 반대로 목적어(재료)가 술어(조리법) 뒤에 나오는 점이 다를 뿐이다. '김치+찌게'가 아니라 '찌게+김치'로 쓰는 식이다.

요리이름으로 재료의 모양도 미리 알 수 있다. 실처럼 가늘게 썰거나 찢은 채는 쓰(絲), 얇게 썬 것은 피엔(片), 덩어리로 자른 것은 콰이(塊), 주사위 모양으로 자른 것은 띵(丁), 가루 낸 것은 모(末), 완자 모양으로 동그랗게 만든 것은 환(丸)이나 치우(球), 두루마리처럼 만 것은 쥐엔(卷), 껍질로 싼 것은 빠오(包), 굵은 가닥으로 썰거나 빚은 것은 티아오(條), 갈아서 즙을 낸 것은 롱(茸)이나 니(泥)다.

중국식당 메뉴에 있는 춘쥐엔(春卷, Spring Roll)은 말린 모양이고, 위샹로우쓰(魚香肉絲)나 징장로우쓰(京醬肉絲)의 돼지고기(肉)는 실처럼 가는 모양이며, 궁빠오지띵(宮保鷄丁)의 닭고기는 작은 주사위 모양임을 미리 알고 주문할 수 있다.

3) 음주 문화

a. 중국의 명주

중국 술은 4000년의 역사를 갖고 있으며 유명한 술마다 특이한 유래가 있다. 중국에서는 쌀, 보리, 수수 등의 곡물을 원료로 해서 그 지방의 기후와 풍토에 따라 만드는 법도 각기 다르며, 같은 원료로 만드는 술도 나름대로의 독특한 맛을 지니고 있다. 북방지역은 추운 지방이라 독주가 발달 하였으며 남방지역은 순한 양조주를, 산악 등 내륙지역은 초근목피를 이용한 혼성주(우리의 한방주 정도)를 즐겨 마시고 있다.

약간 과장하면 중국에는 우리의 군에 해당되는 현(縣)마다 각지의 명주(名酒)가 있다고 할 정도이다. 현재 중국의 현급 행정단위가 2,171개이니, 중국에는 2천개가 넘는 자칭 타칭의 명주가 있는 셈이다.

실제로 중국에는 4500여 종의 술이 있는데, 이 술들은 모두 국가급, 省급, 市급의 품평회(評酒會)를 통해 그 등급이 정해져 있다. 이 중에서도 국가급 등급을 여러 차례 받은 술을 名酒라고 칭하는데 소위 8대 명주, 10대 명주 등이 이것이다. 또한 이들 명주 제조사들이 모두 국유기업이고, 해당 省정부의 중요기업이어서 국가 차원에서의 생산, 수출, 판매 관리가 이루어지고 있으며, 또한 중국에서 가장 많이 가짜로 만들어지는 아이템이기도 하다. 이전에는 이들 명주에 붉은 색 띠나 리본을 둘러 명주임을 규정하였으나, 지금은 3차원 그래픽이 심어진 홀로그램 위조 방지용 스티커 부착 등으로 업그레이드 되고 있다. 중국의 명주 중 대표적인 술은 증류주인 백주

(白酒), 양조주인 황주(黃酒) 그리고 혼합주인 약미주(藥味酒)로 나뉘어 진다.

白酒의 대표적인 술로는 마오타이(茅台酒)로 1915년 파나마 만국 박람회에서 3대 명주로 평가 받은 후, 중국의 대표적인 명주의 반열에 오른 술이다. 원료인 고량을 누룩으로 발효시켜 10개월 동안 9회나 증류 시킨 후, 항아리에 밀봉하고 최저 3년을 숙성시킨 술이다. 죽의 장막을 처음으로 서방세계에 개방한 마오쩌둥과 美닉슨 대통령의 회담(1972년)에서 등장한 것을 계기로 해외에서 가장 유명한 중국의 대표적인 술이 되었다.

주정은 약 52%~54%정도로 무색투명하다. 茅台酒의 산지는 貴州성 仁懷현 茅台진이고 800여년의 역사가 있다. 생산지인 茅台鎭에는 특수한 자연환경과 기후조건을 보이는데, 이곳은 貴州고원의 분지로서 해발 440m의 저지대로 하루 종일 안개가 자욱하다. 여름에는 35~39℃ 고온이 5달이나 지속되고, 일년 중 절반 이상이 무덥고 습하다. 이러한 자연조건은 술의 원료를 발효, 숙성시키는데 매우 유리하며 동시에 茅台酒의 독특한 향기를 내는 미생물을 형성시키는 작용을 한다. 타지역에서 茅台酒를 모방하려 했으나 성공하지 못한 원인도 바로 여기에 있다. 茅台酒는 110여가지에 달하는 향기를 가지고 있으며 마신 후 빈잔에도 오랫동안 향기가 사라지지 않는다. 향기 성분은 술 제작과정 중에서 향료를 첨가하는 것이 아니라 반복적인 발효과정에서 자연적으로 생기는 것이다. 술 도수(52~54°)는 중국 명주 중 낮은 편이다. 茅台酒는 생산후 창고에 최저 3년 이상 저장하고, 다시 20년, 10년, 8년, 5년, 30년, 40년씩 저장한 술과 브랜딩한 후 판매된다.

또 다른 증류주 명주인 오량액(五粮液)의 주산지는 중국 남서부 四川省과 貴州省에 걸쳐 있다. 이 술은 다양한 도수로 개발되어 중국 증류주 가운데 가장 판매량이 많다. 오량액은 명나라 초부터 생산되기 시작했다. 독특한 맛과 향의 비결은 곡식 혼합비율과 첨가되는 소량의 약재에 숨어 있다. 오량액은 여러 브랜드가 있으며 그 중에서도 의빈(宜賓)에서 제조한 오량액이 가장 유명하다. 약 150년 전 宜賓에서는 5종의 곡식(수수, 입쌀, 酒米, 밀, 옥수수)을 원료로 하여 술을 빚었는데 당시는 잡량주(雜糧酒)라고 이름하였으며 20세기 초반에서야 오량액이라고 칭하게 되었다. 70년대 초부터는 도수가 낮은 39° 오량액이 개발, 판매되어 인기를 더하고 있다.

다른 백주인 분주(汾酒)는 江西성 汾陽현 杏花촌에서 만들어 졌으며 1천년의 역사를 갖고 있다. 汾酒는 唐代 이전의 황주(黃酒)로부터 기원하였고, 후에 백주로 발전하였다. 역시 1914년 파나마 국제 박람회에서 수상한 후 중국을 대표하는 세계적인 명주로 인정받고 있다.

고정공주(古井貢酒) 역시 유명 백주로서 安徽성 亳현 古井貢酒공장에서 생산한다. 亳현은 역사적으로 유명한 지방으로 東漢시기 조조(曹操)와 명의 화타(華陀)의 고향이다. 東漢부터 亳州(亳현의 옛칭)의 술은 유명했고, 古井貢酒를 빚는 물은 우물(井)물인데 그 우물은 南北朝시대의 유적이며 1500여년의 역사를 갖고 있다. 명대 明神宗이 이 술을 마시고 貢酒라 명명했으며, 그 후 400여년 동안 古井貢酒는 줄곧 황제들에게 공품으로 진상 되어왔다.

우리들이 흔히 중국 음식점에서 접하는 고량주(高粱酒)는 대중적인 백주의 통칭이며, 수수(高粱)를 원료로 해서 고량주라 한다. 누룩의 재료는 대맥, 작은 콩이 일반적으로 사용되나 소맥, 메밀, 검은 콩 등이 사용되는 경우도 있으며 숙성과정의 용기는 반드시 흙으로 만든 항아리를 사용한다. 무색이며 장미향을 함유하는 경우도 있다. 주정은 59%~60% 정도이며 천진産이 유명하다.

곡물을 이용한 양조주인 황주(黃酒)의 대표적인 술로는 소흥주(紹興酒), 노주(老酒)등이 있다. 소흥주 중 대표 브랜드는 소흥가반주(紹興加飯酒)로서, 절강성(浙江省), 소흥현(紹興縣)의 지명에 따라서 명명된 것이다. 저도수로 색깔은 황색 또는 암홍색의 黃酒이다. 주 원료는 찹쌀에 특수한 누룩을 사용하는 방법이 일반적이며, 누룩 이외에 신맛이 나는 재료나 감초를 사용하는 경우도 있다. 제조 방법은 찹쌀에 누룩과 술약을 넣는 복합 발효법이 사용되어지나, 지역마다 독특한 비법이 내포되어 있다. 소흥주는 중국에서 보기 드물게 14%~16%의 저알콜 술이다.

자료: 마오타이지우 홈 페이지 (2009.11)

〈사진 10〉 중국의 명주 마오타이

한약재·과실 등을 섞어 발효시킨 혼합주(藥味酒) 중 대표적인 술로는 오가피주, 죽엽청주, 장미주 등이 유명하며 그중 죽엽청주(竹葉青酒)가 대표적이다. 죽엽청주는 1,400년 전부터 유명한 양조 산지로 알려진 행화촌의 약미주로 고량을 주원료로 녹두, 대나무 잎 등 10여가지 천연약재를 사용하며 연황빛을 띤다. 향기롭고 풍미가 뛰어난 술로, 첫번째는 탁 쏘는 강한 맛이 두번째는 단 맛이 난다. 술의 효능은 혈액을 맑게 순환시켜, 간·비장의 기능을 상승시키는 것으로 알려져있다. 주정은 48%~50%이나 죽엽청주의 독한 향을 싫어하는 중국인들도 많다.

오가피주(五加皮酒)는 고량주를 기본 원료로 하여 목향과 오가피 등 10여 종류의 한방 약재를 넣고 발효시켜 침전법으로 맛을 가미한 술이다. 도수 53%정도이고 색깔은 자색이나 적색이다.

b. 음주 매너

여러 해 동안의 중국 생활에서도 본인 같은 '비주류(非酒類)'가 불편한 점을 못 느꼈던 것은 중국 특유의 음주 매너 덕분이다. 그중 한 가지는 以茶代酒(이차대주) 라는 네글자. 즉 차(혹은 음료수)로서 술을 대신 한다는 관용구로, 술자리 마다 본인은 '이차따이지우'를 외치며 물이나 콜라로 술 대신에 건배하였다. 중국인들은 자존심이나 체면이 강해 술을 강권하는 일은 상대방을 무시하는 일이라 좀처럼 일어나지 않는다. 즉 술자리가 시작되기 전 "나는 술을 전혀 마시지 못하니 실례가 되지 않는다면 차로서 술을 대신하겠소"라고 신고 하면, 강권하는 사람도 없고 술을 마실 필요도 없는 것이다.

일부 한국 바이어들이 중국에 비즈니스를 하러 와서 한국식 대로 "술을 잘 못합니다"라는 겸손의 말을 할 경우, 중국인들은 이를 겸양의 표현으로 받아 들인다. 즉 '바이어가 술을 정말 못하는 것이 아니라 잘 하는데 중국인의 체면을 위해 겸손을 보이는구나'라고 이해하는 것이다. 그런데 실제로 이 한국 바이어가 50도가 넘는 술 몇잔을 마시고 독주에 얼굴이 붉어져 권하는 술을 마다하면, 중국인은 내심 화를 내며 자기를 무시하거나 방금 전에 사인한 계약이 마음에 들지 않아서 내가 권하는 술을 마다하는 모양이다라고 오해할 수도 있다.

따라서 정말 술을 못하는 사람이라면 어정쩡하게 표현 할 것이 아니라, “술을 전혀 못합니다”라고 명확하게 표현해야 중국 비즈니스를 성공하는 첫 걸음이 될 것이다. 왜냐하면 중국인은 아무리 술을 마셔도 정신을 잃을 정도로 마시거나 주사를 부리는 일이 드물기 때문이다.

또 다른 중국 음주 매너 중 하나는 첨잔(添盞)이다. 즉 술잔이 비워지기 전에 상대의 술잔에 가득히 술을 채우는 것인데, 이는 손님의 술잔이 비워지는 것을 무례로 보는 중국인의 문화 관습 때문이다. 이를 “주는데로 빨리 다 마셔야 예의를 차린 것”으로 자의적으로 해석하는 한국 비즈니스맨들이 간혹 있어, 점심시간에 백주 몇 병을 마시고(실은 안마셔도 무방한 첨잔임에도 불구하고) 호텔 방에서 골아 떨어진 후, 오후 협상을 그르치는 것을 본 적도 있다.

비즈니스 현장에서의 일반적인 음주 매너를 살펴보자.

식사 전에는 차(茶), 탄산음료, 주스 등 가벼운 음료를 마시고, 식사 할 때는 고량주, 와인 혹은 맥주를 마신다. 한 가지 술을 마시면 계속 그 술을 마시는 것이 일반적인 음주 매너이며, 중간에 다른 종류의 술을 마시는 것은 관례가 아니다.

그리고 식사 종류에 따라 술 종류 또한 달라야 한다. 와인은 닭요리, 오리요리와 어울리며, 죽엽청주(竹葉靑酒)는 생선, 새우 등 해물류에 맞다. 소흥주(紹興酒)와 같은 가반주(加飯酒)는 찬 요리(Cold dish)에 맞다. 게요리를 먹을 경우 황주(黃酒)를 마시며, 고량주를 마시지는 않는다.

그러나 부득이 여러 가지 술을 한꺼번에 마셔야 할 때는 순서를 지켜야 한다. 낮은 도수에서 높은 도수로, 거품 있는 술에서 없는 술로, 새로운 술에서 오랜된 술로 그 순서를 정한다. 또한 비싼 것 보다는 보통 가격 술을 먼저 마시며, 단술 보다는 쓴술을 먼저 마시고, 와인의 경우 화이트와인을 먼저 마시고 레드와인은 다음에 마신다.

적절한 축배사(祝酒詞)를 술자리에서 하는 것도 중국에서 필요한 음주 매너이다. 혹시라도 자리에 어울리지 않는 축배사를 했다가는 분위기가 어색해 질수 있으니, 일반적이고 보편화된 술자리 축배사를 미리 익혀 놓는 노력이 필요하다.

먼저 여러 종류의 요리를 주문했을 때, 한 가지 요리가 나올 때 마다 그 숫자에 맞추어 할 수 있는 축배사는 다음과 같다.

> 一个菜是祝大家一帆風順，二是兩路進財，三是三陽開泰，四是四喜臨門，五是五谷丰收，六是六六大順，七是七色彩虹，八是八面來風，九是九九歸一，十是十全十美。讓我們爲十樣菜肴所表示的良好祝愿，干杯!

즉 1,2,3 같은 숫자 한자가 들어가는 고사성어를 주로 이용한다.

> 一帆風順 : 순풍에 돛을 올리듯 만사 순조롭게 진행되기를
> 兩路進財 : 두 갈래길 모두로 재물이 들어오길
> 三陽開泰 : (옛) 새해 축하 인사말
> 四喜臨門 : 네가지 기쁜 일이 생기길

五谷丰收 : 오곡이 풍성하길
六六大順 : 모든 일이 순조롭게 풀리길
七色彩虹 : 일곱 색깔 무지개 (행운을 기원)
八面來風 : 팔면(사방)에서 순조로운 기운이 오길
九九歸一 : 돌고 돌아 원점으로 돌아가다 (결국 성공에 이르다)
十全十美 : 모든 것이 완벽한 상태, 금상첨화

이외에도 다음과 같은 축배사를 할 수 있다.

- 친구의 우정을 강조할 때: 酒肉穿腸過，朋友心中留!
- 상대방에게 건배를 제의할 때: 感情深, 一口悶, 感情淺, 舔一舔!
- 친구를 만나 반가워 많이 마셔도 괜찮다라는 말: 酒逢知己千杯少。
- 술 마시지 않은 친구에게 술을 권하며 : 男人不喝酒, 交不到好朋友。
- 옛 친구, 새 친구가 같이 있을 때: 結識新朋友, 不忘老朋友, 與新老朋友共干一杯!
- 도저히 술을 마시지 못하는데, 친구를 위해 한 잔 마신다는 말은: 舍命陪君子
- 술을 마시지 못하지만 친구의 우정을 위해 : 寧傷身体, 不傷感情

중국의 음주 매너는 끝이 없다. 이번에는 술을 거절할 때 쓰는 거주사(拒酒詞)이다. 앞서 쓴 것처럼, 상대방의 체면을 유지해주기 위해서 중국은 술을 마지지 못해도 강권하는 사회는 아니다. 그러나 비즈니스 장소에서 올바른 음주 매너는 상대방이 기분 상하지 않도록 술을 사양하는 거주사(拒酒詞)를 해 주는 것이다. 통상 많이 쓰는 거주사로는 다음과 같은 문장이 있다.

- 술을 마시지 못하고 차로 술 대신 마시며: 眞不好意思, 我以茶代酒, 您能者多勞!
- 음료수로 술을 대신해서 마실 경우 : 只要感情有, 喝啥都是酒。
- 녹차로 술을 대신해서 마실 때: 男人不喝酒, 枉在世上走, 只要心里有, 茶水也當酒

술자리의 또 하나 즐거움은 중국의 명시를 읊는 것이다. 이는 술자리 품격을 올리는데 적당한 방법이다. 중국 비즈니스 술자리에 단골로 등장하는 詩聖 리바이(李白)의 시는 다음과 같다.

> 天若不愛酒，酒星不在天。地若不愛酒，地應无酒泉。天地既愛酒，愛酒不愧天 (만약 하늘이 술을 좋아하지 않는다면, 주성이라는 이름의 별은 하늘에 없을 거네. 땅이 술을 좋아하지 않는다면 땅에 주천이라는 지명이 없을 거네. 천지가 모두 술을 좋아하니, 애주가가 하늘을 부끄러워 할 필요가 있겠는가)

술꾼의 단수

술과 관련된 상거래에서의 에피소드는 술의 종류 만큼이나 많다. 주당들은 술을 좋아함에 다음과 같이 급수를 매기어 놓기도 하였다. 가장 낮은 급수인 9급은 아예 술을 마시지 않고, 8급은 술을 두려워 하지만, 급수가 올라가면 술을 좋아하고(초단), 술을 아까워하며(6단), 급기야 술을 즐기고(8단), 열반의 경지에(9단) 들게 되는 것이다.

不酒 → 畏酒 → 憫酒 → 隱酒 → 商酒 → 色酒 →睡酒 → 飯酒 → 學酒 → 愛酒 → 嗜酒 → 耽酒 → 暴酒 → 長酒 → 惜酒 → 樂酒 → 觀酒 → 廢酒

4) 선물 문화

중국에서 선물을 주는 것을 쏭리(送禮)라고 한다. 즉 선물을 하는 것은 예를 보낸다는 표현으로 쓰는 것이다. 이는 상대방에게 예를 표시하는 것이니 바꾸어 말하면 아주 보편적이고 자연스럽다고 할 것이다. 따라서 아주 작은 선물이라도 준비하여 상대방에게 주는 것이 중요하며, 비즈니스 협상을 앞두었을 때는 특히 전략적인 선물법이 요구된다. 즉 상대방을 배려하는 선물이 필요하다. 상대방 부인이나 자식에게 하는 선물은 배려하는 선물이며, 지난번에 한 선물과 똑 같은 선물을 하는 실수를 한다면, 상대방은 성의 없다고 느낄 것이 틀림 없다.

중국인이 좋아하는 선물에 대한 정답은 없다. 하지만 보편적인 선물은 몇가지 꼽을 수 있을 것이다.

- 술은 양주도 좋고 한국 전통주도 환영을 받는다
- 한국 특산품 중 홍삼, 인삼 제품도 좋아하는 품목이다.
- 한국 담배는 상대가 이를 좋아하는지 먼저 살펴야 한다
- 한류 관련 상품(영화 DVD, 음악 CD 등)은 상대방 자녀에게 선물 하면 좋다
- 의외로 한국 공예품은 중국인의 환영을 받지 못하는 경우가 많다
- 화장품 선물은 친한 경우가 아니고는 부담 스럽다 (각 여성별 사용하는 타입이 다른 것도 그 이유임)

중국인도 선물하는 명절로는 설과 추석이 있다. 음력으로 절기를 따지는 중국은 우리와 설(춘지에. 春節)과 추석(중추지에. 仲秋節)

날짜가 동일하다. 아직도 중추절에는 월병을 많이 선물한다. 비싼 월병을 선물하는 구습을 없애자고 TV에서 공익 방송을 할 정도이니, 중국에서 월병 선물이 아직도 보편화 되어 있음을 알 수 있다.

간혹 가다 선물을 완곡히 거절하는 사람을 만나는 경우가 있다. 그러나 이 경우에는 선물이 너무 부담이 되어, 이 선물을 받고 반드시 그에 상응하는 무엇을(부탁, 청탁)을 돌려주어야 한다고 상대방이 느꼈을 때 일 것이다. 따라서 너무 과한 선물은 오히려 선물을 주려는 사람과 멀어지게 만드는 경우가 있으니 주의해야 한다.

그럼에도 불구하고 비즈니스 협상 과정중 필요에 의해서 과다한 선물을 해야할 경우가 발생한다. 이 경우 중국에서는 선물을 받는 사람의 지인을 통해서 전달한다. 즉 직접 선물을 전달하지 않고 선물 할려는 사람과 받는사람 모두를 아는 제3자를 통해서 선물을 하

자료: 바이두 이미지 D/B (2009.11)

〈사진 11〉 중추절에 주고 받는 선물, 월병(月餠)

는 경우가 보편적이다. 이는 혹시라도 선물 받기를 거절할 경우, 상대의 체면을 배려해서이다.

선물시 주의할 점

탁상시계나 괘종시계는 중국어로 종(鐘)이라고 하는데, 종을 준다 (送鐘)라는 중국어 표현이 '죽은 사람을 송별한다' 의미의 송종(送終)과 발음이 같다. 따라서 개업하는 식당이나, 새로 창업한 회사에 시계를 보내는 일은 피하는 것이 좋다. 회사 개업식에는 시계 대신 거울이나 화분 혹은 중국 특유의 거대한 장식물(수석, 사자석 등)을 보내는 것을 본적이 있다. 반면에 손목시계는 비아오(表)라고 쓰기 때문에 게의치 않고 선물 하는 편이다. 물론 젊은 중국인들의 경우, 멋진 디자인의 시계 선물은 환영을 받는 편이다.

배가 가진 의미

배는 중국어로 리(梨) 이다. 그런데 이별을 뜻하는 리(離)와 발음이 같다. 따라서 병문안 갈 때 등에 배를 선물하는 것은 금기이다. 배 대신 사과를 선물하는데 이는 사과의 발음인 핑궈(苹果)가 평안, 안녕을 뜻하는 핑안(平安)과 비슷하기 때문이라고 한다.

꽃 선물

중국 역시 국화는 장례식에 쓰이는 꽃이다. 상황에 따라 꽃 선물시 주의해야 할 것이다.

선물의 개수

중국인은 짝수를 좋아한다. 따라서 선물도 가능한 범위 내에서 짝수로 하는 것이 좋다. 상점에서 파는 월병은 박스 안에 짝수로 포장되어 있으며, 결혼식, 생일 등 경사스러운 자리에는 짝수 선물을 선호하는 편이다.

이는 좋은 일이 계속 된다는 의미의 好事成雙(하오스청쌍) 이라는 관용어와 관계가 있다. 물론 아주 비싼 선물을 두 개씩 할 수는 없지만, 일반적인 선물(사탕, 과자, 과일 등)은 짝수를 맞추어 주는 것 좋다.

선물 포장지

선물 포장지는 붉은 색이나 금색을 선호한다. 백색은 죽음을 의미하므로 피하는 것이 좋다. 붉은 색은 존엄과 존귀를 상징하며, 금색은 예로부터 황제의 색깔이었다. 반면 흰색이나 검은색은 흉색으로 간주 되므로 주의해야 한다.

4. 중국인과 상거래 전략

1) 중국인의 상관행(商慣行)

중국인의 의식구조와 상인 기질을 종합하면, 아래 몇가지로 중국인의 상관행 특징을 요약할 수 있다.

- 개인보다는 집단과의 조화를 중시한다.
- 혈연, 지연 등을 중시한다.
- 상담시 본심을 타인에게 노출하지 않는다.
- 돌다리도 두드리는 국민이다.
- 계약서보다 융통성을 중시한다.
- 신용을 제일로 삼고 체면을 중시한다.
- 상담시 상대를 높여주는 연기력이 풍부하다
- 10년 이상 시간을 두고 친구를 사귄다
- 불필요한 가정(假定)을 싫어하고 현실에 처한 대로 일을 풀어간다.
- 말이 많은 사람은 신뢰하지 않는다.
- 돈의 중요성을 아는 국민이다.

또한 중국 상인은 다음과 같은 원칙을 가지고 상거래에 임하고 있다.

조심성

먼저, 상대방에게 신뢰감을 주고자 한다. 결정하기 전에 세 번 이상 생각(三思而行)하는 신중한 모습과 거래처를 3군데 이상 비교하는(貨比三家) 조급하지 않은 태도는 상인의 기본이다.

중국인과의 상거래에서 조바심은 금물이다. 중국 각지의 상인 특징을 서술한 「浙人商智」「溫州商經」등 서적에서는, '상거래에 임하는 자세는 의연하게 해야 하며, 절대로 한 곳에만 매달리는 모습을 드러내지 말 것'이라는 충고를 하고 있다. 상대방이 선택의 여지가 없다는 것을 아는 순간, 거래 상대자는 절대 양보하지 않을 것이 분명하다.

경험상 첫 거래에 의심이 많을 수 밖에 없는 상인들에게 거래 상대자는 반드시 '自己人' 즉 자기 사람이 되어야 한다. 첫 만남에서 중국인은 흔히 '친구(朋友)'라고 스스럼 없이 호칭한다. 또한 친구가 소개하여 준 친구는 '좋은 친구(好朋友)'이기도 하다. 그러나 '라오펑요우(老朋友)' 즉 오래된 친구는 자신이 시간을 가지고 믿음을 주면서 만들어야 하는 친구이다.

꽌시와 체면

상거래에서 '꽌시'는 만능 열쇠가 아니지만, 열쇠를 잘 돌아가게 하는 윤활유임에는 틀림이 없다. 따라서 적재적소에 '꽌시'를 활용하는 것은 중국 상인의 또 다른 상관습이다. 중국은 특히 고문(顧問) 제도를 넓게 두고 있다. 이는 중국 특유의 꽌시 문화와 무관하지 않다. 한 분야에서 최고의 전문가 경지에 올랐다가 은퇴한 퇴직자들은 고문직을 통해 업계 로비스트 역할을 수행하고 있다.

중국 상관습에서 선물은 '체면'을 중시하고, '꽌시'가 중요하다는 것을 표현하는 일종의 수단이다. 따라서 거래선 방문시, 적당한 선물 준비는 필수이다. 실용주의가 발달한 중국 상관습에서 선물의 종류는 그다지 중요해 보이지 않는다. 중요한 것은 내가 선물을 준비할 만큼 상대에게 신경을 썼다는 정황이 아닐까 싶다.

접대와 협상

술자리는 비즈니스가 연장되는 또 다른 장소이며, 이는 중국도 다르지 않다. 술좌석에서 업무 이야기하는 것이 옳은지, 않하는 것이 좋은지에 대한 정답은 없다. 그러나 중요한 것은 중국인들은 공적인 '사무 관계' 만큼 사적인 '인간 관계'를 중요시 여기기 때문에,

술자리에서 맺어질 수 있는 좋은 인간 관계는 사무적인 관계에도 도움이 된다는 것이 중국 상관습이다.

특히 한국인이 주의해야 할 일은 과도한 음주로 인한 술주정이다. 중국에서 술을 잘 마신다는 것은 자신이 술을 컨트롤 한다는 것을 의미한다. 술주정을 하면서까지 본인의 체면을 깍아 내리는 모습을 상대방에게 보인다면, 신뢰를 쌓기 힘들 것이다.

중국 술자리에서는 반드시 잔을 비워야 하는 간베이(干杯)도 있지만, 자기 주량 만큼 편하기 마시는 쉐이(随意)도 존재한다. 즉, 술을 잘 마시지 못하는 상대방을 배려하고 상대의 체면을 세워주고, 술을 강권하지 않는 것이 중국의 술문화인 것이다.

아이스 브레이킹(Icebreaking)은 어색한 자리나 관계를 깨기 위한 회담 기법이다. 중국인은 비즈니스 회의시에 아이스 브레이킹 매개체로 담배를 활용한다. 술을 마셔가면서 회의를 할 수 없으니 말이다. 본인이 소유한 담배를 상대방에게 제공함으로써, 혹은 같이 피움으로써 공유감을 느낄 수 있을 것이다.

그렇다고 담배를 피우지 못하는 사람이 비즈니스 성사를 위해 담배를 억지로 같이 피울 필요는 없다. 하지만 흡연자인 상대방을 위해서 담배를 소지하고 다니는 비흡연자 비즈니스맨이 의외로 많은 것이 중국의 상관습이다.

말과 계약서의 차이

상거래에서 기본은 계약서를 통한 계약의 체결이지만, 정작 중국에서는 체결된 계약서가 무효가 되는 경우도 적지 않다. 따라서 비즈니스 맨의 기본적인 자세는 거래가 종료될 때까지 확신하지 않는 점이다.

상거래에서 중요한 것 중 하나는 화술(話術)이다. '외교학'의 원칙 중의 하나는 '자신의 답변은 모호하게, 상대방의 답변은 정확하게 이해할 것'이다. 이는 상거래에서도 활용되고 있다. 실제로 중국어 자체에 애매모호한 표현과 단어가 적지 않다.

예를 들면, 확정적이지 않은 사안에 대해 '문제 없을까?'라는 질문을 던질 경우, 상대방에게서 들을 수 있는 대답은 최소한 10가지가 넘는다.

즉 '可以,應該沒問題', '基本上沒問題' 혹은 '沒問題' 그리고 '完全沒問題' '我保證,沒問題'라는 답변을 들을 수 있을 것이다.

이들 5개의 답변을 문자 그대로 풀이하자면, 'OK, 당연히 문제 없을거야' '기본적으로 문제없어' '문제없어' '절대 문제없어' '문제없어 내가 보증할께' 라고 해석될 수 있다.

그러나 중국인과의 상관행 상 해석법은 조금 다르다. 실제로 이러한 답변을 한 중국인들이 체감하는 실현 가능성은 얼마나 될까? 아마도 10% → 20% → 30% → 40% → 50% 수준 쯤 되지 않을까 한다. 즉 '可以,應該沒問題' 혹은 '基本上沒問題'는 문제가 없기를 바란다는 희망 정도 수준이고, '沒問題' 앞에 '完全' '保證' '絶對' 같은 수식어가 붙어야, 내가 문제가 발생하지 않도록 노력해 볼게 라는 뉘앙스를 가지고 있다는 판단이다.

2) 상거래 전략

상거래 전략에서도 손자(孫子)의 손자병법 전략이 많이 등장한다. 이는 중국인에게는 비즈니스가 또 다른 전쟁터임을 방증한다 할 것이다.

성동격서(聲東擊西)

성동격서라는 것은 서쪽을 격파하기 위해 동쪽에서 소리를 지른다는 뜻이다. 그 목적은 상대를 교란하여 올바른 판단을 못하게 하는데 있다. 이는 중요하지 않은 조건을 중시하는 척하면서, 이를 양보해 주고 중요한 것을 취하는 전략이다. 즉, 중국 상인은 협상에서 주요 목표를 달성하기 위해 중요하지 않은 기타문제를 물고 늘어져 거래 상대자의 관심을 분산 시킨 다음, 준비가 부족한 틈을 이용하여 많은 양보를 얻어내는 전략이다.

중국 상인은 이렇게 얻은 양보가 자신에게 유리하면 서면으로 작성하여 상대 거래 당사자의 확인을 받아 둔다. 중국 상인은 성동격서 전략에 아주 뛰어나다. 상담시 상품 품질이 좋지 않다거나 납기나 애프터 서비스에 문제가 있다는 등의 조건을 내세워 자신이 취하고자 하는 원래 목적인 가격 조건을 유리하게 이끌고 가려고 한다. 따라서 중국 상인이 상담 초기에 제시하는 조건들은 상담을 결정짓는데 크게 중요한 사항이 아니라는 점을 알고, 오히려 느긋하게 대응하는 전략도 필요하다.

업그레이드 된 성동격서 전략을 보자. 상인 A는 '당신의 상품은 볼품도 없고 내구성도 떨어지는구만'이라고 소리치면, 같이 온 상인 B는 '볼품은 없지만 내구성은 있네'라고 절반만 거든다. 얼떨결에 상인 C는 자신의 상품이 볼품 없다고 자인하게 되고, 이를 근거로 A와 B는 협상을 유리하게 전개해 나간다.

병불염사(兵不厭詐)

병불염사는 전쟁에서 병력을 배치할 때 상대방을 속이는 허허실실 술책을 마다하지 않고 적극적으로 사용한다는 뜻이다. 즉, 중국 상인은 상대 거래 당사자에게 상담 일자를 긴박하게 바꾸거나 중국 측의 정보를 고의로 흘려주거나, 다른 경쟁회사와 상담하는 모습을 의도적으로 보여주기도 한다. 또한 상대 거래 당사자의 사소한 허점을 고의적으로 지적하여, 거래 당사자끼리 싸우다가 공멸하도록 경쟁을 붙이는 것도 병불염사 전략이다. 이는 상대 거래 당사자를 최대한 속여서 본인의 의도를 정확히 파악하지 못하게 만드는 것이다.

화비삼가(貨比三家)

중국 상인은 상담시 거래 가격에 가장 관심을 두고 있다. 가격을 많이 깎는 담당자는 인사고과시 좋은 평가를 받고 그렇지 못한 경우에는 뇌물을 받은 것으로 의심받을 정도이다. 중국 상인의 가격 협상시에 사용하는 전형적인 상술로 화비삼가가 있다. 화비삼가는 구매하고자 하는 물품의 오퍼(가격 문의)를 세 집에 내어 이를 비교해 본 후 접촉하는 전술이다. 중국 상인은 납품 업체들로부터 상품을 구매할 때 반드시 3곳 이상의 견적서를 받아 비교해 보고 서로 경쟁하게 만들어 최대한의 이익을 얻어 낸다는 전략이다. 중국 기업들이 가장 보편적으로 많이 사용하는 가격 결정 방식이다.

창홍백검(唱紅白臉)

창홍백검은 붉은 얼굴과 하얀 얼굴 2개의 얼굴을 가진다는 뜻으로, 이는 '북경오페라'라고 불리는 경극(京劇)에서 주인공 가면은 붉은색, 악당 가면은 백색을 쓴 것에서 유래했다. 즉 협상시에 강경파와 온건파 2개 팀으로 구성하고 밀고 당기는 전략을 병행하여 계획하는 목표를 달성하는 전술이다. 즉, 중국 상인은 우선 협상전에 목표를 정해놓고 하급 실무자들은 하얀 얼굴 팀의 강경파의 역할을, 최고 결정권자는 온건파인 붉은 얼굴 팀의 역할을 담당한다. 이 같은 계획적인 역할 분담을 잘 이해하지 못해 협상을 실패로 몰고 가는 경우가 많다.

지피지기(知彼知己)

지피지기는 나를 알고 적을 알아야 한다는 유명한 병법이기도 하다. 상거래 전략에서는 준비 없는 전쟁은 하지 않는다는 뜻이다. 즉, 국제계약에서 어떠한 수단을 사용하더라도 상대방의 전략을 상세하게 이해하고 특징을 분석한 뒤 각종 대책을 충분하게 준비하여 협상에 나선다는 전략이다.

간접각색(間接角色)

자신은 단순히 대리인의 입장이라고 설명하면서 까다로운 조건은 모두 위탁자에게 책임을 돌리는 전략이다. 이 전략은 유능한 상인들이 항상 사용하는 상거래 전략이다. 즉 자신의 이익을 반영한 입장은 철저하게 상대방에게 요구하지만, 상대방의 요구나 제안에 대해서는 자신이 계약자가 아니라 대리인이기 때문에 받아들일 수 없다며 뒤로 빠지는 책략이다. 자신이 협상 당사자이지만, 협상 현장에서는 대리인이라고 주장하는 것은 협상 테이블에 단골로 오르는 메뉴임을 명심할 필요가 있다.

선고후락(先苦後樂)

먼저는 어렵고 뒤는 즐거운 전략이다. 협상 개시 때 강경한 조건 혹은 터무니없는 제안을 먼저 제시한 후, 협상을 진행하면서 요구 조건들을 조금씩 약화 시켜나간다. 최종적으로는 당초 예상한 것보다 유리한 조건을 얻어내는 것이 목적이다. 상대방에게 어려움을 먼저 안기고, 후에 협상 타결의 즐거움을 느끼게 하여 주지만, 정작 이익은 본인의 수중에 있다.

3) 협상 전략

중국인의 형식주의를 존중하자

계약서 사인은 반드시 공식 행사로 해야 한다. 지루한 협상 과정을 통해서 타결에 이른 계약은 호텔 연회장 같은 곳을 빌려 격식을 차리고 공식적인 행사(사회, 사진 촬영, 서명의식 등)로 진행하는 것이 보통이다. 이는 상대방의 체면을 세워주는 당연한 예의이며, 적당한 형식주의를 갖추어 줌으로써 내 자신의 체면도 높이는 방법이다.

신중한 담판을 두려워하지 말자

중국인이 쓰는 담판(談判)이라는 용어는 상담과 협상을 복합적으로 의미한다. 중국인과의 성공적인 담판을 할 수 있는 비결은 꼭 집어낼 수가 없다. 즉 서로(한국과 중국간에) 일반적인 것, 상식적인 것에 충실해야 한다.

중국인이 담판시에 하루 밤이라도 잠을 자면서 하는 것은 신중하기 때문에 그렇게 하는 것이다. 담판 현장에서 바로 국제전화를 돌려가며, 실무자와 통화를 하면서 확인을 하여 현장에서 답을 내어놓는 것은 한국식이다. 큰 계약을 중국에 와서 협상을 하려한다면, 잠을 자면서 신중하게 하는 중국식 담판을 이해하고, 활용하는 지혜가 필요하다.

한국식으로 속전속결로 담판을 밀고 나갈 경우, 이를 수긍하는 중국 상인은 한 명도 없고 성공한다는 보장도 없다. 중국인과의 담판에는 하루 밤을 자면서 신중하게 생각해보는 전략도 필요하다. 중국 상인 입장에서 생각을 해보고, 상대의 수를 미래 예상해보면서 내 득실을 따지는 꼼꼼한 전략을 밤새 준비할 수 있을 것이다.

협상에서는 메모를 하자

종이와 한자를 발명한 중국은 기록의 문화를 가지고 있다. 개혁개방 초기 중국 국유기업에는 회의 기록만을 전문으로 하는 직책이 있었을 정도였다. 중국 상인의 특징을 꼽으라면 자기가 한 말은 잘 들추지 않으며, 상대방이 한 말은 너무나 잘 알고 있다는 점이다. 이는 모두 기록에 의한 것이다. 따라서 우리도 이러한 중국 상관습을 보고 배워야 한다. 협상에서 철저한 메모는 불필요한 협의 시간을 단축하여 주며, 상대에게 신중한 이미지를 보여준다.

중국 파트너에 대한 파악은 끝이 없다

중국은 사회주의 시장경제를 추구하고 있으며, 공산당이 기업의 경제 활동에 영향을 끼치고 있다. 상대방이 국유기업이라면 말할 필요도 없으며, 민영기업이라 할지라도 협상 파트너에 대한 배경은 복잡하다.

민영기업가이지만 전직이 공산당 간부가 아닌지, 혹은 전직 공무원이 아닌지 협상 상대에 대한 파악은 협상 전부터 해야 하며, 협상 중간에도 부단하게 해야 한다. 우리나라도 그렇지만 명함에 적힌 부사장이라는 직함만 가지고는 상대방이 결정권자인지 아닌지 알 수가 없다. 따라서 중국인과의 협상은 길어질 수밖에 없으며, 중국 상인도 이를 당연히 여긴다.

중국의 거의 모든 기업에는 노조(公會)와 공산당 조직(당 위원회)이 있다. 따라서 중국 측 파트너가 지금 우리와 하는 협상의 결과가 중국 공산당의 방침이나, 노조의 이익 혹 이념과 배치가 될 경우, 이에 대한 대비가 필요할 것이다.

협상 중에 중국 상인의 내부 다툼에 개입하지 않아야 한다. 대형 기업의 경우, 중국 측 파트너 부서간 이해 관계가 충돌할 수 있으며, 이 경우 한국 측의 섣부른 개입은 좋지 않은 결과를 초래한다.

현재 중국의 기업들은 '현대기업제도'를 도입하여 우리 주식회사 제도와 유사한 형태를 가지고 있지만, 여전히 '사업단위'라고 불리우는 반관, 반기업 형태의 사업 조직도 존재한다. 사업의 종류에 따라서는 기업 보다는 이러한 '사업단위'와의 합작이 더 유리할 수도 있지만, 언제 또 규정이 바뀌어 현재는 합법적인 거래가 나중에는 위법이 될지 모르는 일이다. 따라서 중국 파트너에 대한 파악은 계약 체결후에도 지속되어야 한다.

중국 상인은 담판에서 우위를 점하고 있다

중국에서 하는 담판에서 홈 그라운드의 이점을 가진 중국 상인의 협상력은 당연히 상대방 보다 우월하다. 전혀 객관성이 없는 무리하고도 주관적인 난제를 얼굴색 하나 변하지 않고 담판장에 들고 나오며, 또 관철시켜 나간다. 이는 사회주의 체제에서 익힌 담판 경험과 복합적인 민족성에서 교육된 담판 능력일 것이라고 유추된다.

결론적으로 우리가 상대하는 중국 상인의 담판 능력은 언제나, 어디서나, 어떠한 상황에서도 우리보다 우월할 것이라는 것을 인정해야 한다. 그 다음에는 우리가 준비할 몫이다.

조급함은 협상 실패의 지름길

이제 중국과 수교한지도 17년이 넘어간다. 우리는 중국과 수교전인 80년대말부터 홍콩 등을 경유하여 무역 거래를 하여 왔으니, 근래 들어 중국 상인과의 담판 역사는 20여년이 다 되어가고 있다. 즉, 중국 상인은 협상 현장에서의 한국인들의 약점을 이미 경험을 통해서 터득하고 있다.

'이번 건은 반드시 성사 시켜야 한다' '이번 건은 우리 그룹 사장(회장)님의 관심 사항이어서 당신의 양보가 필요하다' '이번 건 성사에 내 승진 여부가 달려 있다'라는 한국 사업 파트너의 조급함은 오히려 협상을 어렵게 할 뿐이다. 이러한 상황을 중국 파트너가 인지하는 순간 협상의 주도권은 상대측으로 넘어갈 것이 분명하기 때문이다. 중국 상인과의 협상에서 조급함은 실패의 지름길이다.

개인 사정이 협상에 개입 하는 경우

간혹 협상장에서 거래 자체와 관계가 없는 개인적인 문제를 요구하는 경우, 혹은 자신의 이러한 개인 사정을 상대 파트너가 이해해

주기를 요구하는 경우가 있다. 즉 협상 결과가 계약 당사자인 '갑'과 '을'의 회사뿐만이 아니고 자신의 개인적인 문제(퇴임후, 승진후, 타 부서 이동후, 타 회사 이동후)까지 고려한 협상 전략을 들고 오는 경우이다. 이 경우, 우리는 정확하게 상대방의 주관적인 협상 의도를 파악하는 것이 중요하다. 바꾸어 생각해보면, 중국 측은 협상이 가능한 범위 혹은 상대 측이 수용할 수 있는 정도의 문제를 제기했을 것이기 때문이다.

중국 상인은 담판장의 언어 사용도 주관적이다

중국 상인과의 협상에서 협상 언어의 함의(含意) 혹은 숨은 뜻을 미리 숙지해야 한다. 문제는 그 언어의 사용과 의미가 지극히 주관적이어서 중국인 자신도 이해하기 어렵다는 것이다. 다음은 담판장에서 자주 등장하는 언어인데, 경험에 근거하여 대략의 의미를 해석하여 보면 다음과 같다.

하오(好) : 좋다

상황에 따라서는 동의한 것이 아니다. 그냥 그 상황 자체가 좋은 것(너에게는 좋지만 나에게는 않 좋을 수도 있다)으로 해석하는 것이 정확하다.

칸칸(看看) : 두고 보자

이는 부정적인 의미가 강하다. 두고 봐도 호전되거나 가능성이 없을 경우, 칸칸이라고 관례상 사용한다.

이엔지우 이시아(研究一下) : 한번 연구해 봅시다.

연구해보자고 하니 그 결과는 아무도 모를 듯. 연구 결과가 성공일 수도 있고 실패 일수도 있고. 하지만 긍정적으로 보면, '상황이 어렵지만 내가 너를 위해서 일이 성사될 수 있는 방법을 모색해 보겠다'라고 해석할 수도 있다.

상량 이시아(商量一下) : 의논해 봅시다

'이엔지우 이시아' 보다는 다소 긍정적이다. 성사 가능성은 전혀 알 수 없으나, 한번 좋은 결과가 나올지 우리 모두 함께 생각해 보자는 의미이다.

짜이수어(再說) : 나중에 다시 이야기 합시다.

완곡한 거절의 표현이라고 해도 틀리지 않을 듯. 지금 당신에게 '노'라고 하면 당신 체면이 깍이니 '나중에 다시 이야기하자'라고 예의를 차려준 표현.

밍바이(明白) / 즈따오(知道) : 이해 하겠다. 알았다

상대방이 '알았다'라고 하면, 우리는 곧잘 이를 동의의 표현으로 이해한다. 그러나 협상장에서는 '당신이 처한 상황' 혹은 '당신이 나에게 동의를 구하려는 상황'을 인지했다는 의미로 해석될 수 있다. 좀 더 냉정하게 표현하자면, '너가 처한 상황은 알겠는데, 내 상황은 너와 다르다'라고 이야기 해도 틀린 해석법이 아니다.

4) 중국인이 보는 한국 상인

2002년에 북경에서 발행된 「世界各國商人」이라는 책에는 중국인이 보고 느끼는 세계 각국 상인의 상관습을 서술하고 있다. 저자인 천관런(陳冠任)은 중국 공산당당교 연구원이며, 소장파 정치경제학자이다. 이 책은 중국국제무역촉진위원회(CCPIT, 우리의 KOTRA에

해당) 내부 자료도 참고 하여 쓴 것이며, 따라서 전세계 각지에 주재원을 파견하고 있는 CCPIT의 정확한 시각이 담겨 있는 것으로 판단된다.[14)]

이 책을 살펴보면, 중국 상인들이 한국 상인을 어떻게 생각하고 있는지를 또 중국 상인의 전략을 알 수 있으며, 우리는 이 책을 통해 역지사지(易地思之) 전략을 수립할 수 있을 것이다.

한국 상인과의 거래에는 충효 사상을 활용하라

충과 효는 중국인이 절대 모방할 수 없는 한국인의 행동 철학이다. 부모에게 효도하고 조상을 섬기는 풍속은 오늘의 한국에서도 사라지지 않았다. 실제로 한국 젊은이는 어른의 면전에서 담배를 피우지 않으며, 술도 매우 조심스럽게 마신다. 따라서 한국 상인과 거래시 무엇보다도 그들의 효심을 존중해주어야 한다. 일상적인 대화나 무역 상담에서 절대 그들의 조상이나 부모를 평가절하 해서는 않된다.

한국인은 중국인보다 성씨를 중시한다. 그들의 성씨에 관심을 표시하고 그 성씨는 중국에서도 명문이라고 치켜 올려주는 중국 상인을 싫어하는 한국 상인은 없을 것이다. 한국 상인의 부모와 집안 어른을 따뜻하고 깍듯이 모셔야 한다. 기회가 있을 때 마다 안부를 묻고, 그들 부모의 생일에 정성이 담긴 조그만 선물을 전달해준다면 금상첨화이다.

한국인의 반일 감정은 중국인 못지않다. 한국인 앞에서 일본 상

14) 강효백(2002)

품을 칭찬하거나, 일본 상인의 우수성을 치켜세우다가는 계약은 고사하고 욕을 먹을지도 모른다.

두 번 속지 않는다.

한국 상인과의 거래는 성심성의를 다해야 한다. 한강의 기적을 일군 한국 상인들은 강한 승부욕과 불굴의 의지를 가지고 있다. 불량품으로 한국 상인들을 속이려 하지 마라. 그들은 절대 두 번 속지 않는다. 괜한 트집을 잡아 벌써 지불했어야 할 외상값을 차일피일 미루지 마라. 중국 상인에게 부당하게 당하고 나서 꿀 먹은 벙어리처럼 잠자코 있을 한국 상인은 한 명도 없다. 한국 상인에게는 취득 가능한 이윤의 예상 목표액을 보여주되 어느 정도는 실현이 가능한 목표여야 한다. 장밋빛 전망만 늘어놓아서는 상황 판단이 빠른 한국 상인을 이해시킬 수 없다.

손자병법은 중국인의 전유물이 아니다. 한국 상인은 손자병법(孫子兵法)[15], 삼국지, 육도삼략(六韜三略)[16]을 꿰뚫고 있다. 한국 상인은 시작 단계를 중시한다. 서로 만나면 좋은 협상 분위기를 주도하며, 협상과 관계없는 여행, 취미, 스포츠 등 주제를 먼저 꺼낸다.

---

15) 중국 고대 병법가. 孫武 또는 손무의 후손인 孫臏이 쓴 병법서. 손무는 史記에 따르면 춘추시대 吳나라 장군으로 서쪽 楚나라를 쳐부수고 북쪽 齊나라와 晉나라를 위협해 용맹을 떨쳤다. 漢書 藝文志에는 吳孫子兵法 82편과 齊孫子 89편에 대한 기록이 있다. 중국의 병법서 가운데 가장 오래된 고전이다. 구성은 計, 작전, 謀攻, 形, 勢, 허실, 軍爭, 九變, 행군, 지형, 九地, 火攻, 用間 등 13편으로 이루어져 있다. 군사사상 · 군사지식 · 군사기술 등에 관해 종합적으로 논한 병법서이다.

16) 두 종의 병법서 六韜와 三略을 말한다. 육도는 太公望 呂尙, 삼략은 黃石公의 撰述이라고 전해진다. 모두 후세의 僞書이지만 宋나라 때의 武經七書 속에 들어 있으며 중국 옛 병법의 교과서로 널리 읽혔다.

한국 상인은 논리정연한 체계화를 선호한다. 본 협상이 시작되면 주요 의제를 밝히며, 일반적으로 의향과 호가, 흥정, 협상, 계약체결 등의 순서를 따른다. 많은 한국 상인들은 협상장에서 협상의 주도권을 쥐기 위해서 노력하는 편이다.

한국 상인은 정치 평론가이다.

박학다식한 한국 상인은 마치 중국의 북경인처럼 정치와 역사, 통일과 이념에 대해서 관심이 많다. 따라서 이러한 토픽을 주제로 하여 이야기하기를 좋아한다. 이러한 대화의 장에서는 고개를 끄덕이면서 시종일관 진지하게 경청하는 자세를 보여야 한다. 실상과 다르거나 듣기 거북한 정견이 나오더라도 고개를 흔들며 거세게 반박할 필요는 없다. 우리 중국인들은 정치인이 아니라 돈을 많이 벌어야할 상인이 아닌가?

오픈 카드를 즐겨 쓰는 흥정의 고수

한국 상인 일행 중에는 일반적으로 제일 앞장선 사람이 직위가 제일 높은 자이며, 협상의 결정자이다. 따라서 그를 집중공략 해야 한다. 한국은 중국처럼 '간판 따로, 실세 따로'인 경우가 거의 없다. 대부분 명함에 적혀있는 직위와 실세가 일치한다.

협상장에서 한국 상인은 일본 상인보다 호쾌하다. 그들은 자신의 의견과 생각을 비교적 빨리 내어 놓는다. 히든 카드보다는 오픈 카드를 즐겨 쓴다. 상대에게 자신의 카드를 공개하고 상대방을 어떻게든 설득시키려는 경향이 강하다. 그들은 협상의 명수이다. 1보 후퇴 하나, 결국에는 2보 전진을 한다. 한국 상인은 열세를 우세로 전환시키는 흥정에 능수능란하다.

'빨리 빨리'의 한국 상인은 요리하기 쉽다

CCPIT 북경분회 한국팀장은 이렇게 경험을 이야기한다. 한국 상인은 '오늘 협상하면, 내일 계약하고 모레는 개업하자'고 달려든다. 그들은 마치 처음 만나는 상대와 거래가 꼭 이루어져야 한다는 강박관념에 사로잡힌 것 같다. 이러한 한국 상인을 처음대하면 당혹스럽기까지 하다. 그러나 빨리 성과를 보아야 직성이 풀리는 한국 상인의 조급성을 잘 알고 대처하면, 그들처럼 상대하기 쉬운 외국 상인은 없다.

한국 상인은 세밀하고 차분한 시장조사와 사업 타당성 심사과정은 생략한 채 우선 일을 저질러 놓고 보는 경향이 있다. 결국 이러한 한국 상인의 태도는 좋지 않는 결과를 초래한다. 중국에서 한국 상인은 말은 많이 하지만, 실제로 성사된 것은 많지 않다는 평가이다. 따라서 한국 상인과의 거래시에는 그들의 조급성을 모른체 하는 것이 상수이다. 지연작전을 쓰고 시간을 끌고 가라. 성격이 급한 한국 상인들은 분통이 터지고 제풀에 겨워 백기를 들고 말 것이다.

또 다른 성공기법은 한국 상인의 말을 모두 듣고 일단 되는 쪽으로 답변을 한 후, 나중에 그 가능 여부를 검토하는 전략이 있다. 이는 중국 상인이 소기의 목적을 달성하는데 도움이 될 것이다. 단 한 가지 주의할 점은 '미리 미리'라는 비장의 무기를 감춘 유능한 한국 상인도 있다는 점이다. 상대를 잘 파악하지 않고 '만만디'로 한국 상인을 요리하려 할 경우, 오히려 '미리 미리' 만사를 준비해 온 한국 상인에게 역전 당할 수도 있다.

적당주의는 한국 상인에게 통하지 않는다

한국 상인은 라틴계 사람처럼 쉽게 흥분하고 쉽게 화를 잘 내는 편이다. 화가 나면 무서운 것이 없는 기질이다. 따라서 한국 상인과의 거래시에는 애매모호한 화법 보다는 직선적인 의사표시가 바람직하다. 그들에게는 히든 카드 기법보다는 중국 측의 카드를 노출시킴으로써 성의 있는 협력을 유도하는 오픈 카드 기법이 호소력이 더 크다.

희노애락의 얼굴 표정을 감추지 못하는 한국 상인의 태도와 면모를 상세히 관찰하여 그들의 진정한 의도가 무엇인지 파악해야 한다. 한국 상인과의 거래시 냉정하고 쌀쌀맞은 태도는 바람직하지 않다. 한국 상인을 무표정하게 사무적인 태도로만 응대하면 당신을 성의가 없고 사업에 의지가 없는 중국인으로 간주할 것이다.

한국은 대단한 서열 사회이다. 외국 바이어가 보는 앞에서 부하에게 호되게 야단치는 상사, 그렇게 야단을 맞고도 아무렇지도 않은 부하, 이는 중국에서는 상상도 할 수 없는 장면이며, 전세계 한국 상인이 유일할 것이다.

좀 친해 졌다고 해서 한국 상인의 어깨를 툭툭 치며 친근하게 펑요우(朋友, 친구)라고 부르면 않된다. 한국에서 '친구'의 개념은 나이도 같아야 하지만, 계급도 같아야 한다. 한국 상인은 성 뒤에 직책을 붙여 김 부장님, 박 사장님으로 불러야 한다.

한국 상인은 꼼꼼하고 깔끔하며 세심하게 따진다. 상품을 검사하거나 인수할 때 아주 작은 흠결이라도 착오없이 잡아낸다. 따라서 한국 상인과의 대충주의, 적당주의식 거래는 신뢰를 잃을 수 있다. 계약서 작성시 가격표시나 규격, 부품 목록 자구를 일부러 빠뜨리는 식의 전술은 한국 상인에게 통하지 않는다.

한국 상인의 유머는 무례하다.

저명한 한국의 학자가 중국에 왔는데, 중국 사장과 면담하는 자리에서 젊은 중국인 비서에게 '아가씨는 양귀비를 빼다 박았군. 자 양귀비여 나하고 한잔 건배하세'라고 외쳤다고 한다. 또, 중국의 공식만찬 행사에 초대받은 한국의 정부고관은 중국의 중년부인을 보고 '만일 내가 20년전에 당신을 만났다면 한 눈에 반해 틀림없이 내 마누라가 되었을 터인데'라고 했다고 한다.

이런 장소에서 이런 류의 농담은 중국인이라고 하면 상상조차 할 수 없는 일이다. 하지만 한국 상인은 하나도 이상하게 여기지 않는다. 농도가 진한 음담패설도 한국의 비즈니스 업계에서는 흔히 통용된다. 따라서 한국 상인과 거래할 때는 이러한 농담을 즐기는 그들의 생활방식과 상관습에 대한 이해가 필요하다. 단, 한국인은 부모, 가족에 대한 농담은 싫어하므로 삼가해야 하며, 죽을 사(死)와 음이 같은 숫자 4도 금기시 한다. 이는 성조가 틀려 4를 곧잘 쓰는 중국인과는 다른 관습이다.

제3장

중국 지역별 비즈니스 환경

1. 지리적 환경

1) 면적과 위치

중국은 지구의 동반부에 위치하고 아시아대륙의 동부에 있으며 태평양의 서안에 있다. 중국의 육지면적은 약 960만㎦이며 러시아와 캐나다 다음으로 세계 제3위로서 전 유럽의 면적과 거의 비슷한 크기이며 한반도(22만㎢)의 약 44배이고 남한의 약 95배인 거대한 국가이다.

중국의 국토는 북으로는 막하(漠河)이북의 흑룡강에서 남쪽의 남사군도의 증모암사(曾母暗沙)까지 남북의 거리는 약 5500㎞이고, 동쪽의 흑룡강과 우수리강의 합류지점에서 서쪽 신강위구르자치구 서부의 파미르고원까지 동서의 거리는 약 5200㎞이다. 중국의 육지국경은 약 22800㎞로서 10여개 주변국가의 국토와 서로 접해 있는데 이들 국가들로는 북한 · 러시아 · 몽고 · 카자흐스탄 · 키르기스스탄 · 타지키스탄 · 아프카니스탄 · 파키스탄 · 인도 · 네팔 ·

부탄 · 미얀마 · 라오스 · 베트남 등이다.

중국은 광활한 육지외에도 매우 넓은 영해와 많은 도서(島嶼)들이 있다. 영해는 4대 해양인 발해 · 황해 · 동해 · 남해로서 그들의 면적을 합하면 470여 ㎢가 된다. 발해는 요동반도와 산동반도를 품고 있는 중국의 내해(內海)이며, 평균 수심은 18m이다. 황해는 요동반도에서 장강(長江)입구까지의 바다로서 평균 수심은 44m이다. 장강입구에서 남쪽의 대만해협까지의 바다는 동해라고 부르고 평균 수심은 370m이다. 대만해협 남쪽의 바다를 남해라고 하며 평균수심은 1212m이다.

중국의 해안선 총길이는 18000㎞로서 연안에는 양호한 조건의 해안 및 항구도시들이 있는데, 그들을 북쪽해안에서 남쪽해안으로 내려오면서 살펴보면 대련(大連) · 진황도(秦皇島) · 천진(天津) · 연대(煙台) · 청도(青島) · 연운항(連運港) · 남통(南通) · 상해(上海) · 영파(寧波) · 온주(溫州) · 복건(福建) · 하문(厦門) · 산두(汕頭) · 심천(深圳) · 주해(珠海) · 광주(廣州) · 담강(湛江) · 북해(北海)등이다. 이들 연해 도시들은 자연환경과 경제적 기초가 비교적 좋아서 해외운송 및 국제무역 등에 매우 편리한 입지 조건을 지녔으며, 중국의 대외개방이 가장 활발하게 이루어지고 있는 지역이다.

중국은 크고 작은 도서들이 모두 6536개가 있으며, 도서들의 총면적은 80000㎢이다. 그중 대만(36000㎢)을 제외한 가장 큰 도서는 해남도(海南島)로서 면적은 33000㎢이다.

2) 지형과 산맥

중국대륙 지형의 특징은 서고동저(西高東低)며 복잡 다양하다. 각종 지형이 점하는 비율은 산지 33%, 고원 26%, 분지 19%, 평원 12%, 구릉 10%이다. 중국은 산맥이 매우 많은 국가로서 전 세계 8000m를 초과하는 12개의 고산봉(高山峰)중 중국내에 7개의 고산이 있다. 종횡으로 복잡하게 형성되어있는 고산준령들은 중국지형의 골격을 구성하고 고원·분지·평원·구릉 등의 윤곽을 형성하는 등 중국의 중요한 지리 분계선과 농업생산 분계선을 이루고 있다. 중국 지형은 계단형으로 이루어졌으며, 서쪽에서부터 동쪽으로 크게 4개 지대로 나눌 수 있다. 즉, 제1지대는 세계의 지붕으로 불리는 서남부의 청장(靑藏)고원일대로 평균 해발은 4000m이상이며, 그중 히말라야산상의 주목랑마봉(珠穆朗瑪峰)은 해발 8846m로서 세계에서 가장 높은 고봉(高峰)이다.

제2지대는 청장고원을 넘어서 곤륜산(昆侖山)·대흥안령(大興安嶺)·태행산(太行山)·무산(巫山)등으로 이어지는 중간지대로서 해발 1000-2000m이다. 제2지대에는 중국의 유명한 4대 고원[17]중에 내몽고고원·황토고원·운귀(雲貴)고원과, 5대 분지중에 타림분지·준가르·투르판분지·사천분지 등이 있다. 신강 남부에 있는 탑리목분지에는 세계에서 가장 큰 사막인 타칼라막칸 사막이 있다. 사막중의 오아시스에는 커다란 백양수가 성장해서 논밭·과수원 및 도시를 녹색으로 에워 싸주고 있기 때문에 타칼라막칸 사막

17) 4대고원은 청장고원·내몽고고원·황토고원·운귀고원이다

자료: 바이두 사진 D/B (2009.10)

〈그림 5〉 중국 지형도

을 녹주(綠洲)라고도 부른다. 녹주의 수원(水源)은 고산의 빙설이 융화되어서 형성된 것이다.

제3지대는 제2지대를 넘어서 동쪽의 해안까지이며 평균 해발이 1000-500m정도인 주로 구릉과 평원지대이다. 제3지대에는 북쪽에서 남쪽으로 중국의 '3대 평원'인 동북평원 · 화북평원과 장강중 · 하류평원이 있다. 이들 평원과 구릉이 서로 연결되어 광활한 지대를 형성하고 있는 제3지대는 인구가 조밀하고 교통이 편리하며 경제가 비교적 발달한 지대이다.

제 4지대는 제3지대의 동쪽으로 중국대륙에서 바다로 이어지는 지대로서 무수히 많은 도서가 있고 바다의 수심은 비교적 얕아 대부분이 200m이하인 지대이다.

3) 강과 호수

중국의 강은 크게 둘로 나뉜다. 첫째는 바다로 유입되는 외류하(外流河)로서 대다수의 강이 이에 속하며, 대표적인 강으로는 장강·황하·흑룡강·주강(珠江)·란창강(瀾滄江)등으로 이들은 동쪽으로 흘러 태평양으로 유입된다. 청장고원상의 노강(怒江)·아노장포강(雅魯藏布江)등은 남쪽으로 흘러 국경을 넘어서 인도양으로 유입된다. 그리고 신강의 액이제사강(額爾齊斯江)은 북쪽으로 흘러 북극해로 유입된다. 둘째는 내륙의 호수나 사막으로 흐르는 내륙하(內陸河)로서 수량이 비교적 적으며 신강의 탑리목강(塔里木江)이 대표적인 강이다.

중국의 가장 큰 강은 장강으로 전장이 6300㎞로서 아시아에서 가장 큰 강이며, 세계에서 3번째로 큰 강으로서 청장고원에서 발원하고 유역면적이 180만여㎢로서 전국토의 19%를 점하고 있다. 두번째로 큰 강은 황하(5464㎞)이고, 셋째는 북부에 있는 흑룡강(3420㎞), 남부의 주강(2197㎞)등으로 이들은 중국의 4대 강으로 불린다.

중국에는 호수도 매우 많아서 호수 면적이 1㎦이상이 되는 호수가 2800여개이고, 그중에는 면적이 1000㎦이상인 호수가 13개나 있다. 호수 역시 외류호수와 내륙호수로 나뉘는데, 외류호수는 대다수 담수(淡水)호수로서 해산물이 풍부하다. 예를 들어 중국의 4대 담수호수는 강서의 파양호(鄱陽湖)·호남의 동정호(洞庭湖)·

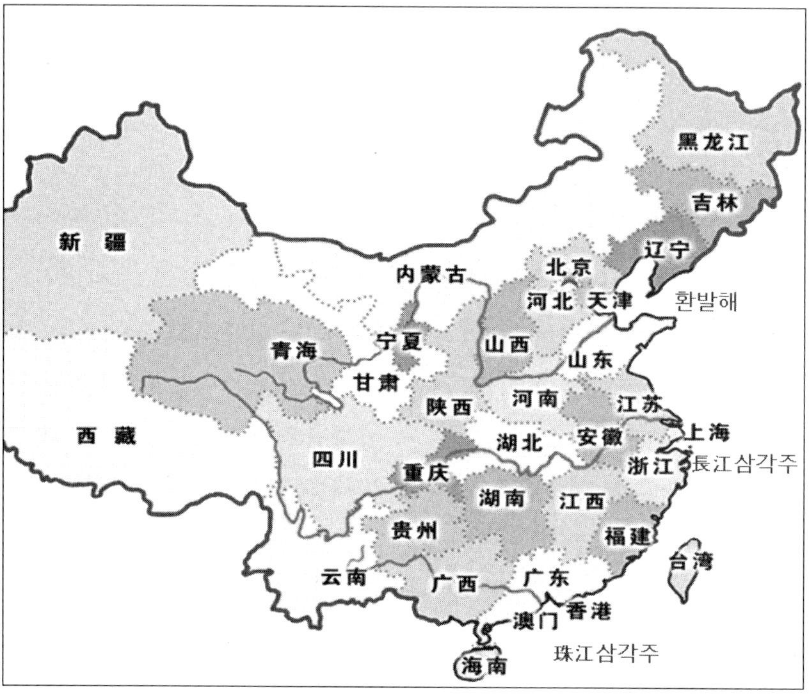

자료 : 저자 작성 (2009.11)

〈그림 6〉 중국 유역도

강소의 태호(太湖)와 홍택호(洪澤湖)등이다. 내륙호수들 중 일부는 소금과 광물질(나트륨, 칼륨)을 함유한 함수호(鹹水湖)이며, 그 중 청해(青海)호수가 가장 크며 면적은 4583㎢이다. 이외에도 대규모 함수호에는 홍개(興凱)호수 · 호윤(呼倫)호수 · 납목(納木) 호수 등이 있다.

4) 행정구역과 인구

중국의 현행 행정구역은 성(省)·현(縣)·향(鄕)의 3급으로 구분한다. 그 중 성1급은 성·자치구 및 직할시등을 포함한다. 현재 전국은 모두 22개성·5개 자치구·4개 직할시 및 2개 특별행정구 등 총 33개의 1급 행정단위가 있다.

22개성은 : 흑룡강성·길림성·요녕성·하남성·하북성·산서성·섬서성·감숙성·청해성·산동성·안휘성·강소성·절강성·강서성·복건성·호남성·호북성·광동성·사천성·귀주

권역	省·市·自治區	도시수	권역	省·市·自治區	도시수
동북지역	요녕성	31(28)	동부 연해 지역	상해시	1(1)
	길림성	26(10)		강소성	41(38)
	흑룡강성	27(18)		절강성	33(28)
북부 연해 지역	북경시	1(1)	남부 연해 지역	복건성	23(12)
	천진시	1(1)		광동성	52(37)
	하북성	34(23)		해남성	8(5)
	산동성	48(47)	황하 중류 지역	하남성	37(27)
서남지역	운남성 ⊙	13(6)		산서성	22(8)
	귀주성 ⊙	13(7)		섬서성 ⊙	13(8)
	사천성 ⊙	32(27)		내몽고자치구 ⊙	12(5)
	중경시 ⊙	5(5)	서북지역	감숙성 ⊙	10(3)
	광서 자치구 ⊙	16(12)		청해성 ⊙	1(1)
장강 중류 지역	호북성	36(31)		영하자치구 ⊙	6(2)
	호남성	28(20)		서장자치구 ⊙	0
	강서성	19(13)		신강자치구 ⊙	14(3)
	안휘성	22(18)	도시수 합계		625(445)

주: ⊙ 표시 지역은 서부대개발 12개 省·市·自治區 해당 권역임
도시 기준은 인구 20만명 이상이며, 그중 괄호안수치는 인구 50만명 이상 규모의 중형 도시 수임

자료: 중국통계연감(2008)

〈그림 7〉 중국 주요 도시 현황 (2007년 기준)

〈표 2〉 중국 행정구역 현황 및 인구(2006년도)

명 칭	약칭	성, 시, 자치구 수도	면 적 (만㎢)	인 구 (단위:만명)
북경시 北京市	경 京	북경 北京	1.68	1581
천진시 天津市	진 津	천진 天津	1.13	1075
상해시 上海市	호 滬	상해 上海	0.62	1815
중경시 重慶市	투 渝	중경 重慶	8.20	2808
길림성 吉林省	길 吉	장춘 長春	18.70	2723
요녕성 遼寧省	요 遼	심양 瀋陽	14.57	4271
흑룡강성 黑龍江省	흑 黑	합이빈 哈爾濱	46.90	3823
하북성 河北省	기 冀	석가장 石家庄	19.00	6898
하남성 河南省	예 豫	정주 鄭州	16.70	9392
산동성 山東省	노 魯	제남 濟南	15.30	9309
산서성 山西省	진 晋	태원 太原	15.60	3375
섬서성 陝西省	섬陝 · 진秦	서안 西安	20.50	3735
감숙성 甘肅省	감甘 · 롱隴	난주 蘭州	45.00	2606
청해성 靑海省	청 靑	서녕 西寧	72.00	548
안휘성 安徽省	환 皖	합비 合肥	13.90	6110
강소성 江蘇省	소 蘇	남경 南京	10.26	7550
절강성 浙江省	절 浙	항주 杭州	10.18	4980
강서성 江西省	공 贛	남창 南昌	16.66	4339
호북성 湖北省	악 鄂	무한 武漢	18.74	5693
호남성 湖南省	상 湘	장사 長沙	21.00	6342
사천성 四川省	천川 · 촉蜀	성도 成都	48.80	8169
귀주성 貴州省	귀貴 · 검黔	귀양 貴陽	17.00	3757
운남성 雲南省	운雲 · 전滇	곤명 昆明	39.40	4483
광동성 廣東省	오 粵	광주 廣州	18.60	9304
해남성 海南省	경 琼	해구 海口	3.40	836
복건성 福建省	민 閩	복주 福州	12.00	3558
광서장족 廣西壯族 자치구	계 桂	남녕 南寧	23.77	4719
내몽고 內蒙古 자치구	몽 蒙	호화호특 呼和浩特	119.75	2397
영하회족 寧夏回族 자치구	녕 寧	은천 銀川	6.28	604
서장 西藏 자치구	장 藏	랍살 拉薩	127.49	281
신강 新疆위구르자치구	신 新	오노목제 烏魯木齊	165.58	2050
홍콩 香港특별행정구		홍콩 香港	0.1104	686
마카오 澳門특별행정구		마카오 澳門	0.0028	50
합 계	33		972.4232	132,155

자료: 중국통계연감 (2007)

성 · 운남성 · 해남성 등이다. 5개 자치구는 : 서장자치구 · 신강위구르족자치구 · 내몽고자치구 · 영하회족자치구 · 광서장족자치구 등이다. 4개 직할시는 : 북경시 · 상해시 · 천진시 · 중경시이다. 2개의 특별행정구는 홍콩과 마카오이다.

성과 자치구 아래는 자치주 · 현 · 자치현 및 시 등의 2급 행정단위가 있고, 현 · 자치현 밑에는 향과 진이 있다. 직할시와 비교적 큰 도시아래 구와 현을 두며, 자치주 밑에는 현 · 자치현과 시 등의 하부 행정단위로 나뉜다. 자치구 · 자치주 · 자치현등은 소수민족지역의 행정단위이며, 맹(盟) · 기(旗)는 내몽고자치구의 지구(地區) 및 현급(縣級)행정 단위이다.

중국은 세계에서 인구가 가장 많은 국가이다. 2007년도 말 중국의 총인구는 132,129만명으로 세계인구의 25%를 점하고 있다. 중국인구의 성별분포는 남자가 51.5%, 여자가 48.5%이며, 연령별로는 14세 이하가 19.8%, 15세~64세 72.3% 65세 이상은 7.9%이다.

그리고 인구밀도는 매㎢당 137명로서 비교적 높은 국가에 속하지만, 지역별로는 불균형하다. 즉, 동부연해지역은 매㎢당 400명을 초과하고, 중부지역은 매㎢당 200여명이지만, 서부고원지대는 매㎢당 10명미만이다.

2. 소수 민족

중국은 한족(漢族)외 55개 소수민족으로 구성된 다민족 공동체 국가이다. 중국의 소수민족(ethnic minority group)은 그 수에 있어서나 정치·경제·문화·사회의 모든 부문에서 지배적 위치를 차지하고 있는 한족 이외의 소수의 여타 민족을 지칭한다. 중국정부는 과학적(科學依據), 민족적(民族依賴) 두 기준에 따라 소수민족을 분류하였다. 즉 '동일한 언어와 지역, 경제생활과 문화를 가진 공동체라는 민족 형성의 네가지 조건을 충족하고 있는가'와 '각 민족들이 독자적인 민족 단위로 존재할 의사를 가지고 있는가'라는 조건들의 충족 여부에 따라 현재의 55개 민족을 확정지었다.

한족 이외에 55개의 소수민족들이 전 중국면적의 64%에 해당하는 지역에서 생활하고 있지만 소수민족 인구총수는 전국 인구의 8.41%정도인 1억 643만 명으로 나타났다. 각 소수민족간의 인구 격차는 매우 크며, 인구가 가장 많은 장족(壯族)은 1500여만 명이지만, 가장 작은 락파족(珞巴族)은 겨우 2300여명에 불과하다. 2000년 인구조사에 따른 인구수에 따른 소수민족을 분류하면 아래 표와 같다.

중국의 소수민족지역은 다음 몇 가지 특징을 지니고 있다. 분포지역이 광활하고 점유하고 있는 면적이 매우 넓다. 전체 인구의 1/10도 안 되는 소수민족들이지만 그들이 생활하는 지역은 전 국토의 절반을 훨씬 넘는다. 5개의 소수민족 자치구 이외에 대다수의 성(省)과 시(市)에는 소수민족 자치주(自治州)·자치현(自治縣)등이 있다. 소수민족이 가장 많이 생활하는 성은 운남성(雲南省)으로 35개 소수민족이 거주하고 있다.

생활양식은 비교적 적은 규모의 집단 거주지를 제외하고는 전국 각 지역으로 흩어져 거주한다. 중국인구의 절대 다수를 점하고 있는 한족은 각 소수민족 지역에서 다수를 점하면서 함께 거주하고 있다. 실제로 800만 인구의 회족(回族)은 영하회족자치구에는 겨우 100만 명 정도만 집거(集居)하고, 100만 명은 감숙성·신강위구르자치구등에서 집거하고 있으며, 나머지 600만 명은 전국 각지역에 산거(散居)하고 있다.

〈표 3〉 소수민족의 인구분포

인 구 수	민 족 명 칭
1000만 이상 (2개)	장족(壯族), 만주족(滿洲族)
500만~1000만 미만 (7개)	몽고족(蒙古族)·회족(回族)·티베트족(藏族)·위구르족(維吾爾族)·묘족(苗族)·이족(彝族)·토가족(土家族)
100만~500만 미만 (9개)	포의족(布依族)·조선족(朝鮮族)·카자흐족(哈薩克族)·태족(傣族)·여족(黎族)·동족(侗族)·요족(瑤族)·백족(白族)··합니족(哈尼族)
50만~100만 미만 (4개)	사족(畲族)·율속족(傈僳族)·동향족(東鄉族)·흘료족(仡佬族)
10만~50만 미만 (13개)	납호족(拉祜族)·수족(水族)·와족(佤族)·납서족(納西族)·강족(羌族)·토족(土族)·마료족(仫佬族)·석백족(錫伯族)·키르키스족(柯爾克孜族)·달알이족(達斡爾族)·경파족(景頗族)·모남족(毛南族)·살랍족(薩拉族)
1만~10만 미만 (13개)	포랑족(布朗族)·아창족(阿昌族)·타지크족(塔吉克族)·노족(怒族)·우즈베크족(烏孜別克族)·러시아족(俄羅斯族)·악온극족(鄂溫克族)·덕앙족(德昂族)·보안족(保安族)·유고족(裕固族)·경족(京族)·보미족(普米族)·기낙족(基諾族)
1만명 미만 (7개)	탑탑이족(塔塔爾族)·독룡족(獨龍族)·악륜춘족(鄂倫春族)·혁철족(赫哲族)·문파족(門巴族)·낙파족(珞巴族)·고산족(高山族)

자료: 고영근(2003)

대다수 소수민족지역은 광활한 고원・산맥・초원・삼림지대이므로 지하자원・농산물 등이 풍부하고 목축업이 발달됐다. 내몽고와 영하회족자치구는 중요한 곡창 산지이고, 신강지역은 면화의 주산지, 광서장족자치구는 사탕수수 산지, 서장자치구는 풍부한 지하자원으로, 운남성과 해남성은 각종 열대과일 산지 등으로 유명하다.

대다수 소수민족 지역들은 국경지역이므로 인구가 희소하고, 경제・문화적 수준이 비교적 낮다. 소수민족 지역은 주변의 인접국가들과 접해있기 때문에 국방 및 국제관계에서 중요한 지리적 위치에 있다. 그러나 지역이 광대하고 위치가 떨어져 있어 교통이 불편하고 개발이 비교적 늦게 시작되어 경제・문화면에서 한족들의 거주지역보다는 상대적으로 낙후되어 있다.

소수민족의 언어사용에 있어서 회족과 만족(滿族)이 한어(漢語)를 사용하지만, 기타 53개 소수민족은 모두 자신의 언어를 사용하고 있다. 그리고 문자의 사용은 회(回)・만(滿)・여(畲) 3개 민족만이 한자를 사용하는 것을 제외하고, 21개 민족들은 고유의 문자를 갖고 있다. 기타 34개 민족들은 자신의 문자를 가지고 있지 않다.

3. 중국의 권역 구분법

중국은 청대 이전부터 장강(長江)과 황하(黃河)를 기준으로 하는 전통적인 지역구분과, 중국의 중심인 하남성(河南省. 성도는 鄭州市)을 기준으로 화중, 화동, 화남, 화북을 나누는 4분법으로 통칭되어 왔다.

하남성은 중국 7대 古都 중 두 곳인 개봉(開封)과 낙양(洛陽)이 있어, 중국의 중심인 중원(中原)으로 불리던 곳으로 주위에 9개 省에 둘러싸여 있다. 실제로 중국이 개혁개방을 시작한 1979년 이전부터 동서횡단 철도 및 남북종단 철도의 모든 간선이 하남성 성도인 정주를 통과하는 등 교통, 물류의 요지였다.

참고로 하남성 開封은 7대 왕조(삼국시대-魏 220~265년, 五代-後梁, 後晉, 後漢, 後周 907~960년, 北宋 960~1127년, 金 1115~1234년)에 걸친 수도였고, 洛陽은 9대 왕조(東周 BC770~BC221, 魏, 西晋 265~316년, 北魏 386~534년, 唐 618~907년, 後梁, 後唐)에 걸친 수도였다.

이러한 전통적인 권역 구분법은 1949년 공산당 혁명으로 新中國이 마오쩌둥에 의해 성립된 후, 정치 및 경제 발전 전략적 이유로 재편되게 된다.

1960년대 중국은 정치적 이유로 일선(一線), 이선(二線), 삼선(三線) 지역으로 구분되기도 하였다. 1979년부터 덩샤오핑이 실시한 개혁개방 정책의 영향으로 중국은 크게 연안 지역과 내륙지역으로 양분된 후, 다양한 구분법이 제시되어 오늘에 이르고 있다.

이중, 현재까지 중국 경제지리 현상파악과 연구에 영향을 미치는 주요 구분법은 6종류로 다음과 같다. 먼저 3개 권역 구분법이 있으며, 6대 경제구, 7대 경제구, 9개 경제구, 9대 대도시 경제권, 8대 권역 구분법이 있다.

먼저 3대 권역 구분방법은 중국을 동, 중, 서 3대 권역으로 나누는 것인데, 시기에 따라 각 지대가 포괄하는 지역의 범위가 달랐다. 3

대 권역의 개념이 제시된 초반에는, 광서(廣西) 장족(壯族)자치구를 동부지역으로, 내몽고(內蒙古)를 중부지역으로 보기도 했으나, "서부대개발" 정책 확정으로 그 범위가 다시 정해졌다.

▶ 3대 권역 : 동부, 중부, 서부

- 동부권: 北京, 天津, 河北, 遼寧, 上海, 江蘇, 浙江, 福建, 山東, 廣東, 海南 등 11개 省과 직할시
- 중부권: 山西, 吉林, 黑龍江, 安徽, 江西, 河南, 湖北, 湖南 등 8개 省
- 서부권: 重慶, 四川省, 貴州省, 雲南省, 西藏자치구, 陝西省, 甘肅省, 青海자치구, 寧夏자치구, 新疆자치구, 廣西자치구, 內蒙古자치구 등 12개 省, 직할시, 자치구

* 서부권은 중국정부가 2001년부터 50년 장기계획을 통해 본격적으로 내륙 경제 발전을 주도하려는 서부대개발 주요 해당 권역임

* 내몽고자치구와 광서자치구는 다른 구분법에서는 서부권이 아닌 다른 권역에 속함

▶ 7대 경제구: 동북, 서북, 화북, 화동, 화중, 화남, 서남 등으로 나뉨

- 東北(遼寧, 吉林, 黑龍江), 西北(陝西, 甘肅, 青海, 寧夏, 新疆)
- 華北(北京, 天津, 河北, 內蒙古, 山西), 華東(山東, 上海, 江蘇, 浙江)
- 華中(河南, 安徽, 江西, 湖北, 湖南), 華南(福建, 廣東, 廣西, 海南)
- 西南(四川, 貴州, 雲南, 西藏)

자료: 저자 작성(2009.11)

〈그림 8〉 중국 7대 권역도

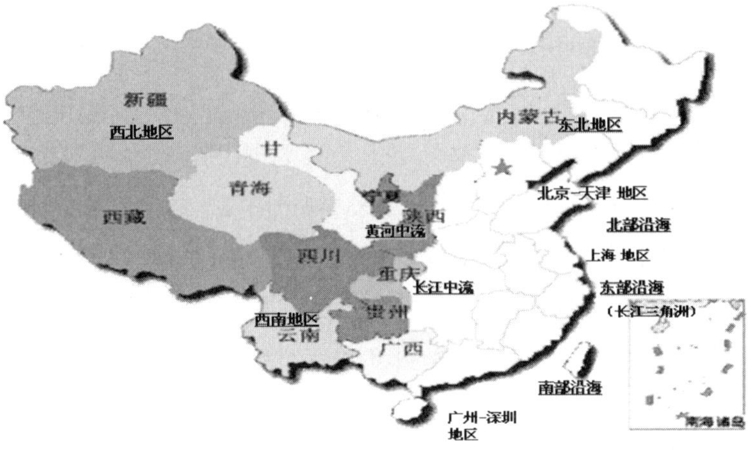

자료: 연구자 작성.

〈그림 9〉 중국의 8대 권역

▶ 9대 주요 경제권 : 장강 삼각주, 환발해권, 주강 삼각주 등으로 나뉨

- 동북권(東北3省, 내몽고 동부), 環渤海區(北京, 天津, 河北, 山東)
- 황하중류(山西, 河南, 內蒙古 중・서부), 長江삼각주(上海, 江蘇, 浙江)
- 長江중류(湖北, 湖南, 安徽, 江西), 동남연해(福建, 廣東, 廣西, 海南)
- 서북권(山西, 甘肅, 青海, 寧夏, 新疆), 서남권(四川, 雲南, 貴州)
- 珠江삼각주 (광동성 남부 연해에 위치한 심천, 주해, 혜주, 동관, 중산, 강문, 불산 등 11개 도시와 42개 현으로 구성)

4. 중국 8대 권역과 경제 현황

2002년 중국 국무원 발전연구중심(DRC; Development Research Center of the State Council)이 발표한 8대(大) 권역기준을 중심으로 중국의 투자환경을 살펴보고자 한다. DRC는 지금까지의 권역 구분을 종합하여 각 지역의 경제적 발전 상황을 반영한 새로운 8대 권역 구분법(동북지구, 북부연해지구, 동부연해지구, 남부연해지구, 황하중류지구, 장강중류지구, 서남지구, 서북지구)을 제시하였다.[18]

DRC는 구체적인 권역 구분의 기준을 명시하고 서부대개발 사업 등 최근의 경제정책에 따른 정책적 필요성까지 권역 구분에 반영하였다. 이는 중국정부가 추진하는 권역별 발전 전략의 기초가 되고

18) 리샨통(李善同)・허우용즈(侯永志), (2002)

있다. 중국은 과거와 같은 FDI(해외직접투자) 유치 확대를 위한 천편일률적인 우대정책에서 벗어나 현재 산업별 · 지역별로 차별화된 지원정책을 전개함으로써 FDI의 질적 수준을 제고하고 있는데, 특히 중서부 · 동북지구 등 상대적으로 낙후된 지역에 대한 투자를 적극 지원하고 있다.

최근 일부 중국진출 한국투자기업들도 중국 중 · 서부지구처럼 저렴한 인건비와 토지 확보가 가능한 지역으로의 이전을 검토 중에 있다. 그러나 이들 지역은 아직까지 인프라가 대부분 열악하다는 점에서 어려움이 예상된다.

〈표 4〉 8대 권역의 기본 현황

(2006년말 기준)

8大 권역	성(省)·시(市)	면 적		인 구	
		만㎢	%	만명	%
동북지구	요녕(辽宁), 길림(吉林), 흑룡강(黑龙江)	79	8.2	10,817	8.2
북부연해지구	북경(北京), 천진(天津), 하북(河北), 산동(山东)	37	3.8	18,863	14.4
동부연해지구	상해(上海), 강소(江苏), 절강(浙江)	21	2.1	14,345	10.9
남부연해지구	복건(福建), 광동(广东), 해남(海南)	33	3.5	13,698	10.4
황하중류지구	산서(山西), 섬서(陕西), 하남(河南), 내몽고(内蒙古)	160	16.7	18,899	14.4
장강중류지구	호북(湖北), 호남(湖南), 안휘(安徽), 강서(江西)	68	7.1	22,484	17.1
서남지구	운남(云南), 귀주(贵州), 사천(四川), 중경(重庆), 광서(广西)	134	14.0	23,936	18.2
서북지구	감숙(甘肃), 청해(青海), 영하(宁夏), 서장(西藏), 신장(新疆)	392	41.4	6,089	4.6

주: %는 전체 국토면적 및 인구에 대한 해당지역의 백분율을 표시한 것임.
자료: 중국통계연감 (2007)

8대 권역은 모두 지리적으로 인접한 성·시들로 구성되어 있고, 문화적 동질성이나 경제발전의 수준면에서도 대체로 유사한 지역들이라고 볼 수 있다. 또한 대부분 자연조건이나 천연자원의 부존 등도 유사하다.

DRC는 8개 권역으로 구분한 기준, 즉 지리적 인접성, 역사적 연속성, 자연조건의 유사성, 경제발전 수준, 사회구조, 적정 규모, 행정구역의 형태, 연구와 정책 진행의 편리성 등 8개 기준을 제시하고 있다. 지역구분은 지역경제발전의 일반적인 규율을 따라야 할뿐만 아니라 지역발전 문제의 연구와 지역정책의 분석에도 편리해야 한다. 또한 국제적 경험과 함께 중국의 국정을 감안하고 지역연구와 지역정책 분석의 수용에 부응하기 위해 8대 지역구분을 제시한다고 DRC는 밝히고 있다.

이들 권역별들의 기본적인 상황 및 경제적 상황들은 대략 다음과 같다. 각각의 권역들은 인구밀도가 제일 낮은 서북지구(6,089만 명,

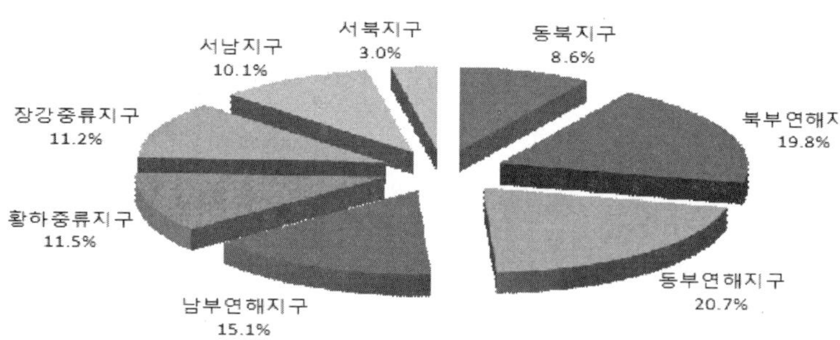

자료: 중국통계연감 (2007).

〈그림 10〉 중국 8대 권역의 GDP 비중

전국인구의 4.6%에 불과)를 제외하고 대체로 1억~2억 4,000만 명 정도의 인구를 보유하고 있다. 각각의 권역들은 인구와 면적 규모에서 모두 한국보다 커서 1개 권역이 하나의 국가 이상의 규모를 갖고 있다. 예를 들어, 동부연해지구(상해, 절강, 강소)와 서북지구(감숙, 청해, 영하, 서장, 신장) 사이에는 약 20배 정도의 면적 차이가 난다.

그러나 경제규모를 고려하면 이러한 면적의 차이가 갖는 의미는 상쇄되고도 남는다. 즉, 서북지역이 398만 ㎢로 전 국토의 41.4%를 차지하여 가장 크지만, GDP나 인구면에서는 3.0%와 4.6%로 오히려 가장 작은 권역이다. 반면, 동부연해지구는 21만 ㎢의 면적으로 전체의 2.1%에 불과하나, 경제력에서는 전국의 20.7%를 차지하는 거대 경제권을 형성하고 있다. 각 권역은 3.0%와 8.6%에 불과한 서북지구와 동북지구를 제외하면 대체로 전국 GDP의 10~21%를 차지하고 있다.

5. 중국 권역별 투자환경 분석

1) 동북지구: 요녕(遼寧) / 길림(吉林) / 흑룡강(黑龍江)

동북지구는 요녕, 길림, 흑룡강 등 3개 성(省)을 포함하고 있다. 3개 성의 총 면적은 79만 ㎢, 2006년 기준 총 인구는 1억 817만 명으로, 서북지역을 제외하고는 인구밀도가 가장 낮은 지역이다. 동북지구는 자연조건과 보유하고 있는 천연자원이 서로 유사한 상태이다.

20세기 1978년 개혁 · 개방이후에는 국유기업 위주의 산업구조 때문에 현재는 다른 지역에 비해 서부지역 다음으로 상대적으로 낙후되었다. 이에 따라, 최근에는 이러한 국유기업의 구조조정과 실업문제의 해결이라는 공통된 과제에 직면한 지역이어서 중국정부는 서부대개발사업에 이어 2003년 이래 동북진흥사업을 추진하고 있다는 점에서 주목할 필요가 있다. 그 밖에 자원고갈문제 등 많은 공통된 문제점들에 직면해 있다.

동북지구의 전반적인 투자환경은 서북지구나 황하중류지구에 비해서는 우수한 환경을 가지고 있으나, 동부 · 북부 · 남부연해지구, 장강 및 황하중류지구 등에 비해서는 다소 뒤떨어져 있어 당분간 투자매력은 그리 크지 않을 것으로 보인다. 중국정부가 추진 중인 동북진흥사업을 고려한 투자를 적극적으로 활용해야 할 것이다.

다만, 요녕성 심양, 길림성 장춘 등 이들 권역내의 일부 발전한 지역에 대해서는 국지적인 진출을 고려해볼 필요가 있다. 특히 요녕성 등 한국기업의 투자가 비교적 많은 동북지역의 경우, 생산 환경면에서 비교적 좋은 조건을 갖추고 있고, 조선족들이 집중 거주하는 등 한국기업들의 의사소통과 문화적인 측면에서 유사성이 많다는 점에서 한국기업들의 관심이 지속될 것으로 보인다. 또한 6세이상 인구 중 고졸이상자들의 비율이 동북지구가 동부연해지구 다음으로 높았다는 점에서 우수한 노동력을 확보할 수 있는 가능성이 크다. 중앙정부 정책 중 발해만 중심인 대련시를 국제적인 항구로 집중 육성한다는 점도 앞으로 눈여겨볼 만한 사항이다.

2) 북부연해지구: 북경(北京) / 천진(天津) / 하북(河北) / 산동(山東)

북부연해지구는 북경, 천진, 하북, 산동 등 2개 성급 직할시와 2개 성으로 이루어져 있다. 4개 성·시의 총 면적은 37만 ㎢이며, 총 인구는 1억 8,863만 명(2006년말 기준)이다. 중국의 수도인 북경을 포함하고 있어 과학기술, 교육, 문화 등이 다른 곳에 비해 발달하였고, 특히 일찍부터 연해개방지역으로 지정되어 개혁개방정책이 조기에 실시된 지역이다.

북경과 천진을 중심으로 교통망이 발달하여 전국에서 가장 조밀한 철도망을 갖추고 있으며 발해만을 중심으로 요녕성과 함께 환발해만 경제권을 구성하고 있다. 특히, 2008년 올림픽으로 인해 북경은 인프라구축이 크게 증가하였고 우수한 노동력의 확보가 용이하다는 점에서 최근 외국인직접투자가 크게 증가하고 있다. 또한 천진시도 "11.5규획"에서 '빈하이신취(濱海新區)'를 상해포동(上海浦東地區)와 맞먹는 국제적인 도시로 집중 육성할 계획을 갖고 있어 향후 외국인투자가 더욱 증가할 것으로 예상된다.

북부연해지구에 속한 북경, 천진과 산동성은 한국과의 지리적 인접성 때문에 한국기업의 투자가 가장 활발한 지역으로서, 최근 대중(對中)투자의 45% 이상이 이들 3개 지역으로 집중되어 있다. 천진, 위해, 청도 등은 한국과 직항로가 개설되어 해상 운수가 활발히 이루어지고 있기도 하다.

한국기업의 투자가 가장 활발한 북경시, 산동성, 천진시를 포함하고 있는 북부연해지구는 대체로 동부연해지구 다음으로 우수한

(단위: 위안)

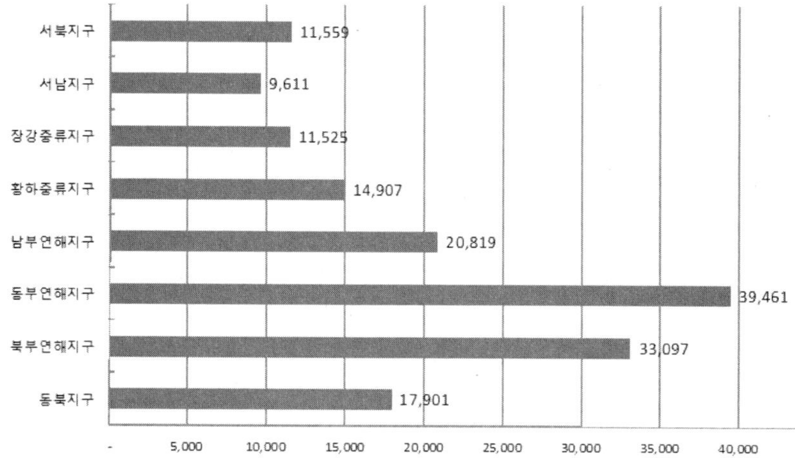

자료: 중국통계연감(2007).

〈그림 11〉 각 권역별 1인당 GDP 비교

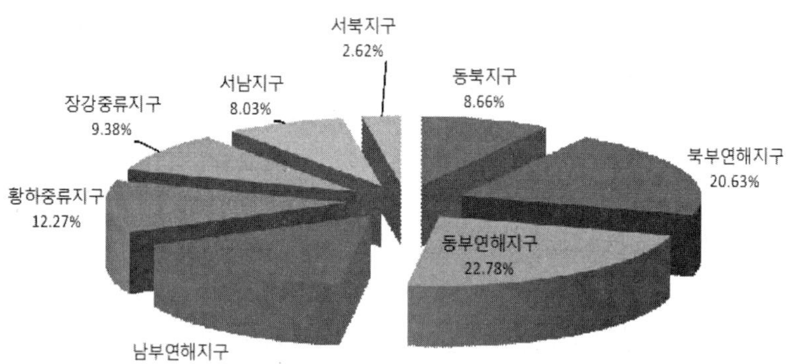

자료: 중국통계연감 (2007).

〈그림 12〉 각 권역별 공업생산액 비교

투자환경을 보여주고 있다. 특히 남부연해지구와 비교할 때, 소비 인프라 등 시장환경 측면에서 우수한 환경을 보여주고 있는 것은 물론이고 GDP, 주민소비지출 총액, 1인당 소비지출액, 공업총생산 등에서도 동부연해지구 다음으로 우수한 환경을 보유하고 있다. 이에 따라, 북부연해지구는 최근 들어 외국인직접투자가 계속해서 증가하고 있는바, 기존의 투자를 점차 내수지향적 투자로 전환하는데 유리한 조건을 갖추고 있다. 다만, 최근 들어 중국내에서 외자기업에 종사하는 노동자들의 평균 임금수준이 북부연해지구가 가장 높다는 점은 외자기업들의 투자시 유념해야 할 사항이다.

3) 동북연해지구: 상해(上海) / 강소(江蘇) / 절강(浙江)

동부연해지구는 상해, 강소, 절강 등 1개 직할시와 2개 성으로 구성되어 있다. 이들 3개 성·시의 총 면적은 21만 ㎢로 한국의 2배 수준에 달하며, 2006년 기준 총 인구는 1억 4,345만 명으로 인구밀도가 683명/㎢에 달해 중국에서 가장 인구밀도가 높은 지역이기도 하다. 또한 동부연해지구는 장강(長江)삼각주 지역을 포함하고 있어, 중국에서 가장 산업이 발달한 지역이며, 개혁개방이래 진행된 대외개방면에서도 광동성을 제외하고는 가장 개방도가 높은 지역이다.

역사적으로도 수백년 간 중국경제의 중심부로 간주되어 왔으며, 근대에 들어서도 20세기 초 동아시아 최대의 국제도시를 형성했던 상해(上海)나 영파(宁波) 등 항구를 중심으로 산업과 경제의 발전이 지속되었다.

이러한 측면에서 보았을 때, 동부연해지구(장강삼각주지구)는 기본환경 및 시장환경 면에서 가장 우수한 투자환경을 갖추고 있을 뿐만 아니라, 개방환경 면에서도 앞서 있다. 그러나 생산 환경 측면에서는 임금수준이 가장 높다. 따라서 동부연해지구의 높은 생산비용이 고(高)임금에서 기인하였음을 충분히 고려해야 할 것이다.

특히 향후 중국을 생산기지 뿐만 아니라, 소비시장으로서의 중요성이 커지고 있다는 점에서 중국 내수 지향형 투자를 고려하는 기업들의 경우에 동부연해지구의 투자환경은 가장 매력적이라고 할 수 있다. 도매업과 소매업 종사자들의 수는 북경시를 넘어서고 있다. 또한 대외개방환경 측면에서도 동부연해지구는 FDI, 무역액, 수출액, 개발구 현황 등 전부분에서 1위를 차지하고 있는 것으로 평가되었다. 다만, 저임금을 이용한 생산비용 절감을 추구하는 투자의 경우에는 이미 임금수준이 상당히 높아진 동부연해지구보다는 여타 권역으로의 전환을 적극 검토할 필요가 있다.

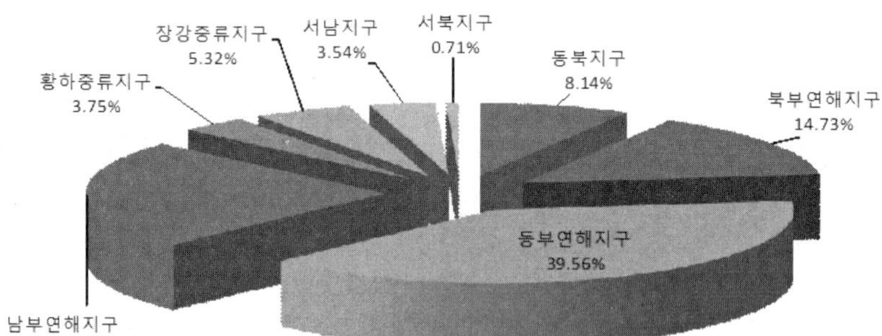

자료: 중국통계연감(2007).

〈그림 13〉 각 권역별 FDI 비중 비교

4) 남부연해지구: 복건(福建) / 광동(廣東) / 해남(海南)

남부연해지구는 복건, 광동, 해남 등 3개의 성을 포함하고 있다. 이들 3개 성의 총 면적은 33만 ㎢, 2006년 기준 총인구는 1억 3,698만 명이다. 특히 이들 지역은 홍콩과 인접해 있어 이를 매개로 초기 개혁개방정책이 가장 먼저 실시된 지역이다. 화교자본의 집중적인 투자가 이루어져 대외개방 면에서 동부연해지구 다음으로 앞선 지역이다.

특히 광동성은 홍콩과 가장 근접해 있고, 복건성은 타이완(臺灣)과 마주하고 있어서 화교자본의 진출이 많았던 지역이다. 여타 연해지역의 주요 성들이 개방되기 이전에 설치되었던 심천(深圳), 주

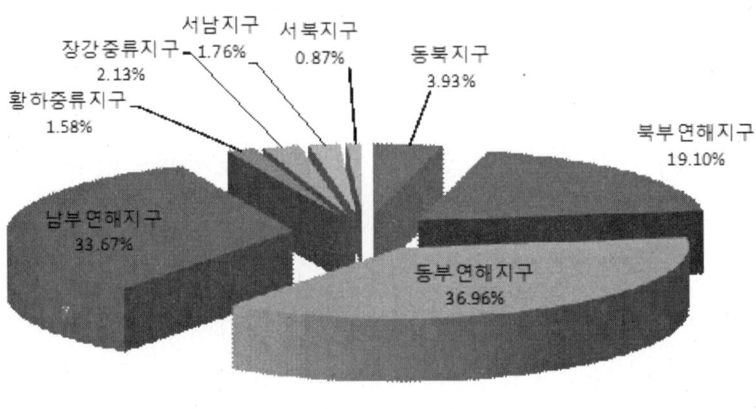

자료: 서창배(2009)
주: 중국통계연감(2007)의 통계자료를 바탕으로 연구자가 각 권역별 무역의존도 (=무역총액/GDP)를 계산하여 이를 지역별 비중으로 다시 계산한 것임.

〈그림 14〉 권역별 무역액 비중 비교

해(珠海), 산두(汕頭)(이상 광동성), 하문(厦門)(복건성), 해남(海南)(해남성) 등 5개 경제특구 역시 모두 이 지역에 자리 잡고 있다. 이로 인해 대외무역의존도가 전국에서 가장 높은 지역이기도 하다.

그동안 화교자본을 중심으로 가장 많은 외국자본의 투자가 이루어졌던 남부연해지구의 경우, 개방 환경(경제의 개방도, 무역액, 수출액 등) 측면에서는 여전히 최고의 환경을 갖추고 있으나, 이미 임금 수준이 상당히 높은 편이기 때문에 충분한 고려가 필요하다. 특히, 시장환경적인 측면에서는 남부연해지구가 동부 및 북부연해지구보다 크게 뒤진다는 점에서도 신중한 고려가 필요할 것이다.

5) 황하중류지구: 산서(山西) / 섬서(陜西) / 하남(河南) / 내몽고(內蒙古)

황하중류지구는 산서, 섬서, 하남, 내몽고 등 4개의 성으로 구성되어 있다. 이들 4개 성의 총면적은 160만 ㎢로서 한국의 16배에 달하는 광대한 면적을 포함하고 있다. 황하중류지구의 총 인구는 2006년 기준으로 1억 8,899만 명에 달한다. 동 지역은 내륙에 위치해 개혁개방의 영향을 비교적 늦게 받기 시작했고, 현재의 경제수준도 비교적 낮은 상태이다. 전반적으로 기후, 토양 등의 측면에서 농업 발전의 조건은 열악한 편이다.

다만, 섬서성은 과거 3선(三線) 개발 등의 영향으로 서안(西安)을 중심으로 우주항공이나 군수산업 등과 관련한 첨단기술의 발전 수준이 비교적 높은 상황이다. 또한 섬서성은 풍부한 석탄자원과 연계한 중공업이 일찍부터 발전하여 공업생산 중에서 경공업과 중공업의 생산액 비율이 1:7 이상일 정도로 중공업에 편향된 산업 발전이 이루어졌다. 특히 이들 지역들은 천연자원, 특히 석탄과 천연가스가 풍부하여 서부대개발사업과 연계된 빠른 발전이 기대되는 지역이다.

〈표 5〉 중국의 3대 지역발전 정책의 비교

	서부대개발	동북진흥	중부굴기
해당지역	12개 성,시, 자치구	3개성	6개성
정책 개시연도	2000년 (~2050년까지)	2003년	2005년
목표 (전략, 정책)	- 서부권 인프라 구축후 시장 조성 - 자원,에너지 개발 - 지역 안정	- 노후 공업기업 개조 - 산업구조 Upgrade	- 식량, 에너지, 원재료 기지 육성 - 노후 공업기지 개조 - 교통 Hub 조성
실시 방법	- 중앙 재정투입 인프라 구축 - 외부 재원 유치	- 국책은행 대출을 통한 기업 개조 유도	- 부가가치세 개혁에 따른 혜택 부여 (정책금융지원 非강제)
관련 법규 제정 현황	- 국무원 정책 통지 - 관련부처 혜택 법규 제정 - 지방법규 제정	- 국무원 정책 통지 - 관련부처 혜택 법규 제정중 - 지방법규 제정중	- 국무원 정책 통지 - 관련부처 혜택 법규 제정 준비중 - 지방법규제정준비중
국무원 판공실 설치	2000.3	2004.11	2007.4
주요 문제점	- 장기간 동안 정책 실효성, 환경변화 - 물류난 해결 난망 - 非경제요인 우선	- 시장(기업)에 대한 문제, 정부 해결 시도 - 3省간 격차 상존	- WTO가입에 따른 정부 지원 한계 - 三農문제에 따른 난제 상존

자료: 김동하 (2007).

황하중류지구의 전반적인 투자환경은 동부 및 북부연해지구나 장강중류지구보다 다소 뒤떨어져 있는 상태이다. 이에 중국정부가 추진 중인 서부대개발 계획 등과 관련된 자원개발 및 환경 분야의 투자기회에 제한적으로 주목해야 할 것이다. 특히, 황하중류지구내의 일부 발전한 지역, 즉 섬서성 서안 등에 대해서는 국지적인 투자진출 전략이 필요하다.

6) 장강중류지구: 호북(湖北) / 호남(湖南) / 안휘(安徽) / 강서(江西)

장강중류지구는 호북, 호남, 안휘, 강서 등 4개 성(省)으로 구성되어 있다. 이들 4개 성의 총면적은 68만 ㎢로서 한국 면적의 7배에 달하며, 2006년 기준 총인구는 2억 2,484만 명으로 서남지구 다음으로 많은 인구를 보유하고 있다. 기후 및 강수량 면에서도 동 지구는 농업생산 여건이 매우 좋은 편으로서, 중국에서 1차 산업의 비중이 가장 높은 지역에 속한다.

특히 장강중류지구는 내륙지방으로 대외개방 수준은 낮다고 볼 수 있으나, 호북성 무한 등 내륙 교통과 물류의 중심도시를 보유하고 있고, 4개 성 모두 장강의 수운을 활용할 수 있는 등 교통여건이 비교적 양호한 상태이다. 특히 철도, 도로, 내륙수운 등 모든 교통여건이 골고루 잘 갖추어져 있는데, 그 중에서도 내륙운하 규모는 동부연해지구 다음으로 우수한 것으로 나타나 큰 장점으로 보인다.

따라서 2004년부터 중국정부가 추진하는 '중부굴기' 사업에서의 노동집약적 산업육성정책의 중심지역으로 부상할 전망이다.

이를 종합하여 장강중류지구를 평가하면 다음과 같다. 장강중류지구는 내륙지역으로 그동안 외국인투자 대상지역으로 그다지 주목받지 못했으나, 우수한 철도 및 내륙수운(水運) 환경, 낮은 임금, 2억 2,500만 명에 달하는 거대 인구에 기반한 소비 규모 등 외국인투자에 매우 유리한 조건들을 갖추고 있다.

특히 2002년 16차 당(黨)대회이래 발표된 2004년 '중부굴기' 전략 등 중국의 장기 경제발전전략에 따르면, 중부 내륙 지역에 노동집약적 산업을 집중 육성한다는 계획을 가지고 있다. 따라서 내륙지역 중에서 가장 우수한 투자환경을 보유한 장강중류지구가 향후 노동집약적 산업 육성정책의 중심지가 될 것으로 보인다.

장강중류지구는 그동안 주목받아왔던 남부연해지구보다도 최근 들어 기본환경이나 임금수준 등에서 더 높은 평가를 받고 있고, 시장환경도 거의 대등한 것으로 평가받고 있다. 따라서 장강중류지구는 앞으로 동부연해지구 및 북부연해지구와 함께 주목받을 것으로 예상된다.

7) 서남지구: 운남(云南) / 귀주(貴州) / 사천(四川) / 중경(重慶) / 광서(廣西)

서남지구는 운남, 귀주, 사천, 중경, 광서 등 중국 서남부의 5개 성급 지역으로 이루어져 있다. 이들 5개성 · 시의 총 면적은 134만 ㎢이고, 2006년 기준 총인구는 2억 3,936만 명으로 8개 권역 가운데 가장 많은 인구를 보유하고 있다. 그러나 서남지구는 1인당 GDP가 9,690위안에 불과해 중국에서 가장 가난한 지역이며, 산업발전 면에서도 가장 낙후된 지역이라고 할 수 있다. 특히 공업 등 2차 산업의 비중이 가장 낮은 반면에 농업 등 1차 산업의 비중은 가장 큰 지역이다.

그러나 그 중에서도 사천성과 중경시는 장강(長江)을 이용한 수운(水運)이 가능하고, 교통도 발달한 편으로 향후 황하중류지역의 섬서성와 함께 서부대개발의 혜택을 가장 많이 볼 수 있는 권역이 될 전망이다.

서남지구의 전반적인 투자환경은 동부 · 북부 · 남부연해지구나 장강중류지구보다 다소 뒤떨어져 있어 당분간 투자매력은 그리 크지 않을 것으로 보인다. 이에 중국정부가 추진 중인 서부대개발 계획 등과 관련된 자원개발 및 환경 분야의 투자기회에 제한적으로 주목해야 할 것이다. 다만, 서남지구내의 일부 발전한 지역, 즉 중경시, 사천성 성도(成都) 등에 대해서는 국지적인 투자진출 전략이 필요하다. 또한 최근 들어 서남지구의 도시화가 다른 어느 지역보다도 크게 성장하고 있다는 점은 향후 이들 지역의 시장환경이 크게 개선될 수 있다는 측면에서 주목할 만하다.

8) 서북지구: 감숙(甘肅) / 청해(靑海) / 영하(寧夏) / 서장(西藏) / 신강(新疆)

서북지구는 감숙, 청해, 영하, 서장, 신강 등 5개 성, 자치구로 구성되어 있으며, 이들 지역의 총면적은 398만㎢로서 중국 전체면적의 40%가 넘는 광대한 면적을 포괄하고 있다. 그러나 서북지구의 총 인구는 2006년 기준으로 6천 89만 명으로 8개 권역 중 인구가 가장 적고 인구밀도 역시 약 16명/㎢로 가장 낮은 권역이다. 특히 자연조건이나 교통여건이 농업과 공업의 발전에 매우 불리한 편이다.

그러나 서북지구는 중국정부가 50년 이상 지속적으로 추진할 예정인 서부대개발사업의 중심 목표지역으로서, 천연가스 등 자원개발과 관련한 개발수요가 집중될 전망이다. 특히 수요가 지리적으로 고립에 가까운 상황이던 서장(西藏 · Tibet)은 서부대개발사업의 일환으로 청해성과 연결된 칭장(青藏) 철도건설로 인해 향후 관광이나 목축 등의 산업이 비약적으로 발전할 가능성이 커지고 있다.

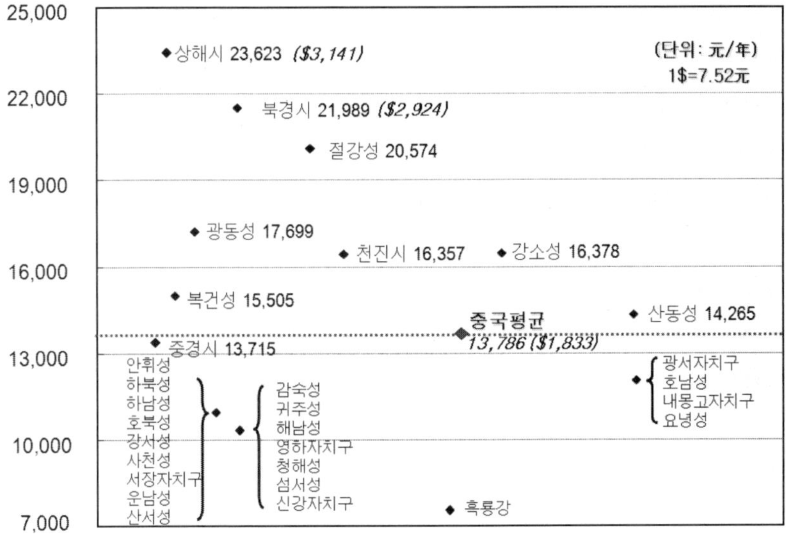

자료: 중국통계연감(2008)

〈그림 15〉 중국 주요 성, 시, 자치구 도시민 가처분 소득 (2007년 기준)

칭장철도는 청해성 거얼무에서 서장 자치구 주도인 라싸 구간 총 연장 1142km의 철도망이다. 2005년 10월에 개통되었으며, 최고 해발이 5072m 달하는 구간도 있다. 이후 2006년 7월에는 북경-거얼무-라싸 구간이 개통(전장 4,062㎞, 48시간 소요)되기도 하였다. 칭장철로는 '하늘길'에 비유된다. '세계의 지붕'으로 불리는 티베트고원 지대를 가로지르는 철로는 약 960㎞에 걸쳐 해발 4,000m이상 고원을 지난다. 아울러 서부대개발의 이정표라는 평가도 뒤따르며 정치적 · 전략적 중요성이 강조되고 있다.

서북지구의 전반적인 투자환경은 동부 · 북부 · 남부 연해지구나 장강중류지구보다 매우 크게 뒤떨어져 있어 당분간 투자매력은 크지 않을 것으로 보인다. 이에 서남지구와 마찬가지로 중국정부가 추진 중인 서부대개발사업 등과 관련된 자원개발 및 환경 분야의 투자기회에 제한적으로 주목해야 할 것이다.

제4장

지역별 중국인 상인의 특징

1. 중국인과 중국 상인

반 세기 동안의 냉전 논리에 익숙해 온 우리는 사회주의 국가인 중국 상인들이 상거래에 있어서 우리보다 뒤질 것이라는 편견에 사로 잡혀 있을 때가 많다. 현대적인 교역 기법에 익숙지 못한 중국 상인이 최신 금융기법이나 비즈니스 이론에서 우리보다 뒤질 수도 있을 것이다. 그러나 금전에 대한 감각이나 상거래기술 면에서 중국인은 한국인보다 뒤지지 않는다.

중국인은 설 명절에 '새해 복많이 받으세요'라는 인사말 대신, 꽁시파차이(恭喜發財)라는 인사말을 나눈다. "돈 많이 버십시오" 라는 뜻이다. 중국인은 대화 시에도 돈을 번다는 뜻의 쫜치엔(賺錢)이라는 말을 자연스럽게 사용한다. 개혁개방이후 노력한 만큼의 대가가 자기에게 돌아오게 되자, 많은 중국인들이 돈벌이 전선에 뛰어들고 있다. 좌우이념 투쟁에서 숨죽이고 있던 중국인의 상본능(商本能)이 개혁개방과 동시에 분출하고 있는 것이다.

계산에 대한 감각도 우리에 결코 뒤지지 않는다. 원주율(圓周率)

을 가장 먼저 계산해낸 민족이 중국인이다. 암산 능력이 가장 뛰어난 상인으로 유태인 상인과 중국 상인을 꼽는다. 실크로드 상인에서부터 알 수 있듯이 중국인의 국제 무역 상거래 역사는 세계에서 가장 오래됐다.

상인이라고 하는 표현 또한 중국에서 나왔다. 기원전 10세기경 나라가 망해 전답을 잃고 고향을 떠나 장사를 하게된 상(商, 殷) 나라 사람을 가리켜 상인(商人)이라 불렀다. 돌아다니면서 거래를 하는 사람은 행상(行商), 한곳에 자리를 잡고 물건을 매매하는 사람을 좌고(坐賈)라 했다. 춘추전국시대에 이미 전국을 상대로 장사를 한 여불위(呂不韋)는 지금부터 2천년전에 박리다매(薄利多賣)라는 상술을 구사하여 거상(巨商)이 됐다.[19]

중국인들은 손자병법(孫子兵法)식 상술에 능했다. 그들은 정세 변화에 적응하는 지혜와 결단의 시기에 밀어붙일 수 있는 용기, 남이 버리면 줍고 원하면 주는 인(仁), 참고 기다릴수 있는 강인함을 가지고 있었다. 중국이 사회주의라는 죽(竹) 의 장막을 치고 난 뒤에도 본토바깥에 거주하고 있는 화상(華商)은 그들의 뛰어난 상술로 성공을 거두었다.

중국의 일반인은 실속을 챙기고 지극히 현실적인 생활 철학을 가

19) 여불위(呂不韋 ?~BC 235). 중국 전국시대 말기의 商人이자 정치가로 秦나라 정치에 관여하였다. 진나라 公子 子楚가 趙나라의 수도 邯鄲에 볼모로 잡혀 있자, 진나라의 정권에 참여할 謀策을 꾸몄다. 자초의 아버지인 安國君이 총애하는 華陽夫人을 이용, 자초를 적자(嫡子)로 삼게 하였고, 자기의 아이를 임신한 여인을 자초에게 바쳐 정(政 ; 진나라 시황제)을 낳게 하였다. 자초가 莊襄王이 되자 권력의 전면에 나섰고, 그때부터 丞相·文信侯로서 진나라의 정치를 좌우하였다. 또한 유학자들에게 儒·墨·法·道·음양오행 등 제자백가의 사상을 담은《여씨춘추(呂氏春秋)》를 짓게 하였다. (자료: 진순신, 1995)

지고 있다. 대부분의 상인들도 이 범주에 속한다. 실속을 추구하는 것도 알고 보면 그들의 상본능(商本能)과 무관하지 않다. 가장 경제적인 생활 방식을 선택하는 것이다.

중국인의 국민성은 지역에 따라서도 큰 차이를 보이고 있다. 장강을 중심으로 북쪽에 사는 북방인은 대체로 도량이 넓고 인내심이 강하며 의리를 중하게 여겨 비밀을 잘 지키는 대륙적 기질을 계승하고 있다. 북방인은 역사적으로 정권과 문화를 주도해 왔기 때문에 남방인을 무시하는 경향이 있다. 남방인은 전통적으로 상업에 능하고 두뇌 회전이 빠르다. 남방 상인은 일단 계약이 체결되었더라도 불이익이 예상되면 이를 잘 지키지 않는 경우도 있다.

북방인이든 남방인이든 상인들의 경우 계산과 상술에 능하다. 중국인의 공통점을 발견하는 일도 중요하지만 자신이 만나는 중국인의 계층이나 신분, 출신 지역에 따른 차별성을 파악하는 일이 필요하다. 중요한 것은 내가 만난 중국인은 결코 모든 중국인을 대표하는 사람이 아니라는 것이다. 그러므로 중국인의 일반적인 상관습이외에도 지역에 따라 차이를 둔 상관습을 알아야 될 필요성이 여기에 있는 것이다.

지역마다 지니고 있는 역사 문화배경을 통해 그 상인의 성격을 대략 파악할 수 있다. 물론 상인 개개인의 성장 배경 및 특별한 경력으로 인해 개인의 성격 및 상거래 스타일이 다를 수 있다. 그러나 우리가 상거래에서 새로운 잠재 고객을 접할 때 그의 출신 지역을 알고 그 지방의 문화에 맞추어 고객을 접대한다면, 큰 무례나 실수를 피할 수 있을 것이다.

56개 민족, 31개 성, 시, 자치구에 따라 서로 다른 자연 환경 및 문화적 배경을 기반으로 형성된 중국인의 성격은 큰 차이를 띠고 있다. 북경 상인은 정치와 가까이한다. 비즈니스 모델 또한 권력과 연계하는 방식을 선호한다. 그리고 수도라서 새로운 정보도 많아서, 북경 상인은 권리와 정보를 통한 상거래가 특징이다.

반면에 광동 상인은 정치와 멀리하고 하루 종일 일하며 모든 에너지를 돈 버는 데만 집중한다. 상해 상인은 치밀하며 계산적이다. 중국 타 지역 시장에서는 kg단위로 식품을 판매하고 있는 데 상해 시장에서는 mg단위로 판매하는 것이 일반화 되어있다.

중국은 땅이 넓고 물산이 풍부(地大博物)한 나라이며 광활한 지리만큼이나 지역문화 격차도 큰 국가이다. 북경 상인, 광동 상인, 상해 상인이 모든 중국 상인을 대표할 수 없다. 그러므로 우리는 중국과 상거래시 각 지방 상인의 상관습을 더욱 깊이 이해 할 필요가 있다.

〈표 6〉 2001년 중국 100대 기업체 본사 소재지와 사업주 출신 지역

지역	본사 소재지수	사업주 출신지역
광동성	14	8
상해시	15	9
절강성	16	17
강소성	6	8
북경시	12	8
천진시	5	4
기타지역	32	46
합계	100	100

자료: 강효백(2002)

위 표는 2001년 중국 100대 기업 본사 소재지와 CEO의 고향을 나타내고 있다. 총 54명의 CEO를 배출한 6대 지역 중 17명을 배출한 절강성 출신이 가장 많고, 다음으로 상해시, 광동성, 강소성, 북경시 출신 CEO들이 현대중국 비즈니스 업계에서 두각을 나타내고 있음을 알 수 있다.

2. 지역별 상인의 특징

1) 광동인

광동인(廣東人)은 크게 3부류로 나눌 수 있다. 첫째, 개혁이전부터 이미 그곳에서 거주했던 사람들이다. 둘째, 개혁후부터 현재까지 광동지역으로 전입해온 사람들로써 '신(新)광동인'으로 부른다. 셋째, 집단적으로 계절에 따라 유동하는 타지에서 온 노동자들로 '후조인(候鳥人)'이라 칭하는 사람들이다. 광동인중 신광동인들은 대다수가 전국에서 몰려온 엘리트들이라 할 수 있으며 과학기술인재 · 관리자 · 문화인 · 연예인등이 포함되어 있다. 그들의 수준은 상대적으로 높고, 업무 수행능력과 창조능력이 상당히 뛰어나 오늘날의 광동에서 고급인력으로 부상하면서 막강한 이익집단으로 자리잡고 있다.

광동인들 사이에는 통일되지 않은 여러 방언을 가지고 있는데, 언어계통은 광주어계(廣州語系)와 객가어계(客家語系), 조주어계(潮州語系)등으로 나눈다.

사용언어의 구분과 마찬가지로, 오늘날 전체 광동지역을 크게 세

지역으로 구분하는데, 광주인과 매주인(梅州人) 객가(客家), 산두인(汕頭人) 조주인(潮州人)이다. 그들은 서로가 광동인이라는 공통적인 특징이외에 각기 다른 성격 및 생활문화를 지니고 있는데, 그것은 언어습관과 풍습 등이 서로 다른 데 기인한다.

광동인들은 일을 수행함에 있어서 통쾌하고 의협심이 강하며, 위세가 등등한 것이 그 특징이라 할 수 있는데, 여성들의 걸음걸이에서도 우물쭈물함이 없는 아주 당당한 분위기가 잘 나타난다. 광동인들은 말과 행동에서도 솔직담백하여 비교적 충동적이긴 하지만 말을 빙빙 돌려하는 것이 아닌 있는 그대로 잘 표현한다. 그들의 생각과 사상 역시 어떤 구속에 억매임이 없고, 환상과 창조의 능력이 풍부하다. 내부단결이 잘 되는 편이고, 생활 중에서는 사소한 일로 남과 다투거나 힘겨루기를 삼가하는 편이다. 실제로 광동인들은 근면하고 성실하며, 인내심이 강하면서 일에 있어서도 상당히 몰두한다. 고생을 잘 참으며 그 어떤 목적에 도달하기 위해 불굴의 정신을 가지고 있는 등 이론적인 것보다도 실제적인 것을 치중하는 편이다. 광동 지방의 부녀자들은 북방의 여자들에 비해 가정적이고 고생을 잘 이겨내면서 가정의 전반적인 것을 관장한다. 반면 남자들은 밖에서 돈 버는 일에만 열중한다.

문헌에 의하면, 일찍이 당나라 때부터 광동인들의 해외 진출이 시작됐었다. 광동인들의 핏속에는 그들의 조상으로부터 물려받은 충만한 개척정신과 임기응변 능력 및 실용적인 성격이 있으며, 따라서 천성적으로 총명하고 상업의식이 뛰어난 기질을 형성했다. 이론에 강하면서 실제적인 면에서 다소 우둔한 북방인들 보다 광동인은 이국 타향의 환경에 쉽게 적응하고, 게다가 일단 적응을 하고 나면 곧 바로 기회를 잡고 자신들의 이상을 실현시키고 있다. 이름도 알려지지 않은 평범한 노동자가 갑자기 백만장자의 재물을 창조하는 것은 광동에서 가끔 볼 수 있는 현상이다.

일반적으로 광동인들은 돈을 목숨같이 아끼면서, 인정은 부족하다고 평판이 나 있다. 근래에 들어 광동인들이 돈에 대한 욕망이 더욱 증가 했으며, 동시에 부정적인 현상도 많이 발생하고 있다. 최근 몇 년간 이 지역의 이혼율이 지속적으로 상승했고, 늙은 남편과 젊은 아내의 결혼풍조가 유행하면서, 벼락부자들의 축첩(蓄妾)현상이 눈에 띄게 나타나고 있다.

외지인들은 광동인들이 상대방을 잘 믿지 않으며 솔직하지 않다고 여긴다. 실제로 외지인들이 광동인과 거래를 하다가 종종 자기 거래선까지 광동인의 손에 의해 장악을 당해 버리기도 한다. 광동인의 이 같은 능수능란한 행위는 사업을 전쟁터로 생각하고 똑똑한 자가 승리한다는 비정하고 냉혹한 인식의 결과이다. 이러한 광동인의 악덕상인 형상들은 어쩌면 광동인들이 내면적인 수양이 결핍되어 있음을 반영하는 것이다.

광동인들은 또한 돈이 많다 보니 향락적인 것만 생각하고 추구하려 하기도 한다. 오늘날 광동지역의 심각한 사회문제를 말할 때 종종 성매매 사업이 번창하는 퇴폐현상을 지적한다. 실제로 광동 지역에서는 강도사건, 살인사건 등이 점증하고 있는 추세이고, 또한 음란행위를 이용해서 돈을 갈취하는 사건이나 매음을 강요하는 현상이 갈수록 심화되고 있다. 북경인들이 평가하는 광동 지역은 한마디로 롼(亂)이라고 표현한다. 즉 '질서가 잡히지 않아 복잡하고 어지럽다'는 의미이다.

광동인에게 있어서 정치의 의미란 한마디로 '크고 텅빈 것'으로 인식되고 있다. 다시 말해서 그들에게 가장 큰 문제는 돈을 버는 것이고, 정치는 그들과 실제적인 관련이 없는 추상적인 것으로 간주한다. 작고 총명하며 의기소침한 광동인들은 지도자가 되려는 따위의 생각은 지니지 않고 있다. 자신이 건립한 안락처에서 안주하기만을 바란다. 대다수 광동인의 눈에 경제라는 것은 단지 돈버는 것 또는 부자가 되는 것으로 인식되어 있다.

광동인들은 개성을 지니고 있으면서도 논쟁을 벌이는 것을 즐기지 않고 실무적인 것을 선호한다. 때문에 적지 않은 광동인들은 현학(玄學)적인 학문(도가의 철학사상 등)을 기피한다. 광동인들은 신앙에 있어서도 '비과학'적 이다. 대다수 광동인들에게 진정한 신앙은 없으며, 관상 · 풍수 · 운명 등을 중시해서 그들의 숙명을 점치고 따른다. 그 결과 광동인의 미신에 대한 열광적인 관습이 형성되었다. 재물에 대한 남다른 욕심을 지닌 광동인들에게 재신(財物神, 財神爺)은 매우 다양하고 함축적 의미를 지닌다.

재신은 광동인들에게 전통적으로 내려오는 토테미즘으로서 그들은 장사를 할 때 집이나 점포에다 재신을 모셔놓고 공양을 드리고 있다. 재신은 장엄하고 당당한 모습으로 홍색으로 된 옷을 입고, 넓은 양미간에 불그스름하고 윤기있는 얼굴로 미소를 짓고 있으며, 그 어떤 요구도 들어 줄 듯한 모습을 하고 있다. 광동인들은 매일 재신에게 향을 피우고 공양을 올리면서 재물이 굴러들어 오기를 빌고 있다. 광동인들은 장사를 할 때도 고객을 재신으로 여기고 있다.

옷 입는 스타일에 있어서도 북경인과 상해인, 그리고 광주인(광동성의 省都)들은 추구하는 바가 차이를 지니고 있다. 북경인들은 새로운 '트랜드'를 뒤쫓아 가고 있고, 유행에 가장 앞선 상해인들은 품위와 의식, 그리고 외모를 가장 중시한다. 반면에 광주인들은 '인스턴트 문화'와 같은 소비품을 쉽게 받아들이며, 그것이 새로운 유행이면 아무리 비싸도 구입하고야 만다. 광동의 구매력은 이미 홍콩을 능가했으며, 광동 지역은 중국 사치품과 고급 소비품 시장의 테스트 베드(신제품 시험시장)가 되었다.

자료: 바이두 사진 D/B (2009.11)

〈사진 12〉 광동인이 숭배하는 재물신

광동의 음식 문화

광동인들의 음식문화 습관은 아주 정교하고 까다롭다. 그들은 인생이란 두 가지 목적 때문에 살아간다고 여기고 있다. 하나가 '돈을 버는 것'이고, 그 다음이 바로 '먹는 것'으로서, 이 두가지 외의 다른 문제에 대해서는 그다지 욕심을 부리지 않는다.

광동은 아열대 지역에 속해 있고 다변적인 지형으로 인해서 생산물이 매우 풍부하다. 그리고 광동은 옛부터 중국과 외국이 서로 교류하던 중심지로써 수많은 상인, 여행객, 외지에서 유입된 노동인구 등으로 복잡하게 구성되어 있다. 이같은 여건은 광동의 음식문화가 다른 지역에 비해서 풍부하고도 다양한 특색을 형성하게 했다. 그리고 최근 부유한 소비층 증가로 음식 문화도 광동 지방 고유의 맛에서 점차 변화되고 있으며, 고급화 추세로 발전하고 있다.

광동인들은 현지의 지역적 편리함으로 인해 중국의 남쪽지방 요리에서 북쪽지방 요리까지 고루 맛볼 수 있으며, 각양의 서양요리들을 골고루 즐기고 있다. 광동인들의 먹는 열기가 과열되면서 진기하고 특색있는 요리만을 찾는 음식 문화가 생겨나고 있기도 하다. 중요한 사실은 광동 상인과의 협상에서 그들의 음식 문화를 이해하고 적절히 활용하는 점이 필요하다는 사실이다.

광동인의 음식문화 중 또 다른 특색은 아침에 차 마시는 것(早茶. 짜오차)을 중시한다는 것이다. 잠자리에서 일어나서 훌륭하고 정선된 간식으로 아침을 시작하는 것은 광동인들이 누리는 절대적인 취미다. 그들은 차루(茶樓. 차를 파는 곳)를 즐겨 찾고서, 조차를 중식이나 석식보다도 거창하게 즐기는 것으로서 하루가 시작되는데, 그 같은 조차(早茶)를 이쭝량지엔(一盅兩件)라고 부른다. 즉, 한 잔의 차에다가 두 종류의 간식을 곁들이는 것으로써 광동인들은 아침에 간식과 곁들인 차를 마시는 것을 인생의 낙으로 삼는다.

그 결과 광동 지역에서 차루는 광동인들의 일상생활에서 빠질 수 없는 일부분이다. 비즈니스 상담이나 회의시 차루를 자주 이용한다. 실제로 차루에서는 다양한 사람들이 주식과 부동산 등에 대한 상담을 하고, 또한 각종 경제 및 상품 정보를 교환한다. 때문에 광동인들은 차루를 잘 활용하지 못하면 돈을 벌수 있는 기회조차도 점점 적어진다고 인식하고 있다. 이처럼 차는 광동인 생활의 일부분으로써 없어서는 안 되는 요소이다.

전형적인 장사꾼, 광동 상인

광동 상인은 중국 상인의 전형적인 모습으로 각인되어 있다. 복건 상인에 버금가는 화교상인(華商)들이 광동 출신이다. 또한 동남아 각지에서 경제를 좌지우지 하는 광동 華商도 쉽게 꼽을 수 있다.

명대 청대에 이미 광동에는 해상 무역을 위주로 하는 상인 그룹이 형성되어 있었다. 이들은 역시 해상 무역을 위주로 하는 복건 상인들과 경쟁하였으며, 한 발 앞서 나갔다. 광동은 1949년 신중국 설립후 80년초에 가장 먼저 대외개방 되었으며, 경제특구 설치와 함께 중국인들에게 상인의 기질을 마음껏 펼칠수 있는 마당을 제공한 지역이다. 그 후 홍콩이라는 관문을 통해서 최대 수출기지가 되었다. 또한 중국 최대의 수입시장으로 외국 제품과 정보가 광동을 통해서 들어오고 있다. 풍부한 상업 무역 전통과 문화적 저력 그리고 중국 내륙보다 발달한 상업적 시각을 가진 광동 상인은 중국 대표 장사꾼의 이미지를 표출하기에 충분하다.

광동 상인은 시세를 타고 임기응변에 대처하는 것이 특기이며, 절강 상인은 앞을 읽는 재주가 있다. 광동 상인은 안휘 상인, 산서 상인처럼 폭리를 취하는 것을 마다하지 않는다. 청조 건륭 22년(1757년)에 조정은 복건, 절강, 강소의 세 군데 세관을 폐쇄하고 광동 세관만을 남겨두어 대외 통상의 창구로 삼았다. 독점적 지위를 확보한 광동은 이를 기회로 획기적인 발전을 꾀하게 된다. 이후 상품 경제가 발전하여 광동 상인의 규모를 성장시켜 주었다.

'세계의 공장'인 중국에서, '중국의 공장' 역할을 하고 있는 광동은 이미 명대 초기에 주강 삼각주 지역에 농수산물 재배에 필요한 농기구 제조, 농수산 제품 가공업 종사를 시작하였다. 이후 포장재료 제조, 운송업까지 발전하게 된다. 이러한 환경의 변화는 광동인의 사상을 크게 변화 시켰는데, 바로 학문에 정진하여 관직을 얻는 것이 최고의 가치라는 전통사상에서 해방된 것이다. 이후 광동 지역에서는 관직을 버리고 상인이 되거나, 선비(유교)의 길을 마다하고 상인이 되거나, 농민에서 상인이 된 사람이 늘어나게 된다. 이는 다양한 계층 구성원들이 상인의 길을 걷게 됨에 따라 다재다능한 광동 상인의 특징을 구성하게 되는 토대가 된다. 아직 봉건시대의 기풍이 남아있던 19세기말 중국에서, 적어도 광동성에서 만큼은 상인이 첨단 트랜드였던 셈이다.

광동 상인의 기질을 만든 또 하나의 요인은 바로 홍콩이다. 홍콩은 아편전쟁 후 난징조약에 따라 1842년부터 영국이 점유하게 되었으며, 그 결과 인접한 광동 상인들은 어떤 중국인들보다 빨리 구미식 시장경제를 접하게 된다.[20] 이후 광동 상인들은 '공허한 것을 취

---

20) 홍콩섬은 1차 아편전쟁 결과 난징조약(南京條約.1839~1842)에 의해, 구룡반도는 2차 아편전쟁으로 1860년 북경조약에 의해 영국이 영유하게 되었고, 新界와 235개 섬은 1898년 <展拓香港界址專條>에 의해 99년간 영국의 조차지가 되었다. 이로부터 100년후인 1997년 7월에 홍콩은 중국에 반환되었다. 아편전쟁후 1차 마카오로 퇴각한 영국은 안전하게 기업운영을 할 수 있는 작은 섬을 할양해줄 것을 요구했다. 전쟁이 중국의 패배로 끝나면서 홍콩은 영국에 할양되었고, 무역중심지로서 번성했다. 홍콩은 1912년 중화민국 성립후 이어진 내란기에는 중국인과 그들 자본의 피난처가 되었다. 1937년 일본군의 중국 침략후, 중국인의 홍콩 유입은 늘어났다. 1941년 태평양전쟁 발발과 동시에 홍콩은 1945년 8월 30일까지 일본군 점령 아래 놓였으며 일본 패전 후 다시 영국령이 되었다. 1948~1950년간 중국내전과 공산주의 정권의 성립에 의하여 중국인 이주자, 특히 난민이 급증하여 홍콩 인구가 지속적으로 증가하였다.

하지 않고, 실속 있는 것을 취한다'라는 식의 실무(實務)주의 경향을 띄게 된다. 홍콩과 떼어 놀수 없는 요소가 화교(華僑)들이다. 홍콩이 영국에 할양되면서, 홍콩에 거주하던 중국인은 화교가 되었으며, 이들 중 80%는 고향이 광동이었다. 당연히 이들 화교들은 홍콩과 광동을 오가면서 광동 상인의 기질을 조성하게 된다.

광동 상인이 중국 최고의 상인으로 인식된 것은 중국 각지 상인들이 구비한 장점을 모두 가졌기 때문일 것이다. 광동인은 개방적이다. 중국에 최초로 기독교를 전파한 사람도, 제일 먼저 해외 유학을 다녀와 서양 문명을 배울 것을 주장한 사람도 광동인이었다. 무엇이든지 다 받아들이며, 따라서 광동 상인은 무엇이든지 다 취급한다. 중국에서도 광동산 가짜 시계가 유명한 이유가 여기에 있는 것이다. 소비자가 원하는데 못 만들 이유가 없다.

광동은 적응력이 뛰어나다. 일본이건, 한국이건 히트한 노래는 오래지 않아 광동 가수가 광동어로 더 멋지게 불러 녹음한 CD가 나온다. 개방하여 수입한 외래 문물이 빠르고 쉽게 동화 되는 것이다.

광동 상인은 사업 기회를 놓치려 하지 않고, 시간은 기다려 주지 않는다는 사실을 잘 알고 있다. 이러한 적극적이고 민첩한 행동은 항상 광동 상인에게 비즈니스 기회를 가져다준다. 따라서 광동 상인은 리스크 테이킹(risk-taking · 위험감수)에 대담하고, 기민하며, 성격이 원만하고 총명하다.

광동 상인의 마케팅 기법을 보여주는 사례가 있다. 광동 상인은 다섯가지 3에 능통한데, 먼저 3免(무료 운송 · 설치 · 시험), 3包(품질 보증, 반품 · 교환 가능), 3專(염가상품 전문코너, 특수규격 · 특정 소비자 전문코너), 3試(옷 입어보기, 화장품 써보기, 시식), 3郵

(인터넷 · 전화주문 · 우편 판매) 등이다.

국수 한그릇을 먹을 때 북경인은 체면에 맞는지 또 맛있는지를 생각하고, 상해 사람은 이 국수를 전시회에 가져가 외국인에게 자랑할 상상을 한다. 하남 사람들은 국수 양이 한 그릇이 맞는지 의심하며, 광동인은 맛있는 국수 한 그릇을 활용하여 어떻게 장사로 연결시킬지 궁리한다. 이같은 광동인의 천부적인 상인의 기질은 근대 200여년이라는 짧은 기간에 축적 되어 온 것이다.

이러한 광동 상인은 배금주의(拜金主義) 대표 아이콘으로 치부되기도 하며, 중국 최대의 가짜 상품시장이 존재하는 점, 최대 밀수시장이 횡행했던 점 등이 그 배경이다. 그러나 1년간 품질 보증이 되는 짝퉁 시계를 온라인과 오프라인에서 동시에 파는 이들 광동 상인에게 장사에서 만큼은 최고의 호칭을 부여하기에 부족함이 없다.

이러한 다재다능한 광동 상인과 마주할 때 준비할 수 있는 특별한 협상 전략은 많지 않아 보인다. 중국 전문경영 서적 조차, 광동 상인과의 거래에서는 '정답'이 없다고 할 정도이다. 이미 서양식 상술을 익혔고, 필요에 따라 중국식 상술을 구사하는 광동 상인과의 전략은 고작 식사 접대가 협상에서 차지하는 비중이 다른 지역보다 크니 주의하라는 정도이다.

주룽제지 회장, 장인(張茵)

보유자산 330억 위안으로 중국 내 최고 여성 갑부로 꼽히는 장인 주룽제지(玖龍紙業) 회장(52세). 그는 2006년 한때 중국 내 모든 남성 갑부를 따돌리고 부자 서열 1위에 오르기도 했다. 장 회장이 일군 부(富)가 놀라운 것은 폐지 수집으로 시작해 한 푼 두 푼 늘려 갔기 때문이다. 2006년 홍콩에서 기자회견에서 장 회장은 "정직하게 일해서 부자가 됐기 때문에 떳떳하다"고 말했다. 장 회장에겐 '폐지대왕'이란 별명이 붙어 있다. 1957년 8남매 가운데 맏딸로 광동성 샤오관에서 태어난 그녀가 1985년 3만위안을 가지고 홍콩으로 건너가 처음 벌인 사업이 폐지 수집이고 그 사업을 제지로 확장해 대성공을 거둬서다.

자료: 金羊網(2009.11)

〈사진 13〉 주룽제지 회장, 장인

부친이 문화혁명 와중에 투옥되자 맏딸인 장 회장은 섬유회사에 들어가 일하며 가족을 부양해야 했다. 뒤에 중국 남부 지역에 있는 작은 제지공장 회계직으로 옮긴 그는 그곳에서 비범한 사업 감각 덕에 오늘날 부를 일구는 기초를 닦았다.

포장지 원자재로 쓰이는 폐지 수요가 폭발적으로 늘어나는 것을 지켜보곤 1985년 20대 후반 젊은 나이에 홍콩으로 건너가 폐지 수집 회사를 차린 것. 홍콩에 폐지가 부족해 수요를 충당하지 못하자 그는 1990년 남편과 함께 미국으로 건너갔다. 미국에 가면 폐지가 무한정으로 널려 있다는 것을 깨달았기 때문이다.

영어 한마디 할 줄 몰랐지만 미국 로스앤젤레스에 폐지 수출회사를 만들었고 거기서 미국으로 수출된 중국 상품 포장지를 수거해 중국으로 보냈다. 중국에선 이것을 재가공해 질 좋은 포장지로 만들었고 장 회장에게는 든든한 수입원이 됐다. 이 회사는 5년여 만에 미국에서 가장 큰 폐지 수출업체로 성장했다. 장 회장은 미국에 7개에 달하는 포장공장과 운송회사를 세웠다. 폐지 수출회사는 2002년엔 파지 300만톤을 수출하며 미국 내 1위를 차지하였고, 지금은 연간 수출량이 500만톤을 넘어, 유럽에서 가장 큰 종이 공급상으로 꼽힌다.

물론 장 회장에게도 부침이 있었다. 사업 욕심에 중국 제지회사에 투자했다가 자금을 날리기도 했다. 그 실패를 거울 삼아 그는 1995년 주룽제지를 설립하고 중국 남부 광동성 둥관에 첫 번째 제지공장을 지었다. 연간 20만톤 규모 설비를 들여놓고 제지업에 본격적으로 뛰어든 것. 2000년부터 거의 매년 새 설비를 추가하며 사업을 키웠다.

주룽제지는 강소성 태창에도 공장을 지었고 중경과 천진에도 생산기지를 건설해 현재 중국 내 생산기지가 4곳으로 늘었다. 연간 생산능력도 동관 445만톤, 태창 250만톤, 중경 80만톤, 천진 80만톤 등 총 855만톤에 달한다. 장 회장은 주룽제지를 2006년 3월 홍콩 증시에 상장하면서 재계에서 주목을 받기 시작했다. 2008년 5월엔 베트남 제지공장 지분 60%를 인수해 베트남은 물론 라오스 캄보디아 등 동남아 시장에도 진출했다. 주룽제지는 2009년에 530만톤을 판매할 전망이며 2010년에는 700만톤 가량을 팔 수 있을 것으로 예측된다.

장인 주룽제지 회장이 폐지 수집상에서 출발해 비교적 짧은 시일에 제지 업계 거목으로 성장한 비결에 대해, 장 회장은 스스로 신용을 꼽는다. 그녀는 미국에서 사업을 하며 신용의 중요성을 배웠다며 글로벌 기업이 되려면 중국 회사들도 세계 표준에 맞춰야 한다고 강조한다. 글로벌 시장에 진출하기 전부터 장기 계획을 세워 준비하고 해낼 수 있다는 확신을 갖고 밀어붙여야 한다는 얘기다. 재무정보도 투명하게 공개하는 것을 원칙으로 삼고 있다.

장 회장은 자신의 성공을 얘기할 때마다 운이 좋았다고 한다. 창업할 때 중국이 개혁・개방의 황금기였고 미국에 건너간 뒤에도 미국 경제가 지속적인 번영기였다는 것. 특히 미국은 삼림자원이 풍부하고 제지업이 발달한 데다 폐지 회수 시스템도 과학적이어서 도움을 크게 받았다는 설명이다.

홍콩에서도 회사 자금이 풍부했고 성실하게 경영한 덕에 발전 속도가 빨랐다. 최고보다는 최선을 다하는 것이 중요하다는 게 장 회장 지론이다. 그는 직원 관리에 대해선 "개인은 작은 가정이고 회사는 큰 가정"이라는 관점을 견지하며 인간적 관리 방식을 중시한다. 하지만 주룽제지 탄생과 발전 과정에선 무엇보다도 시장을 읽는 회장의 탁월한 능력과 과감한 결단력이 힘을 발휘했다. 20대 여성의 몸으로 홍콩에 건너간 점, 미국에서 폐지수출업체를 개업한 것 등은 장회장의 혜안과 과단성에 기인한다.

미국에서 싼값에 널려 있는 파지를 구매해 저렴한 운반비를 들여 중국으로 운송하고 중국 대륙의 토지·에너지·인력을 활용해 낮은 원가에 고급 종이제품을 생산하는 장 회장의 비즈니스 모델은 지금까지 대성공을 거뒀다. 그가 구축한 사업 모델은 각 단계가 모두 원가 측면에서 우위를 갖춰 중국 최고 갑부를 탄생시킨 비결로 작동하고 있다. 주어진 기회를 포착하는 광동 상인의 전형적인 모습이 장 회장에게서 발견된다.

중국 최대 에어컨 메이커 메이디 회장 허샹지엔(何享健)

자료: 메이디 홈 페이지 (2009.10)

〈사진 14〉 메이디 회장, 허샹지엔

1968년 플라스틱 병마개를 생산하는 향진기업(촌민들이 관리하던 소기업)으로 출발했던 메이디(美的)는 현재 직원 수만 7만명이 넘는 중국 최대 종합 에어컨 메이커 그룹으로 발돋움했다. 에어컨은 물론이고 에어컨 압축기·TV·전기밥솥·선풍기·전기난로 등 6개 상품군에서 두각을 나타내고 있다. 중국 토종 가전업체인 메이디를 창업한 이는 광동 상인 허샹지엔(67세)이다. 1942년 광동성 순덕에서 출생한 허 회장이 처음 만든 공장에서 생산한 제품은 제약용 유리병과 병뚜껑이었다. 이후 소형 가전을 생산하기 시작한 메이디는 중국의 개혁개방 직후인 1980년에 선풍기를 생산하였고, 불과 5년후인 1985년에는 에어컨을 생산하였다. 이는 중국이 개혁개방을 시작한 광동 지역이어서 가능했다. 1992년에는 심천과 상해 주식시장 개설을 계기로 메이디를 주식제 회사로 변신시켰으며, 1993년에 심천 증시에 상장하였다. 이는 중국에서 향진기업이 주식제 회사로 전환하여 증시에 상장한 첫 번째 사례 였다.

1997년 중국 최초로 독립채산제를 기초로 하는 사업부제를 도입했고, 1999년에는 종업원 사주제도, 2001년에는 고위 경영자에 대한 스톡옵션 제도까지 도입하여 가장 빠르게 변신하는 가전 업체로 꼽혔다. 이는 주어진 환경에 최적화 하여 적응하는 광동 상인 기질을 가진 허 회장이어서 가능했을 것이다.

2001년에 드디어 매출액 150억 위안, 수출 3.3억 달러의 중국 2대 가전업체로 부상하였으며, 2003년에는 자동차 메이커를 M&A 하여 새로운 사업 영역을 개척하게 된다. 현재 브랜드 가치가 400억 위안에 달하는 메이디는 2007년 매출 750억 위안을 기록했다.

허 회장은 2009년 상반기 실적 발표 때 이렇게 말했다. "어떤 의미에서 우리는 금융위기가 고맙다. 재무 데이터가 중요한 게 아니라 위기를 통해 경험을 쌓고 전략이 더 확고해졌기 때문이다." 실제로 메이디는 2009년 2분기 매출은 물론 이익·현금흐름까지 핵심 경영지표가 모두 분기별 사상 최고치를 갈아 치우며 승승장구하고 있다. 이는 금융위기 직격탄을 맞아 헤매고 있는 다른 업체들과 대비된다.

중국 최대 가전사인 하이얼에 비해 규모는 다소 작은 편이지만 성장성은 최고다. 특히 에어컨에선 시장을 좌우하는 최강자다. 사실 메이디도 2008년말 판매가 줄었고 2009년 1월엔 국외 주문이 급감한 적도 있다. 하지만 메이디는 위기를 기회로 삼는 데 탁월했다. 당시 메이디를 이끌던 창업자 허샹지엔 회장은 내부 회의에서 "매번 시장 위기 때 메이디는 발전 기회를 잡았다"며 "피동적으로 위기를 맞지 말고 위기에서 기회를 찾자"고 직원들을 독려했다.

이 같은 메이디 성장에는 위기를 기회로 바꾸는 경영진의 적극성이 한몫했다. 거기에다 1990년대부터 끊임없이 추진한 구조조정, 불황을 틈타 강화한 연구개발(R&D) 투자, 전략적 인수·합병(M&A) 성공 등도 밑거름이 됐다. 메이디는 2001년 일본 전자업체 산요산하 전자레인지 부품공장을 인수하기도 했다.

메이디는 급변하는 업계 경쟁 환경에 적응하기 위해 자사 브랜드 전문매장을 확대하고, 쑤닝·궈메이 등 가전양판점 공급을 늘렸다. 또 에어컨 제품을 소비자에 따라 인버터 에어컨, 농촌 보급형 에어컨, 고효율 에어컨, 산업형 에어컨으로 세분해 공급하는 전략을 써 효과를 봤다. 메이디는 최근 새로 각광받는 에너지 절약형 인버터(주파수 변조기) 에어컨에 공을 들여 판매량을 매월 100% 이상씩 늘리고 있다. 중국 시장 내 인버터 에어컨 공급을 선도해 이미 시장점유율이 92%에 달한다. 전압이 낮은 지역에서는 에어컨이 작동되면 전등이 희미해지는 현상이 종종 있다. 이는 주기적으로 컴프레서(냉매압축기)를 가동시켜 냉기를 뿜어내는 에어컨이 많은 전력을 소비하기 때문이다. 해결책 중 한가지가 인버터 에어컨이다. 기존 에어컨 컴프레서모터는 정격전압 220V(주파수 60)의 회전속도로 작동을 반복하며, 이미 차가워진 실내온도에 상관없이 일정한 냉방 출력으로 불필요한 전력을 소모한다. 즉 실내온도 변화에 따라 적절한 냉기출력을 조절할 수만 있으면 절전이 가능한 것이다. 인버터에어컨은 컴프레서 모터의 회전수를 다양한 속도로 제어하여 냉방출력과 전기소모를 최적화하는 기술을 채용하여 전력소모량을 30% 가량 줄였다. 하지만 이같은 장점에도 불구하고 교류를 직류로 전환하는 컨버터와 전압 및 주파수 변환장치 등이 필요해 기존 에어컨보다 가격이 비싼 것이 단점이었다. 이를 해결한 것이 메이디이다. 시장 내 절대강자이면서도 대당 평균가격을 최근 1년 새 5000위안대에서 4000위안대로 낮췄고 추가 인하를 검토중이다. 아무도 따라올 수 없는 수준까지 가겠다는 의지다.

30개가 넘는 에어컨 메이커 중 메이디의 전체 에어컨 시장점유율은 24.9%로 1위이다. 장즈권 메이디 에어컨 부문 시장팀장은 "수량 위주에서 품질 위주로 바꾸면서 성공을 거뒀다"고 설명했다. 메이디 성공의 비밀이 품질이란 얘기다.

위기 때 빛을 발한 게 바로 메이디의 상품 경쟁력이다. 메이디는 품질을 더 높이기 위해 일본 도시바와 제휴해 분공장을 가동하면서 선진화된 에어컨 생산라인 가동에 들어갔다. 또 메이디는 도시바와 공동으로 3억 위안을 투자해 압축기를 연간 300만대 생산할 수 있는 생산기지를 안휘성에 건설하고 있다. 이 합작공장은 2010년부터 연산 500만대 규모를 갖추고 중국 냉장고 시장 내수 3000만대, 수출 2000만대 가운데 10%를 차지한다는 계획이다.

메이디는 직원들에게 1200만위안에 달하는 상금을 내걸고 기술개발을 독려하는 등 아이디어가 독특한 기업으로 꼽힌다. 특히 연구개발, 브랜드 전략에는 돈을 아끼지 않는다. 금융위기 여파가 지속된 2009년 상반기에도 광고액을 50%나 늘렸다. 허 회장은 '위기는 결국 지나가고 브랜드 가치는 계속 남을 것으로 믿는다'고 말했다.

2) 절강인

절강성(浙江省)의 동쪽은 동해(東海)이며, 해안선이 매우 긴 지리 환경은 절강인들의 문화적 성격에 깊은 영향을 미쳤다. 절강의 해안선은 북쪽에서 남쪽까지 약 2200㎞에 이르고 매우 많은 항구들이 유명하며, 유구한 역사를 지닌 영파(寧波)·항주(杭州)·태주(台州)·온주(溫州) 등 지역은 환경적 영향을 받아 절강인들로 하여금 진취적이고 개방적이며 강한 모험심과 상업적 능력을 배양하게 했다.

절강 요리는 중국 8대 요리의 하나로 인정될 만큼 독특한 점이 있다. 절강요리의 특징으로는 재료 선택시 신선도를 중시하고 조리가 매우 정교하다. 색깔은 선명하고 원색적이고 짙으며, 맛이 신선하고 종류가 매우 다양하고 영양을 중시한다.

절강인은 평민 기질과 문학가 및 예술가의 기질을 지니고 있다. 절강성은 이전부터 미녀를 많이 배출한 곳으로 서시(西施)또한 절강성 사람이다.[21] 반면에 정치가나 군인 기질은 부족하며, 온화하고 점잖은 귀족 또는 위엄있는 제왕의 기상이나 호방한 기질은 더욱 없다. 문학가 임어당(林語堂)[22]은 저서 「中國人」에서 중국 동남

21) 서시(西施)는 절강성 诸暨苎萝村(현 诸暨城남부)에서 출생한 춘추시대 월(越)나라의 美人이다. 吳나라 왕 부차(夫差)에게 會稽에서 패한 월나라 왕 구천(勾踐)은, 부차가 호색가인 것을 알고 미인계로 복수하려 하였다. 苧蘿山에서 나무를 팔던 서시를 데려다 기예를 가르쳐 오나라에 보냈고, 부차는 서시와 사랑에 빠져 바른 政事를 펼치지 않아 吳 멸망의 한 요인이 되었다. 서시 관련 문학과 전설은 많으며 중국 미녀의 대명사가 되었다.

22) 중국 작가(1895-1976). 원래 이름은 위탕(玉堂)이며, 복건성 룽시(龍溪) 출신이다. 미국의 하버드대학, 독일의 예나대학·라이프치히대학에서 공부했다.

지역 특히 장강 이남 지역인들의 특징을 언급할 때 그들은 총명한 상인이자 걸출한 문학가이지만, 전쟁터에서는 겁장이로서 언제나 위기에 직면하면 땅에 엎드려 울면서 애걸하는 나약성을 지적했는데 그것들은 절강인의 기질과 부합되는 면이 있다.

절강인들은 내용보다는 체면을 중시한다. 도시인이나 농촌사람 및 부자나 가난한 사람을 막론하고 대다수 절강인들은 타인 앞에서의 체면을 유지하는 문제를 중시한다. 절강인들은 보기 좋으면 돈을 꿔서라도 몇 벌의 근사한 옷을 구입한다. 그리고 성대하고 수준이 있는 연회석을 차리기 위해서라면 평상시 집에서 짠 반찬에 밥을 먹는 것을 마다 하지 않는다.

절강인들은 임기응변이 뛰어나며, 잔재주를 부리지 않는다. 그중에서도 절강의 역사·문화 도시인 소흥(紹興)인들이 가장 총명하다. '소흥은 사부를 배출하고 호남(湖南)은 장군을 배출한다'는 말처럼 예부터 소흥은 책사나 모사가 많이 배출되었으며, 그들의 뛰어난 지모와 임기응변들은 천하에 유명했다. 특히 청대의 정부 각 부분의 관공서에서 소흥인들이 절대 다수를 점하는 등 소흥 출신의 관리는 그 능력과 자질을 인정받았다.

욱달부[23]는 절강성의 수도인 항주인들의 특성에 대해 의지가 박

1920년대에는 북경대학 등의 교단에 서는 한편, 어사파(語絲派)의 급진적 논객의 한 사람이 되었다. 1930년대에는 논어(論語)와 그밖의 소품문잡지(小品文雜誌)를 펴냄으로써 유머(해학)를 제창하였다. 1936년에 뉴욕으로 이주한 이후 영문 소설과 수필을 통해 구미인(歐美人)에게 근대중국의 동란이나 항일전쟁을 견디고 꿋꿋하게 살아가는 동포의 모습, 중국 문명의 특징 등을 알렸다. 1966년 이후는 대만에 정착했다. 저서에 剪拂集(1924), Moment in Peking (1937), 생활의 발견(1940) 등이 있다.

23) 욱달부(郁達夫, 1896~1945)는 본명이 욱문(郁文)이고 자가 달부(達夫)이며

약하고 의견이 분분하며 겉으로 강해보이나 속은 텅비고, 나서기를 좋아하고 작은 일에 기민하지만 큰일에 우둔함을 지적했다. 스스로 지적이고 고상한 척하며 단지 즐거움만 추구하고 애써 분투하지 않는 것은 항주인들에게서 특히 두드러지게 나타난다.

항주인들의 음식 습관은 고상함만을 추구해서 식탁 위에 놓여있는 몇 접시의 정성스럽게 만든 요리를 감상과 함께 즐긴다. 항주인들이 스스로 행복감을 느끼고 자만하는 원인은 서호(西湖)와 황제가 살던 수도의 시민이었다는 자부심에 있어 보인다. 첫째는 중국에서 어느 곳도 서호의 경치와 비교할 수 없으리만큼 西湖의 경관은 매우 아름답다. 둘째는 항주는 일찍이 남송(南宋)의 도읍이었기 때문에 항주인들의 의식속에는 천자(天子)의 그늘아래서 생활한다는 자부심이 있다. 항주인들은 유구한 역사와 문화적 우월감 덕분에 성격이 점차 보수적이고 폐쇄적이 되어 간 것이다.

중국의 유태인, 온주상인

저상(浙商)이라 불리는 절강 상인은 계산이 빠르고, 단결력과 추진력이 강하며, 리스크 테이킹(risk-taking・위험감수)에 능한 것으로 평가 되고 있다. 절강성은 중국 국내에서 사유(私有)기업이 제일 많은 곳이다. 이중에 온주(溫州)라는 지역의 온주상인(溫州商人)은 '중국의 유태인' 이라고 부른다. 특히 이들은 단결하고, 조직 만들

절강성 부양(富陽) 출신이다. 5.4 운동 이후에 중국 신문학 발전에 많은 영향을 미친 작가이다. 1921년에 그는 創造社 설립에 동참하면서 신문학사상 최초의 백화단편소설집인 침륜(沈淪)을 발표했다.

기를 좋아하며, 모험정신이 있다. 중국 혹은 해외 어디에서든 돈벌 기회만 있다면 같이 돈을 모아 단체로 투자를 한다.

최근 상해의 아파트 값이 오르자 온주 상인들은 단체로 돈을 모아 상해에 부동산 투자를 하고, 이라크 전쟁터에는 미국 및 유엔 군인 상대로 식당 및 술집을 경영한다. 그리고 최근에는 중국서부 내륙지방 몽골, 신강, 티벳 등 오지에서 에너지 등 천연자원을 개발하고 있다. 중국 최대 B2B 사이트인 알리바바 본사도 절강성 항주시에 위치하고 있으며, 세계 최대 소상품시장 이우(義烏)또한 절강성에 있다.

온주 상인이 중국의 유태인으로 불리는 것은 절강인중에서도 독특한 성격을 지니고 있기 때문이다. 온주인들은 전통 절강인들의 근면함·똑똑함과 세밀함을 지님과 동시에 개방의식과 민첩한 판단, 합리적인 부지런함을 갖추고 있다. 역사적으로 온주는 단지 하나의 항구에 불과했다. 1980년 이후 개혁·개방시대로 진입하면서 온주인들은 노동력 수출을 위주로 했고, 소규모 상품에 대한 도매업 위주로 상업을 시작했다. 중국에서 가장 먼저 외국기업과의 합작사업을 시도하는 등 온주인들은 외향형의 발전전략을 택했다. 온주인들은 상업에 중점을 두었으며 작은 것으로부터 큰 것을 취하는 등 소규모 경제로 시작해서 점차 가공형 경제 및 외향형 경제로 발전했다. 온주인들은 점차 자신의 상표를 붙인 제품을 생산해서 판매했고, 그 결과 최근에는 국제 사회에서 온주 상품의 품질과 신용을 인정 받고 있다.

개혁·개방이후 온주인들의 경영능력이 더욱 발휘되었는데 이 같은 특징은 향진기업의 부흥과 개체경제의 발전에서 잘 나타나고 있다. 온주인의 사상은 개방적이고, 두뇌가 기민해서 사업 수완이 높으며, 한 곳에서 안주된 생활에 만족하지 않는다. 과거의 영파 상인이나 현재의 온주 상인들이 모두 새로운 영역을 개척하려는 굳센 의지와 과감성을 지녔는데, 그들은 절강인의 걸출한 대표이다. 근대 중국 대표 상인으로 상권을 주름잡던 산서 상인, 안휘 상인은 이미 몰락하여 그 화려했던 흔적을 찾기 어렵다. 그러나 절강 상인은 아직도 건재하며, 온주 상인이 그 중심에 있다.

온주 모델

온주시는 절강성(浙江省)에 동남 연해에 위치한 도시이다. 근교에 서안시(瑞安市)와 영가시(永嘉市) 두개의 직할시와 洞頭 등 7개의 현을 가지고 있으며, 전체 인구는 685만 명이고 시 도심의 인구는 40만 명이다. 1984년에 이미 대외에 개방된 이 도시는 1986년부터 온주식 모델이라는 도시 경영을 실시했다. 중국정부는 사회주의식 시장경제 혹은 중국식 시장경제가 성공을 거둔 곳이 온주라고 보고 있다. 중국 농촌 연구가인 費孝通이 연구한 이 온주식 모델을 살펴보면 21세기 중국 여러 중소형 도시들의 개발 모델을 예측할 수 있다.

온주시가 속해 있는 절강성은 성도가 항주이며 4천년이 넘는 역사를 지닌 비단 원산지였다.

온주시의 경제 모델은 초기에는 작은 상품으로 큰 시장을 개척하였다. 1985년 온주시의 연간 수입 5천 위안 이상의 농가가 이미 40만 가구에 달해 있었고, 이는 총 농가의 1/3에 해당되는 숫자였다.

온주식 모델은 상업을 먼저 시작하고 그후 공업이 발전되었으며 결국은 대량의 가내 공업과 개체 경제가 형성되었다. 이곳은 국가의 지원을 전혀 받지 않고 자신의 힘으로 지금의 부를 이룩한 곳이다. 물론 규모가 작고 고급 기술이 아니며 품질이 완벽하지 못한 결점도 있다. 하지만 이것은 초기에 나타난 현상일 뿐이었다.

먼저 온주의 농촌 지역은 80년대 초 가정 연합 생산 위탁 경영제(聯産承包)를 도입한 후 남는 노동력을 2차산업, 3차산업에 투입하였다. 온주 농촌의 특징은 경지 면적이 작고 인구는 많다는데 있었다. 일인당 평균 경작지는 0.5 ha도 못되었다. 특히 淸江 飛雲江을 비롯한 5개의 강으로 나뉘어 있었던 온주는 당시 다리가 하나도 없는 낙후된 농촌 지역이었다.

자본이 없는 잉여 농촌인구가 할 수 있는 가장 기본적인 것은 가내 수공업이었다. 1984년 온주의 가내 수공업 공장은 13만개에 달했다. 여기에서 나는 수익은 市 전체수익을 앞질렀다. 개체호 혹은 개체 경제로 불리는 영세 자영업(77.8만개 개체상점) 역시 온주에서 발전하였다.

이렇게 많은 상점과 개체호들은 당연히 경쟁을 유발할 수밖에 없었고, 온주 농민들은 곧 규모화 · 고품질 · 신제품 · 신설비만이 경쟁을 이기는 방법임을 깨달았다. 하지만 개혁 개방 초기에 은행에서 이들에게 돈을 대출해 주기는 불가능하였고, 사영 금융기관의 고리대금 역시 농민들에게는 큰 부담이었다. 결국 이들은 4~10가구가 자금을 모아 일종의 주식 합작사 형태를 설립하는 방법을 강구하였다. 위험의 공동 분담이었다.

이곳 기업가인 주명춘(朱明春)의 경우를 살펴보면, 그는 86개의 가내 공장들을 모아 1984년에 양계 연합회사를 설립하였다. 86개 농가의 자금·설비·농장지·노동력·기술들을 한데 모은 이 연합회사의 당시 한 주당 가격은 1천 위안이었다. 이 공장은 1984년에만 35만 마리의 닭고기를 생산하여 판매하였고, 온주시 전체 소요 닭고기 량의 40% 그리고 계란량의 10%를 공급하는 거대 회사로 등장하였다.

구해현(甌海縣) 영흥진에 있는 간이 인쇄업을 하던 10여 가구의 농민들은 역시 자본과 설비를 모아 1985년에 비닐 포장공장을 설립하였다. 창업 당시 이들의 매 주당 가격은 5천 위안이었으나 현재는 1.5만 위안으로 가치가 올라 있다. 이미 선진 기술의 생산 라인까지 도입한 이 공장은 고정자산 305만 위안 규모의 중형기업이 되었다.

이러한 온주식 모델에는 몇 가지 특징이 있다. 첫째는, 모두가 자원해서 설립한 주식제 회사들이라는데 있다. 국가의 지시나 성 정부의 지도는 전혀 없었다. 둘째는, 주주들이 직접 생산과 경영 그리고 판매에 참여하는 회사라는 점이다. 이른바 100% 종업원 지주제인 셈이다. 세 번째는, 이들 기업들이 자발적으로 공공 인프라 건설을 위해 이익의 일부분을 투자하여 공공기금 설립을 지원한 점이다.

이러한 특수한 형태의 기업을 온주인들 자신도 주식합작기업(股分合作企業)이라고 부른다. 온주시 정부는 1987년 11월에 '농촌 주식합작기업에 관한 규정'을 제정하여, 이들 기업에 자주권을 주는 등 법률적 기반을 마련하였다. 1993년 말 통계에 의하면 온주시의 이러한 주식합작기업이 36,887 곳에 달했다.

대부분의 이런 주식합작기업들은 혈연관계로 이루어진 경우가 많다. 따라서 이들 친지간 경영의 단점은 장기적인 경영이 불가능하다는데 있다. 눈 앞에 보이는 단기적인 이익을 우선시 하는 경향이 적지 않다.

온주인들은 예로부터 소상인 기질이 있는 유명한 민족이었다. 총 인구 685만 중 15%에 해당하는 100만 명이 이미 온주 밖 여러 지역에서 비지니스를 하고 있다. 북경에만 10만 명의 온주인이 있고, 파리에는 온주 거리가 있을 정도로 그들의 상인 기질을 발휘하고 있다. 중국 각지에 흩어져 있는 100만 명이 매년 고향에 보내는 약 40억 위안이라는 자금은 온주를 발전시키기에 충분한 자금이다. 현재 온주시에서 건설되고 있는 항만 부두, 비행장, 고속도로 등의 기초설비는 모두 현지에서 조성된 자금으로 행해지고 있다.

온주식 모델 발전의 한 원인은 전문화에 있다. 중국에서 생산되는 모든 옷에 달린 단추 중 적지 않은 수가 이곳에서 생산된 것이다. 온주시의 직할시인 서안시에는 11.8만㎡의 면적에 6천개의 상점이 들어선 서안시장이 형성되어 있다. 이중 3천개의 점포는 이미 1981년부터 장사를 시작한 단추 및 의복용품 전문상점이었다. 영계진(靈溪鎭)은 또 다른 전문 시장이다. 진(鎭)은 우리나라로 치면 군 정도의 행정구역이다. 이곳에는 외지에서 온 상인 2만 명을 포함하여 12만 명이 전기기계제품, 의류, 면화, 식품 등 22개의 전문시장에서 장사를 하고 있다.

온주시에 소속된 진(鎭)은 모두 137개로서 총 인구가 405만에 이른다. 이는 시 전체 인구의 60%에 해당되는 수치이다. 농촌 마을에 불과했던 이러한 진(鎭)들의 발전이 지금의 온주시를 있게 한 것이다.

이러한 온주시의 경제 규모는 현재 절강성의 성도인 항주시와 성내 최대 무역항인 영파시를 이어 3위에 랭크하고 있다. 온주시의 발전은 농업과 농촌 고유의 기능을 유지하면서, 공업으로 전체 인구의 소득수준을 향상시키는 성공 모델로 보고 있다. 물론 이러한 발전은 대량의 잠재 실업 인구가 있기 때문에 가능한 것이다. 현재 중국은 기계화 영농이나 과학 영농을 도입하면 농촌 인구의 80% 이상이 할 일이 없어진다. 중국 정부는 온주의 발전을 거울 삼아 농촌 실업 문제를 해결하고자 하고 있다.

온주 상인, 궈광창(郭廣昌)

포브스 중국어판이 발표한 〈2007년 중국 부호 400명〉을 보면, 이들은 크게 세 부류로 나뉘는데, 첫째는 중졸 심지어 초등학교도 못 마친 자수성가형, 둘째는 해외 유학파이거나 대학 졸업 후 창업전선에 뛰어든 인텔리겐챠형, 셋째는 고관대작인 부모나 본인이 일했던 국유기업의 후광을 업고 부자가 된 태자형이다.

그중에서 만 42세인 궈광창은 중국 명문대학인 상해 복단대학 철학과를 졸업한 대표적인 인텔리형 부호이며, 중국 대학생들이 가장 닮고 싶어하는 창업형 CEO

자료: 푸싱 그룹 홈 페이지 (2009.10)

〈사진 15〉 푸싱 그룹 총재, 궈광창

이기도 하다. 그는 대학 졸업 후 1992년에 자본금 10만 위안으로 과학기술자문회사 광신(廣信)을 창업했고, 15년이 지난 2008년에는 자산 362억 3천만 위안으로 중국 3위 부호의 반열에 올랐다.

궈광창의 고향은 절강성 동양현으로 모든 가족들은 농촌 호적(후커우)을 가진 농민 신분이었다. 궈광창의 아버지는 1980년대 개혁개방 정책으로 절강성 도처가 공사현장으로 변하자 더 많은 소득을 얻기 위해 공사 현장에 농민공으로 뛰어들게 된다. 그러나 오래지 않아 폭약 작업을 하던 중 손에 심한 부상을 입고 고향으로 돌아오게 되었고, 월급 15위안을 받는 공장 경비원으로 취직해 가정을 부양해야 했다. 이때 궈광창은 14세였으며, 누나 두 명과 힘겨운 생활을 이어 나가면서도 대학 입학을 꿈 꾸었다. '농민'이라는 신분에서 벗어날 수 있는 유일한 기회가 중점대학 입학이었기 때문이다. 그의 부모는 고향에서 편하게 교직 생활을 할 수 있는 사범전문학교에 진학하기를 원했으나, 궈광창은 고집을 꺾지 않고 대학 진학이 가능한 일반 고교에 진학했고, 1985년에 중국 최고 명문대 중 하나인 상해 복단대학 철학과에 입학하게 된다. 1989년에 학교를 졸업한 궈광창은 대학 강사직에 있으면서, 그 시기 많은 명문대생들이 그랬던 것처럼 유학을 준비했다. 유학을 위해 TOEFL과 GRE 자격을 취득했고 친척들로부터 유학 자금까지 빌려 놓았지만, 1992년 궈광창의 인생 방향을 바꾼 일대 사건이 발생한다.

1992년은 덩샤오핑이 화남지역을 순방(남순강화)하며 개혁개방 의지를 천명한 때였다. 당시는 1989년 6월에 일어났던 북경 천안문 사태로 개혁개방정책이 주춤했던 때였는데, 덩샤오핑의 남순강화 천명은 당시 많은 젊은이들에게 새로운 희망을 심어주었다. 25세였던 궈광창 역시 그중 하나였다. 궈광창은 결국 고민 끝에 유학 준비 자금을 이용하여 복단대 출신 친구 네 명과 함께 자본금 10만 위안으로 정보자문회사인 광신과기자문공사를 창립했다.

명문대의 후광과 남순강화 이후 중국의 새로운 성장 엔진으로 등장한 상해라는 위치 여건에 힘입어 회사는 설립 10개월 만에 100만 위안이라는 이익을 냈다. 첫 종자돈을 만든 궈광창은 과감하게 고위험 고수익 업종을 찾았고, 생물 의학 분야로 전업을 결정한다. 1993년 회사 이름을 지금의 푸싱(復星)으로 바꾸고, 이후 유전공학을 전공한 왕췬빈, 탄지엔, 판웨이 등 또 다른 복단대 졸업생을 영입한다. 푸싱공사의 첫 번째 제품은 B형 간염 진단을 위한 핵산증폭검사(PCR) 진단 시약이었는데, 이 제품으로 사세를 크게 키울 수 있었다. 푸싱의 자본금은 1995년에 이르러 1억 위안으로 늘었다.

푸싱공사는 한 달에 한 제품꼴로 간염, 성병, 유전병 관련 제품을 출시하면서 성장세를 이어갔다. 또한 전국적으로 자체 판매 네트워크를 구축하여, 중국 전체 시장을 100% 활용하는 수완도 갖추게 된다. 1998년 푸싱공사는 주식회사 형태인 푸싱실업(復星實業, 이후 푸싱의약으로 재편)으로 전환한 후, 그해 7월 상해증권거래소에 상장했다. 당시에는 주식시장이 크게 발달하지 않아 공모 자금이 3억 5천만 위안에 불과했으나, 궈광창은 상장을 계기로 주식시장을 주목했고, 이후 궈광창은 주식시장을 활용해 사업을 확장한다.

2001년 8월, 궈광창은 전국적인 판매 네트워크를 보유한 예원상성의 지분 13.25%를 매입하여, 1대 주주로 등장하게 된다. 그러나 궈광창이 실제로 노린 것은 예원상성의 자회사(보유 지분 53.33%)였던 상해동함춘 제약을 간접 소유하는 것이었다. 이 인수로 당시 자산 6억 위안에 불과하던 청년 기업 푸싱실업은 1966년에 설립된 중약 전문제조사인 상해동함춘 제약의 브랜드와 기술을 일거에 흡수할 수 있었다. 상해동함춘은 육미지황환, 동충하초 관련 중의약 분야의 특허와 기술을 보유한 국유 제약회사였다. 이후 우의그룹에 대한 지분 투자를 통해 중국 대형 유통업체인 상해연화 슈퍼마켓 지분 51%도 확보하는 등 궈광창의 활약은 계속됐다.

푸싱그룹이 사업을 확장하는 방식은 '살 수 있는 것은 빌리지 않고, 빌릴 수 있는 것은 만들지 않는다'이다. 현재 푸싱은 산하에 20여 개 제약회사를 보유하고 있는데, 이 중 처음부터 투자해서 설립한 곳은 한 곳에 불과하다.

M&A를 통해 사세를 확장하면서도 궈광창은 M&A에 분명한 원칙을 세워두고 있다. 첫째, 피인수업체는 해당업종에서 수위에 들 정도의 경쟁력을 갖추었을 것, 둘째는 피인수업체의 중간관리층이 푸싱의 도전적인 경영스타일을 수용할 수 있는 적응력이 있을 것이다. 실제 푸싱은 중간 관리층의 적응력 부족으로 M&A 후 경영 실패를 경험한 적이 있었다. 푸싱은 제약업의 매출 신장률을 능가하는 외형 확대를 위해, 한 제약회사의 지분 60%를 인수한 적이 있었다. 그 회사는 자본금 600만 위안, 세후 이익 약 300만 위안, 5년 연속 흑자를 내던 기업이었다. 5년 동안 교수, 제약사 전문경영인, 다국적기업 영업임원 출신의 사장으로 교체해가며

매출 신장을 꾀했으나, 결국 중간 관리층의 적응 부족으로 목표를 달성하지 못했다. 결국 푸싱은 미련 없이 이 회사를 한 보건식품 회사에 양도해 버렸다.

푸싱그룹의 또 다른 경영 특성 중 하나가 동업 관계를 잘 유지해 오고 있다는 것이다. 친구나 친척과 동업한 기업들 중 상당수는 회사가 일정 궤도에 오르고 나면, 동업자들이 초창기 창업정신을 잊고 분쟁을 겪게 된다. 그러나 푸싱의 창업 멤버는 푸싱그룹의 최고 경영진으로 활약하고 있으며, 1993년 푸싱과기공사를 설립할 당시 정했던 궈광창(58%), 양신쥔(22%), 왕췬빈(10%), 판웨이(10%) 등의 동업자 지분율을 15년이 지난 지금까지 유지하고 있다.

이처럼 안정적인 경영을 유지할 수 있었던 비결에 대한 궈광창은 답변은 의외로 간단하다. 동업자의 결점이 아니라 장점을 찾고, 또한 본인의 단점을 동업자의 장점으로 보완하려 노력한다는 것이다. 이러한 경영 방침으로 궈광창은 동업자들의 신임을 얻고 비약적인 발전을 이룰 수 있었다.

궈광창의 인사 스타일은 '인재를 모으고, 사업은 집중화하며, 능력을 배양할 수 있는 업무를 주어, 업적을 통해 인재를 평가한다'로 요약된다. 이러한 원칙 아래 철저한 분권화를 실시해 동업자의 능력을 최상으로 끌어올리고 있다. 정부 부처에서 내린 낙하산 인사들이 경영을 맡는 국유기업이나, 업무와 무관한 친인척이 요직을 맡는 민간기업과는 달리, 철저히 전문성에 따라 분권화하는 것은 푸싱이 가진 여러 장점 중의 하나이다. 이러한 투자 스타일은 '항상 남보다 반 보 먼저'라는 사풍으로 자리잡게 되었다.

의료, 제약 부문에 주력하던 푸싱은 외형 성장에 한계를 느껴왔고, 그 대안으로 철강업을 주목하게 된다. 푸싱의 남경강철 M&A는 지금도 중국 내에서 대표적인 민영화 성공사례로 꼽힌다. 국유기업의 M&A 성공을 위해서 인수자는 재산권 소유자인 정부, 이해관계자인 종업원, 절차 인허가권자인 관계기관 3자를 모두 만족시켜야 한다는 원칙을 확인시켜주었다.

푸싱그룹은 2005년에 IBM 노트북 사업부문을 인수했던 리엔샹, 최대 민영 철강사인 사강, 가전 유통업체인 쑤닝전기에 이어 중국 민영기업 매출액 4위를 기록한 바 있다. 다른 3사가 사업 다각화를 이루지 못한 반면, 푸싱은 상호 보완적인 사업 다각화를 이루었다는 점에서 차별성이 있다. 국책 연구기관인 국가발전연구센터(DRC)는 푸싱에 대한 사례 분석을 통해, 푸싱이 지속적인 발전을 위해 최적의 사업 다각화를 수행했다는 평가를 내린 바 있다. 즉 푸싱은 경기 사이클이 비교적 길고 수익이 안정적인 철강업과, 그와 반대로 경기 사이클이 짧고 사업 손실 위험이 높은 부동산업, 중간 성격인 의약업과 상업을 보유하고 있어 균형을 맞추고 있다는 것이다.

2008년 11월, 궈 회장은 '상해 대학생 창업 포럼'에 성공한 창업자로 초청되어 수많은 대학생들에게 그의 경험을 들려 주었다. 그는 제2의 궈 회장을 꿈꾸는 수천 명의 대학생들에게 날 선 충고도 아끼지 않았다. 궈 회장은 창업 정신의 제1 원칙은 처음부터 너무 큰 것을 원하지 않고, 아주 작은 것도 귀하게 여기는 정신이라고 밝히면서, 자신의 경험담을 소개했다. 그가 복단대학을 다니면서 처음으로 한 돈벌이는 유행가 인기 순위를 매기는 일이었는데, 돈을 절약하기 위해서 왕복 2시간을 자전거로 출퇴근했다는 것이다.

궈광창은 중국에서 보기 드물게 철학과 출신의 CEO이다. 인텔리형 CEO인 궈 회장의 경영능력을 높이 평가하는 푸싱의 주주들은 또 어떤 신업종에서 활약을 계속할지 기대하고 있다.

절강 상인, 알리바바닷컴의 마윈

영어 이름 Jack Ma, 마윈(馬云) 알리바바 회장은 1964년 10월, 절강성 항주시에서 태어 났다. 1988년 항주 사범대학 영어과를 졸업한 마윈은 20년이 지난 지금 중국 최대 인터넷 기업의 총재가 되어 있다.

지금은 '중국의 빌 게이츠'로 통하는 마윈 회장도 2000년 이전엔 거의 주목받지 못했다. 그는 대학 다닐 때까지만 해도 컴맹이나 마찬가지였다. 항저우 사범대에서 영어를 전공해 어학강사 · 관광가이드를 했고 통 · 번역 회사를 운영하기도 했다.

그러던 마윈 회장이 인터넷과 인연을 맺은 것은 극적이다. 절강성 정부와 미국 업체 간 계약분쟁 통역으로 나섰다가 미국인 계약 상대에게 이틀 동안 감금되는 황당한 사건을 겪은 것. 중국에서 인터넷 사업을 할 수 있게 도와준다는 서약을 하고 겨우 풀려난 그는 인터넷을 처음 접하곤 가능성을 엿보게 된다. 곧바로 인터넷업계에 발을 들여놓은 것은 물론이다.

자료: 알리바바닷컴 홈 페이지 (2009.10)

〈사진 16〉 알리바바닷컴 총재, 마윈

마윈 회장의 인터넷 사업은 1995년 항저우에서 2000달러를 들여 '차이나페이지닷컴(中國黃页)'이란 회사를 만든 게 출발이다. 이 회사를 통해 인터넷 홈페이지 구축 사업을 시작한 그는 만들어준 홈페이지가 인터넷 기반시설 미비로 열리지 않아 한때 사기꾼으로 몰리기도 했다. 하지만 1997년 북경에서 대외경제무역부 공식 사이트 개설과 정부·무역업체 간 인터넷 네트워크 구축을 맡으면서 사업 도약의 계기를 맞았다.

1999년 마윈 회장이 10여 명의 젊은이와 뭉쳐 항주시에 내려온 뒤 사정은 180도로 바뀌었다. 창업자금 50만위안으로 알리바바닷컴을 세운 그는 '원가를 줄인 기업 간 거래 중개'란 간단한 아이디어로 새로운 시장을 열었다. 당시 기업 간(B2B) 전자상거래는 거의 미미했다. 기업·소비자 간(B2C) 시장에선 아마존, 소비자 간(C2C) 시장에선 이베이가 강자로 군림했던 시절이다. 마윈 회장은 경쟁자가 가지 않은 길을 택해 지금까지도 독주하는 기반을 세웠다. 이제 그는 월가에서 빌 게이츠보다도 더 주목받는 세계적 기업인으로 우뚝 섰다.

중국 절강성 항저우 컨벤션센터. 세계 전자상거래업계 최강자 알리바바그룹 창립 10주년 기념행사가 막이 올랐다. 마윈(馬云) 알리바바 회장은 내빈 소개에 이어 빌 클린턴 전 미국 대통령을 행사장에 설치된 대형 화면으로 불러 "내 친구 클린턴"이라고 참석자들에게 소개했다. 마윈 알리바바 회장이 내 친구라고 부르는 인물은 클린턴 외에도 하워드 슐츠 스타벅스 회장, 미국 프로농구 슈퍼스타 코비 브라이언트 등 즐비하다. 마윈 회장은 2009년 5월엔 미국 시사주간지 타임이 선정한 '세계에서 가장 영향력 있는 100명'에 버락 오바마 대통령 등과 함께 오르기도 했다.

창립 10주년 기념행사가 치러지기 하루 전날 알리바바닷컴엔 파란이 일었다. 회사 창업 동지 18명이 일괄 사표를 낸 것. 이날은 알리바바가 만들어진 지 딱 10년이 되는 날이었다. 10년 만에 전 세계 인터넷 상거래 시장을 제패한 알리바바를 한 단계 더 점프시키겠다는 의지가 담긴 사직서였다. 앞으로 10년 발전하고 전진하기 위해선 설립자가 아닌 파트너 문화가 정착돼야 한다는 게 마윈 회장의 생각이다. 초창기 동고동락했던 창업 동지들마저 2선으로 물리고 완전히 변신하겠다는 각오였다.

알리바바닷컴은 세계 240개국에서 4200만개 업체가 이용하는 세계 최대 기업간(B2B) 전자상거래업체가 된 지 오래다. 2009년 상반기에만도 400만개 업체를 신규 회원사로 유치했을 정도로 고속성장을 거듭하고 있는 중이다. 알리바바는 2003년 타오바오닷컴(淘寶網)을 만들어 소비자 간(C2C) 인터넷 거래 시장에서도 최강자로 부상했다. 중국 시장에서 C2C 전자상거래를 장악하고 있던 이베이는 타오바오 등장으로 점유율이 급강했다. 타오바오닷컴의 시장점유율이 3년 만에 80% 선을 오가고 있어서다.

타오바오닷컴이 출범했을 때에는 '이베이이취(ebay易趣)'가 이미 중국 온라인 시장의 90%를 장악하고 있는 상황이었다. 따라서 마윈의 성공을 업계에서는 '골리앗을 이긴 다윗'에 비유한다. 그 배경에는 남들이 가지 않는 길을 개척하는 마윈의 혁신 경영이 있었다.

마윈은 "90%의 사람들이 찬성하는 방안이라면 나는 그것을 쓰레기통에 버린다. 많은 사람들이 좋다고 하는 계획은 분명 많은 사람들이 시도했을 것이고 그 기회는 우리 것이 아니기 때문"이라고 자신의 경영철학을 밝힌 바 있다. 이베이라는 강력한 선두주자가 군림하고 있던 C2C시장의 장악은 타오바오의 도전정신과 알리바바의 유전자가 어우러진 결과였다.

이베이와 달리 수수료를 없애고 판매자들이 무료광고를 할 수 있도록 했다. 이베이는 무료는 비즈니스 모델이 아니라며 타오바오의 전략을 비웃었지만, 타오바오는 무서운 속도로 시장을 점유해나가기 시작했다. 결국 2006년 이베이는 결국 거대한 손실을 안고 중국 시장에서 물러나야만 했다. 또 다른 타오바오의 성공 요인은 최대한 중국 C2C 고객들의 거래습관과 스타일에 맞춰 서비스를 제공한데 있다. 마 회장이 점유한 타오바오 지분은 5%가 채 안되며 65%는 직원들이 보유하고 있다.

알리바바는 마윈 회장 주도 아래 2008년 하반기부터 확산된 글로벌 금융위기 와중에서도 고속질주를 계속하고 있다. 2009년초에 1억명을 넘어선 타오바오닷컴 이용자 수는 6개월 새 1억4500만명으로 늘었다. 거래액도 이미 2009년 상반기 중 오프라인 유통업체를 제치고 선두로 나섰다.

알리바바가 10년 만에 세계 최대 전자상거래업체로 부상한 비결은 뭘까. 마윈 알리바바 회장은 '운'이라고 말한다. 하지만 거기엔 시대의 흐름을 파악한 선견지명, 인재 유치, 넓은 시장이자 공장인 중국을 적절히 활용한 전략 등이 자리 잡고 있다. 주요 국가에서 강한 시장 영향력을 가진 현지 파트너와 전략적 협력관계를 구축한 것도 주효했다. 알리바바는 야후와 대주주 지분관계이고 각국 무역조직과 다양한 협력관계를 맺고 있다.

아이디어를 자유분방하게 내놓는 기업문화도 장점이다. 알리바바닷컴 본사 5개 건물 중심부엔 야외 카페, 체육시설 등이 설치돼 직원들이 자유롭게 이야기를 나누는 것은 물론 수첩에 아이디어를 적으며 사색을 할 수 있게 했다. 언제든 직원들의 신선한 생각을 사업 아이디어로 끌어들이는 게 알리바바의 생존・발전 전략이다. 총명함의 대명사 절강 상인 마윈이 이끄는 알리바바는 '마윈 웨이'를 걸어가고 있다.

3) 상해인

상해(上海)는 중국에서 가장 현대화된 도시중의 하나이다. 장강이 바다와 만나는 곳에 위치하여, 선박의 통행이 원활하고, 삼각주 평야가 있어 많은 원자재와 풍부한 노동력을 제공하여 서구문화를 받아들이는 창구역할을 했다. 19세기말 서구열강의 군사력을 동원한 침략에 의해 외국에게 조계지를 허용하는 등 근백년 동안 상해가 성장 발전한 방식은 중국 현대사의 축소판이었다.

19세기 말 상해에는 중국정부가 직접 통치하는 법령 조계지와 외국이 통치하는 외국령 조계지가 있었다. 당시 조계지는 방회(幇會)라는 조직의 우두머리가 총독이 되었고, 조계지의 경찰서도 방회가 장악하여 유랑민들을 동원하여 각 지역에서 세력을 형성하고 암흑세력과 결탁하여 담배밀매 · 도박 · 매춘 · 인신매매 등을 일삼았다. 그같은 혼란한 사회 환경은 상해인들로 하여금 '자신에게 관계된 일이 아니면 관심조차도 두지 않고, 알고 있는 일이라도 말을 많이 하지 않는다'라는 처세와 사고를 형성했다. 다른 중국인들이 상해인들을 평할때 교활함 · 실리주의 · 사리사욕 등이 강하다고 하는 것도 이와 같은 이유에서일 것이다.

정치 · 사회적인 혼란 속에서 상해인들은 자신의 몸을 재앙에서 벗어나려고 애썼고, 정치에 대해서는 냉담함과 무관심으로 일관하여 순한 백성과 신하의 태도를 취하였다. 5.4운동때도 그러했고, 문화대혁명 시기에도 마찬가지였다. 상해는 중국에서 첫째가는 경제도시로 경제적 선진도시라는 것을 부정하는 사람은 없다. 그러나 중국은 역사이래로 정치 중심적인 통치국가로 정치가 경제를 결정해왔고 경제가 정치를 결정하지 않는 전통을 지니고 있기 때문에 상해를 정치의 도시라고 간주하지 않는다.

상해의 경제적 번영도 조계지를 중심으로 중국 근대도시의 건설이 추진되어 발전했다. 고딕양식, 러시아식 일본식 건축 등 건물들이 조계지 내에 세워졌고, 서구인들은 각양각색의 웅장하고 특이한 건축물을 직접 설계하였다. 구미에서 유행한 고전 부흥주의와 낭만

주의, 절충주의 등의 건축유파의 기풍도 상해를 통해 중국에 전래되었다.

대다수 상해인들은 눈 앞의 이익을 지나치게 따지는 지혜만이 뛰어나다. '미간을 찌푸리면 묘안이 생긴다'등의 표현은 상해인들의 작은 지혜를 만들어내는 행위를 묘사하고 있지만, 그들의 '묘안'이나 '묘책' 등도 대단한 식견에서 나온 것은 아니다. 때문에 상해인들의 지혜는 아주 사소한 일에 편중되고, 큰일을 도모하는 기세나, 비분 강개함 등은 부족하다.

상해는 개방도시로 템포가 빠르고, 생산방식도 빠르며 정보자원도 풍부하고 지리적 위치도 뛰어나다. 근 100년 역사의 상해 의류상점인 배라몽(培羅夢, PeRaMong, 1928년 상해 최초 양복점)이나 홍상(鴻翔, HongShang, 1917년 상해 최초 서양식 여성복점)등은 고객의 주문으로 직접 제작하는 고급의류 상점으로, 재료선택에서부터 정교한 솜씨로 제작하는데 정평이 나있다. 1946년 영국황실의 엘리자베스 2세도 이들 상점에 주문하여 이브닝드레스를 만들었다. 상해의 의복은 지금도 전국 패션의 유행을 주도하고 있다. 현재도 '상해 의복'이라는 네글자는 중국에서 여전히 막강한 흡인력을 가지고 있는데, '상해 의복' 의미 속에는 '정교한 솜씨' · '재료선택의 중시' 등 상해 사람의 정교한 장인의식을 포함하고 있다.

그 외에도 상해는 간결성 · 실용성 · 정교성 · 가격의 적정성 등의 특징을 가지고 있어 상해에서 만든 물건을 구입하는데도 안심하고 구입할 수 있다. 실제로 중국 각 지역에서 일하는 상해인들은 '정교한 솜씨' · '일의 정확성' 및 '성실성' 등으로 최고의 평가와 인정을 받고 있다.

현재 유학은 중국 젊은이들의 공통된 희망이고 특히 상해인들의 해외유학 풍조는 더욱 적극적이다. 이는 아마도 상해인의 개방의식에서 기인한다고 볼 수 있다. 상해에서 학생들에 대한 조기교육의 열풍은 개방적 유학 추세로 나타났다. 국제적인 도시로써 상해는 중국에서 서구문명을 가장 먼저 받아들인 도시이고, 개항도시인 상해거리에서 상해인들이 몇 마디의 영어를 구사하는 것은 놀라운 일이 아니며, 상해지역 대학생들의 영어수준도 아주 높았다.

중국에서 가장 부유한 상해인들은 재난에 대비하여 돈을 소형금고에 보관하고, 주식투자를 재테크 최고의 방법으로 인식하고 있다.

계산이 빠른 상해 상인

상해 상인은 국제적인 감각이 뛰어나며, 두뇌회전이 빠르고, 외관과 디자인을 중시하는 특징을 보이고 있다.

서양 자본이 최초로 탄생한 곳이 上海라는 말이 있듯이, 상해는 중국에서 가장 먼저 서구의 영향을 받은 도시이다. 상해 도시인의 특성은 여성들의 치장에서 구체적으로 드러난다. 즉 상해 사람의 '국제성'은 여성들의 외모에서 잘 나타나고 있다. 상해 여성의 국제브랜드 소비율은 전국 1위로서, 타 도시에서는 물어보는 사람도 없는 수백위안 짜리 립스틱 구매가 상해 화이트칼라 여성들에게는 이미 보편적이다.

상해식 문화의 오랜 영향으로 상해 사람들은 섬세하고도 우수하며 노련한 특징을 형성하게 되었다. 특히 여성들은 견식이 넓고 단아하며 아름답다. 상해 사람들은 계산이 철저해 손익을 따져보며 경제를 매우 중시하고, 검소하게 생활하지만, 경쟁적 소비심리와 허영심은 큰 편이다. 또한 겉치레를 중시하여, 혼례를 성대하게 치른다. <解放日報>의 혼례비용 조사에 따르면, 1998년 상해 사람의 평균 혼례비용은 9만 3,900위안이며, 15만 위안이 든 경우도 있었다. 이러한 소비수준은 선진국 수준이라고 할 수 있을 것이다.

한가한 어촌이었던 상해의 대외 개방은 1840년에 벌어진 아편 전쟁에 기인한다.[24] 아편전쟁에 패한 청나라는 상해를 개방하는 난징조약을 체결하게 되어 상해의 세계화가 시작된 계기가 되었다. 1843년 11월 17일, 상해가 개항되자 중국 강남의 중요한 상업 중심시로 발전을 시작한다. 곧 절강성의 영파 상인과 안휘 상인들이 몰려들었으며, 이들 외지 이민자들은 외국인 거류지(租界)가 번화해지자 독특한 상관습을 체득한 상해 상인으로 자리잡게 된다. 그 결과 중국에서 가장 먼저 서양 상업 노하우를 받아들이게 되었으며, 경쟁의 개념을 가장 먼저 체득한 것도 상해 상인이다. 상해 방언으로 돈을 번다는 의미는 빠펀(扒分)이라고 한다. 즉 돈을 버는 것은

24) 1834년까지 중국무역 독점권을 가지고 있던 영국 동인도회사는, 18세기 말 영국령 인도에서 아편을 재배하여 이를 중국에 밀수출하였다. 1838년 도광제(道光帝)는 아편의 엄금을 주장한 호북 총독 임칙서(林則徐)를 흠차대신(欽差大臣 ; 특명전권대신)으로서 廣州에 파견하여 아편밀수를 엄금하는 임무를 맡겼다. 1839년 봄, 광주에 도착한 임칙서는 무역정지, 무력에 의한 상관(商館) 포위 등 강경수단을 동원하여 영국상인으로부터 2만여 상자의 아편을 몰수, 소각하였다. 그러나 1840년 4월 영국의회는 중국에 대한 원정군 파견을 승인하였고, 1840년 여름 48척의 함선, 4000명의 병사로 이루어진 영국함대가 북상하여 천진을 위협하였다. 또한 영국군은 1841년 인도에서 약 1만여 병력을 파견하여 장강을 통해 난징으로 침입하였고, 청나라는 상해를 개방하는 난징조약을 체결할 수 밖에 없었다. 이후 상해를 포함한 5개 항구(광주・하문・복주・영파・상해)가 개방되었다.

'흙 속의 금을 캐내는 것'과 같은 뜻이며, 여기에는 자신의 장점을 최대한 이용하여 돈을 벌기 위해 '악착같이 맨 손으로 땅을 파는' 상해 상인의 기질이 녹아들어 있다.

매판(買辦)라는 말도 상해에서 먼저 시작되었다. 매판의 사전적 의미는, 1) 근대 중국에서 외국 상점, 영사관 등에 고용된 중국인 중개인, 2) 외국 자본에 붙어 제 나라와 이해를 잊고 사리(私利)를 탐하는 일 등이다. 따라서 매판자본(買辦資本)은 외국 자본과 결탁하여 자국민의 이익을 해치는, 식민지나 후진국의 토착 자본을 의미하는 것이다.

매판을 처음에는 강백도(康白度)라고 불렀는데, 이는 영어 Comprador 의 음역이었다. 무역을 중개하는 대리인으로 독자적인 점포나 판매망을 구축했던 상해의 매판은 급속하게 상해 경제의 중심 축으로 등장하게 되었다. 이들은 세계 경제의 흐름과 근대 상공업 및 기업경영을 가장 잘 이해한 사람들이었으며, 상해 초기 기업가로 성장해 나갔다.

이후 무역에서 시작된 상해 상업은, 금융, 수상운수업으로 발전했으며, 이후에는 보험, 항만, 선박의 수리와 조선업으로까지 확대되었다. 즉 지금의 세계적인 금융 도시 상해의 모습이 이미 100여년 전에 조성되기 시작한 것이다. 20세기초 상해의 투자 환경이 갖추어지자 많은 화교들마저 상해에 와서 백화점, 은행 등을 설립하기도 하였다.

1921년 중국의 주요 은행 27개중 22개의 본사가 상해에 있었고, 상해 은행들의 업무량은 전국 은행 업무 총량의 75%에 달했다. 또한 1933년 통계를 보면 상해 은행들의 총자산 가치는 전국 은행 총

자산가치의 89%를 점유하고 있었다. 1935년 상해 은행 수는 109개로 늘어났고, 당시 동경에는 58개, 홍콩은 27개에 불과했다. 이미 상해는 이 시기 뉴욕, 런던 다음으로 세계 3번째 금융도시가 된 것이다. 이처럼 상해인들의 피에는 개방, 금융 이라는 유전자가 자리 잡고 있다.

상해 상인과의 협상 전략

상해 상인과 거래는 어느 지역보다 힘들다는 것은 중국 상인이 모두 아는 사실이다. 이처럼 상해 상인은 꼼꼼하게 따지며, 눈 앞의 이익에 집착하고, 大상인 보다는 小상인 기질을 띄고 있다.

상해 상인은 모두 전문가여서 상품도 알고 도리(商道)도 안다. 또한 도리에 의거하여 경쟁을 하는데 능하여, 이들과 거래에서 돈을 벌기가 매우 어렵다. 따라서 상해 상인과의 거래할 때는 서로의 목표 이익을 대략 추산하여 보고, 자신이 얻을 수 있을 만큼만 얻고 무리를 하지 않는 것이 거래를 성사시키는 조건이다. 상해 상인 역시 상대방에게 무리한 요구를 하는 일이 절대 없으며, 그들이 예상했던 타산에만 맞으면 의외로 세심하게 따지지 않는 경향도 있다.

신중한 상해인들과 합작하여 사업을 진행하려면 어려움이 따른다. 이들은 상담 전에 여러차례 시장조사를 하며, 거래 상대방에 대한 자세한 상황까지 파악한다. 즉 충분히 준비를 해 놓은 후에 협상에 임하는 것이다. 상해인들은 상담할 때, 항상 작은 문제로 논쟁을 벌려 시간을 끌고 상대를 피곤하게 한다. 예를 들면 1톤 화물을 수입하는데 화물의 품질과 가격을 뒤로 제처 두고, 포장 재질로 반나

절 협상하는 식이다. 이러한 상해인을 상대하려면 상당한 인내력이 필요하다. 또한 계약이 성사된 후에는, 계약서에 명시된 세세한 내용까지 매우 철저하게 확인하고, 이행한다는 사실을 명심해야 한다. 만약 상품 포장을 인장 강도 2등급의 빨간색 끈으로 하기로 했다면, 이를 확인하는 것이 상해인이다.

상해인은 '모험을 하느니 거래를 하지 않겠다'는 식의 안전주의를 추구한다. 상해인의 상거래는 모든 것이 타당할 때만 시작하지, 북방인처럼 일에 착수한 다음 당면한 상황에 대해서 논쟁을 벌이지 않는다.

상해인들은 응당 가져야 할 이익은 반드시 챙겨야 한다고 생각하며, 비현실적인 이익은 추구하지도 않는다. 북방인들은 '이번 거래가 성사되었으니, 우리 앞으로 잘해 봅시다. 이제 우리는 친구가 아니요?'라는 말을 한다. 또 이번에 손해를 보거나 이익이 많지 않더라도 미래 거래에서 이익을 보기 위해 잠시 현재의 이익을 유보하는 경우도 있다. 그러나 상해인에게 이런 개념이나 말은 통하지 않는다. 단순한 상거래 성사 일뿐 다른 감정이 개입되지 않는다. 즉 미래의 상거래는 내일의 일이지 현재의 계약과는 근본적인 관계가 없다. 따라서 실리주의에 입각하여 상해인과 협상을 임하는 전략이 필요하다.

상해 상인이 국제적 수준과 기준에 따라 거래 한다는 점을 주목해야 한다. 따라서 이들과 거래하는 상대방도 국제 수준에 도달해야 한다. 그 대표적인 사례가 정확한 계약서의 작성일 것이다. 상해 상인은 표현이 정확한 계약서를 작성하려 하며, 발생할 수 있는 쌍방간의 책임과 의무에 대해서 모든 것을 문서화 하려 한다. 물론 서명된 계약서는 틀림이 없이 이행되며, 애매모호한 태도를 취하지 않는다.

상해 상인과의 거래에서 좋은 결과를 얻을 수 있는 결정적인 요소는 정감 어린 말이나 행동이 아니라 이성적인 태도임을 알 수 있다. 북방인은 정적(情的)인 형제관계 형성이 거래의 시작과 끝이지만, 상해인은 그렇지 않다. 감정은 계산되지 않으며, 물질적 이익만을 기준으로 거래에 임한다.

상해인과 거래시, 오퍼 가격에 대한 충분한 검토가 필요하다. 검증된 가격으로 그들과 상담에 임했을 때, 유리하게 거래를 이끌수 있을 것이다. 또한 논쟁의 여지가 있는 문제들을 객관적으로 분석하여 상대를 정확히 파악한 다음 자기 의사를 밝혀야 한다. 상해 상인이 제시한 가격은 변동 폭이 크지 않음을 알아야 한다. 그들은 이미 합리적인 가격을 가지고 협상 테이블에 나오며, 이를 변동시키기 위해서는 역시 합리적인 이유가 필요하다.

협상 전략중 하나로 블러핑(bluffing)과 치킨게임 (chicken game)이 자주 언급된다. 그러나 상해 상인에게 블러핑, 즉 실체보다 부풀려서 거짓으로 협상에 임하는 것은 찾기 어렵다. [25]

---

25) 블러핑이란 포커 게임에서 자신의 패가 상대방보다 좋지 않을 때, 상대를 기권하게 할 목적으로 거짓으로 강한 베팅이나 레이스를 하는 것을 말한다. 북한의 벼랑 끝 핵 전술을 포커게임에 빗대어 블러핑 전략이라고 논평한 바도 있다. 치킨게임(chicken game)은 상대가 무너질 때까지 출혈 경쟁을 하는 것이다. 어느 한 쪽이 양보하지 않을 경우 양쪽이 모두 파국으로 치닫게 되는 게임이론이다. 원래 치킨게임은 1950년대 미국 젊은이들 사이에서 유행하던 자동차 게임으로, 도로의 양쪽에서 두 명의 경쟁자가 자신의 차를 몰고 정면으로 돌진하다가 충돌 직전에 핸들을 꺾는 사람이 지는 경기였다. 핸들을 꺾은 사람은 겁쟁이, 즉 치킨으로 몰려 명예롭지 못한 사람으로 취급 받는다. 이 용어는 1950~1970년대 미국과 소련 사이의 군비경쟁을 꼬집는 용어로 차용되면서 국제정치학 용어로 사용되기 시작했다. 그러나 최근에는 시장에서 상대방이 퇴출될 때까지 저가전략을 고수하는 마케팅 기법 등에서도 인용된다.

Wang 컴퓨터 창립자, 왕안

자료: 바이두 사진 D/B (2009.11)

〈사진 17〉 왕안 컴퓨터 창립자, 왕안

왕안(王安)은 한때 IBM을 위협했던 컴퓨터 기업가 였다. 왕안은 1920년 상해에서 출생했다. 상해의 교통대학과 미국 하버드대학을 졸업한 왕안은 1948년에 하버드 박사학위를 취득한다. 이후 컴퓨터 저장능력을 획기적으로 늘릴수 있는 핵심부품인 CPU 메모리(자기코어기억장치)를 발명하게 된다. 1951년에는 컴퓨터 개발을 위해 유명한 왕안 실험실(Wang Laboratories)을 창립한다. 1956년에 CPU 메모리 특허를 IBM에 판매하였고, 40만달러를 확보하였으며, 이는 컴퓨터 개발에 전부 투입되었다.

1964년 왕안은 액정 디스플레이가 달린 최초의 사무 자동화 기구인 사무용 컴퓨터를 개발하면서, 왕 컴퓨터의 성공스토리가 시작되었다. 그가 만든 대수계산기(LOCI)는 왕 컴퓨터 성장의 시작이었다. 1967년 8월에는 추가 R&D 자금 조달을 위해 왕 컴퓨터를 상장(250만달러)하였으며, 이를 통해 5천만달러의 부호로 등극하기도 하였다. 1972년에는 반도체를 적용한 워드프로세서를 개발하였으며, 이후 업그레이드 된 사무 자동화 기구를 지속적으로 개발하였다.

왕 컴퓨터가 1976년에 출시한 워드프로세서는 사무실에서 타자기를 쫓아냈다. 기술적 측면에선 대단한 발명이 아니었다. 기존의 세가지 도구, 곧 타자기와 디스플레이 장치, 초보적인 컴퓨터를 조합한 정도였다. 기존 요소의 통합이 사무실 업무 혁명으로 이어진 것이다.

왕안 첫째 성공 비결은 과감한 광고의 활용이었다. 70년대말 미국에서 TV광고의 효과를 인지하고 거액을 투입하여 광고를 할 수 있는 기업은 IBM, 제록스, 하니웰 등 소수 대기업에 불과했다. 왕안은 115만 달러라는 거금을 들여 TV광고를 했고, 그 결과 워드프로세서 '대박'을 터트리게 된다.

둘째는 인재의 적절한 활용이다. 콜크, 모리스, 카불로라는 인재의 등용과 과감한 권한 부여이다. 지금의 사업부제에 해당하는 독립적인 권한을 받은 이들 3인은 각자 연구팀을 통솔하여 신제품을 개발하였다. 특히 카불로는 프로그래머로 입사한 후, 능력을 인정받아 연구팀장까지 올라갔고, 히트 제품을 개발하였다.

셋째는 차기 제품 개발 타이밍이었다. 막 개발한 제품이 시장에서 히트하기 시작하면, 왕 컴퓨터 연구팀은 바로 차기 제품 R&D에 착수하였다. 히트 제품의 매출 상승곡선이 정점에 이를 때, 차기 신제품을 출시하였다. 이러한 끝임없는 시장 만족형 경영은 왕 컴퓨터의 황금기를 만들어냈다.

이처럼 1980년대에는 왕 컴퓨터의 전성기였다. 1986년에 연 매출 30억달러를 돌파하여, 미국 포천지 500대 기업중 146위를 차지한 바 있으며, 전세계에 3.15만명의 직원을 보유한 다국적 IT 그룹으로 성장했다. 이후 IT 시대의 흐름을 실기한 왕 컴퓨터는 쇠락의 길을 걷게 된다.

왕안은 IBM과 특허 문제로 사이가 좋지 않았다. 이점은 그의 경영 전략에도 영향을 준 것으로 판단된다. 왕안은 1980년대 초 개인용 컴퓨터 시장에서 IBM 컴퓨터가 업계 표준으로 자리 잡고 있다는 트렌드를 잘 알고 있었지만 자신이 개발한 신기술을 IBM이 가로챘다는 과거 경험 때문에 IBM에 적대적인 감정을 가지고 있었다. 이로 인해 IBM 컴퓨터에 있는 운영 시스템은 정작 IBM에서 개발한 것이 아니라 마이크로 소프트에서 개발하여 제공한 기술임에도 불구하고 이를 거부하고 독자적인 운영 시스템을 개발하려다 왕 컴퓨터는 소비자의 외면을 받게 된다.

개인용 컴퓨터에 대한 수요가 막 생겨났을 무렵, IBM은 합리적인 가격으로 개인용 컴퓨터를 시장에 선보이고, 업계 전체가 IBM 호환기종을 대세로 받아들이고 있을 때 왕안은 자사가 개발한 독점적인 운영체제를 고집한 것이다. 사업 초기부터 기술 라이선스 계약을 둘러싸고 티격태격한 전력이 있어서 IBM에 대해 악감정을 가지고 있었던 왕안은 어떤 논리적인 이유보다도 감정에 더 기댔기 때문에 IBM과의 어떠한 연계체제도 받아들일 수 없었던 것이다.

실제로 왕안은 개인용 컴퓨터(PC) 사업을 "들어본 말 중 가장 멍청한 소리"라며 일축했다고 한다. 워드프로세서에 집착했던 왕 컴퓨터의 한계였던 셈이다.

1988년 왕 컴퓨터는 4.24억 달러의 적자를 기록했으며, 아들까지 경영 일선에 나서 재기를 노렸지만, 1990년 왕안은 별세하였고, 왕 컴퓨터도 결국 1992년에 파산하게 된다.

자료: 바이두 사진 D/B (2009.11)

〈사진 18〉 초기 왕 워드프로세서 모델

4) 안휘인

안휘성(安徽省)에서는 차(茶)를 마시는 것이 매우 보편화됐으며, 찻잎을 많이 생산하고 그 질도 우수한데 그중에서 황산(黃山)에서 재배된 '황산모봉(黃山毛峰)'이 유명하다. 안휘인들은 특히 손님을 청하여 차를 마시는 것을 중시해서, 손님을 맞을 때 양질의 찻잎과 찻물 및 다기(茶器)를 사용하여 적절하게 조절하고 예의와 성의를 다해 손님접대를 했다.

안휘를 동에서 서로, 남에서 북으로 돌아다니면 마치 중국 전체를 일주한 것과 같이 느껴질 것이다. 안휘인의 성격에 대해서 언급한다면 안휘성은 확실히 중국의 '축소판'이다.

역사적으로 안휘인들은 타지인 및 타문화와의 접촉과 융합을 통해서 중국 각 지역의 문화심리를 함께 지니게 되었으며, 그 결과 그들은 북방인들의 늠름한 기개와 남방인의 뛰어난 솜씨, 화동인의 근면함, 중 · 서부인의 순박함도 있다. 때문에 안휘의 문화적 특징을 말하라고 한다면 '포용성'이라고 말할 수 있다. 그같은 복합성은 안휘인들로 하여금 독특한 특색을 지닌 안휘지역 문화를 창조하게 했다.

전국 5대 명극의 하나인 '황매희(黃梅戱)'는 원래 호북성 황매현(湖北省 黃梅縣) 일대의 채다가(采茶歌)과 채다조(采茶調)(농부들이 차를 따며 부르던 곡조)에서 기인했지만, 후에 안휘 남부지역에 전래되어 정착 · 발전하여 현재까지 전해오면서 그 명맥을 유지해오고 있다. 그리고 휘극(徽劇)과 후에 들어온 북경의 한극(漢劇)은 서로 교류하여 경극(京劇)으로 발전되어 현재 북경인들은 누구나 알고 즐기고 있으며, 국제적인 지명도도 높다.

안휘 남부인 휘주(徽州)[26]의 관습에 따르면 남자는 16세가 되면 집을 나가 장사를 한다고 한다. 이때부터 정처없이 유랑을 하며 어떤 이는 수년에서 수 십년이 지나 고향으로 다시 돌아온다. 이러한 안휘 상인들의 발자취는 전국에 두루 미치고 있다. 초기에 휘주상

26) 북송 시기(1121년)에 휘주(徽州)라는 행정구역 명칭이 처음 사용되었다. 이후 원, 명, 청대까지 휘주 명칭을 사용하였으며, 徽州는 단순한 지명뿐만 아니라 안휘 문화를 대표하는 의미를 가진 단어이다. 新중국이 설립되고 1987년에 황산시(黃山市)를 설치하였고, 옛 徽州 지역 대부분은 지금의 황산시에 포함되어 있다.

인들의 영업품목은 단지 문방사우(文房四友. 종이, 먹, 벼루, 붓)와 옻칠나무, 차 등의 지방특산물로 한정되어 있었다. 이후 영업품목의 종류도 점차 다양해졌으며 판매대상 지역도 넓어졌다. 휘주인들의 본성은 검소하며, 힘든 일을 잘 참고 견디며, 경영에도 뛰어나 '휘주주판(徽州珠板)'이라는 명성을 얻었다. 중국 각지의 제염업·전당포·목재·식량·찻잎과 해외무역 등의 많은 업종들이 휘주인들에 의해서 독점되었다.

안휘인은 우물 안 개구리처럼 살아가지 않으면서도 그들의 문화를 중시하고 유지해왔다. 안휘인들은 보편적으로 지식과 인재를 존중하며, 인재의 배양을 중시한다. 젊은이들은 언제나 '학문을 하는 것이 곧 성공하는 것이며 영광스러운 것'으로 여겼다. 농촌 사람들은 공부를 하는 것을 큰 일로 여겼으며 이것은 조상들을 빛내는 명예라고 여겼다. 그러나 관료주의의 심화와 경제 환경의 악화로 인하여 지역 내 인재들중 전문가·학자·실업가 및 기술자 등 많은 사람들이 다투어 외지로 빠져 나가게 되었다.

안휘성 사람들은 '나래주의(拿來主義)[27]'을 마음속에 두고 있으며, 스스로 좋다고 여기면 심지어 분석하지도 않고 '나래주의'를 선택한다. 안휘인들은 모험을 싫어하며 모험을 하려고도 하지 않는다. 그러나 일단 모험을 결심하면 온 세상을 깜짝 놀라게 한다. '울지 않을 따름이지 한 번 울면 사람을 놀라게 한다'는 말은 안휘인의 성격을 잘 묘사한 것이라 할 수 있다.

경제적 욕망 역시 안휘인들 삶의 중요한 목표라고 할 수 있으나,

---

27) 나래주의(拿來主義) : 전통 시대의 문화유산을 그대로 받아들이지 않고, 자신의 입장에 서서 취사 선택적으로 수용. 계승하려는 사고방식. 노신(魯迅)의 말

안휘인은 정치적 욕망과 가정의 화목을 누리고자 하는 본능이 더욱 강하다. 실제로 안휘인들은 한 사람의 능력과 잠재력을 평가하는데 정치 행위와 정치 능력을 주요 기준으로 삼고 있다. 바로 이러한 이유 때문에 안휘인은 경제인 면에서 그렇게 열정적이지 않아, 대다수 안휘인들은 '돈은 많을 필요가 없고 쓸 만큼만 있으면 된다'는 생각을 지니고 있다.

자료: 바이두 사진 D/B (2009.10)

〈사진 19〉 중국 국가주석 및 공산당 총서기 후진타오

4세대 정치 지도자이며, 현재 중국 최고 책임자인 후진타오 공산당 총서기가 안휘성 적계현(績溪) 출신이다. 또한 이곳은 안휘 거상 호설암과 신문학 운동을 주도했던 후스(胡適)의 고향이기도 한다.

유서 깊은 유상(儒商), 안휘 상인

안휘 상인 혹 휘상(徽商)은 유상(儒商)으로 불리울 만큼 역사가 깊다. 儒商은 상인으로 시작하여 과거 급제를 통해서 벼슬에 나가거나, 자식 대에서라도 관직에 나가는 것을 의미한다. 따라서 안휘 상인은 儒商이기도 하며, 관방 상인을 의미하는 관상(官商)이기도 하였다.

안휘 상인은 문화 수준이 높은 상인들이었으며, "誠, 信, 義, 仁"로 대표되는 상업 도덕주의를 표방하였다. 이는 안휘 지역이 역사적으로도 종이, 먹, 벼루, 붓의 원산지였음과 무관하지 않다. 안휘 상인은 명말 청초에 가장 전성기를 누렸으며, 親정치적이었던 大상인으로 표현할 수 있을 것이다. 안휘 상인은 중국 10대 상방(商幇) 중 서열 1위를 차지했다. 소금을 비롯한 목재, 차, 전당포 등 역대 중국의 4대 상업은 휘상에 의해 농단되다시피 했다.

안휘 상인은 서양의 초기 자본가들처럼 중국 각처에 창업을 하고 돈을 벌러 다녔다. 한때 장강 연안의 모든 도시들을 안휘 상인이 만들었다는 말이 유행했다. 당나라 말엽이래 오랫동안 경기 침체에 빠져 있던 강소성 양주는 휘주 염상(소금 상인)들이 투자를 하게되어 중흥을 맞게 되었다.

안휘 상인은 처음에 문방사우와 칠, 나무, 차 등의 토산품 판매부터 손을 댔다. 그후 전국의 염상, 전당포, 목재소, 정미소, 양조장, 녹차상, 해외무역상까지 장악했다. 특히 청나라 시절 중국 대형 염전들을 안휘 상인이 독차지하여 중국 상인 서열 1위를 확고히 했다. 휘주에서는 예로부터 '7산1물1밭1길'이라는 말이 전해 내려올 만큼 농사짓기가 쉽지 않았다. 남자들은 13~14세만 되면 외지로 나가 수십 년을 떠돌아야 했다. 농경에 열악한 자연환경과 부모에 대한 봉양을 지극히 강조한 儒商의 특색에 따라 그들은 어느 정도 돈을 벌면 반드시 고향으로 되돌아왔다. 귀향은 휘주의 오랜 불문율이었다.

아직도 안휘 상인은 주자학의 종법주의와 소농의식에서 벗어나지 못했다. 그들은 돈을 조금 벌면 만족하고, 더 이상 재투자를 하려 하지 않는다. 사업을 더 이상 확장하지 않는 것을 마치 상도(商道)와 상덕(商德)으로 여긴다. 그들의 가슴 한쪽에는 상인을 천시하는 자기 비하와 자기학대 의식이 자리잡고 있는 듯 하다.

안휘 상인은 상업을 벼슬을 얻기 위한 수단으로 삼게되어, 대를 이어 장사하지 않았다. 그들 가운데는 상업으로 시작했다가 죽을 때까지 상업을 한 사람은 매우 드물다. 인생의 초중반에 부자가 되면 후반부터는 관리가 되려고 노력했다. 아버지는 상인, 아들은 관리를 하는 예가 흔했다.

즉 절강이나 광동 상인처럼 상업만을 인생의 유일한 생업으로 정하지 않았다. 그들은 번 돈으로 관직을 사든지 의연금이나 기부금을 많이 바쳐 조정의 환심을 사는데 몰두했다. 또 장사로 큰 돈을 번 조상을 기리는 사당을 건립하거나 수십 년 동안 평생을 수절한 여인들을 위해 세운 '파이팡(牌坊)', 즉 중국식 열녀문을 세웠다.

결국 중국이 시장경제 시대에 들어서게 되면서 이러한 안휘 상인의 쇠락은 필연적이라 하겠다. 근대에 이르러 안휘는 청말의 실권자 이홍장(李鴻章)과 중국 공산당 창시자 진독수(陳獨秀) 등 중국의 명운에 결정적인 영향을 끼친 거물들을 낳았다. 특히 안휘상인의 요람, 휘주의 적계현(績溪縣)은 중국 제일의 명산인 황산과 중국 4대 불교 명산 구화산(九華山), 중국 4대도교 명산 제운산(齊云山)이 그리는 삼각형의 중심에 있어 중국의 알프스라는 별칭 만큼 풍광이 수려하다.

적계현은 3명의 후(胡)씨 성을 가진 인물을 배출했다. 근대 중국의 상성(商星) 혹은 거상(巨商)이라 불리는 호설암(胡雪岩), 20세기

신문학 운동을 주도하고 북경대학 총장을 역임한 후스(胡適), 중국의 제4 세대 지도자인 후진타오(胡錦濤)의 본향이 적계현이다.

호설암과 儒商의 한계

1823년 휘주 적계현에서 태어난 호설암(胡雪岩)은 소년 시절 한 전당포(錢庄)의 점원으로 일하며 장사꾼 수업을 쌓게 된다. 37세에 이르러 자신의 전당포 부강전장(阜康錢庄)을 개설한 후, 26개 중국 주요 상업지역에 지점망을 두면서 전국을 포괄하는 금융망을 건설하게 된다. 또한 금융업에서 얻은 이익을 기반으로, 중국에서 가장 영향력이 컸던 호경여당(胡慶餘堂)이라는 약국 체인을 전국적으로 운영하면서 거상으로 부상했다. 이후 환전상, 찻집, 견직물 상점 등으로 사업을 다각화 한다.

호설암은 근대 중국 상업사에서 최고의 상인을 뜻하는 상성(商聖)으로 불려지고 있으며, 현재 중국에서도 그의 경영전략을 대학 MBA 교재에 도입하는 등 최고 경영 전략가로써 추앙을 받고 있다. 그의 경영전략을 요약하면 다음과 같다.

첫째, 호설암은 무엇보다도 인재 중심의 경영을 강조하고 있다. 그는 돈보다 사람을 먼저 얻어야 한다는 신념으로 전당포에서 결손 처리된 5백 냥을 왕유령이라는 미래의 관리가 될 사람을 위해 썼다. 이 때문에 호설암은 전당포에서 쫓겨나는 신세가 되었지만 후에 관리가 된 왕유령의 도움을 받아 사업기반을 다질 수 있었다. 호설암은 '상인이 갖춰야할 가장 중요한 능력은 사람을 제대로 쓸 줄 아는 것이다'라고 했다. 그는 '티 없는 돌보다는 티 있는 옥'을 좋아했다.

그리고 일단 사람을 쓰면 신뢰하고 적재적소에 배치하여 그의 능력을 발휘할 수 있는 충분한 기회를 주었다. 신뢰경영의 본보기가 된 셈이다.

둘째, 호설암은 큰 상인이 되기 위해서는 깊은 안목과 넓은 시야를 가져야 한다고 강조하고 있다. 큰 상인은 4덕(智, 仁, 勇, 信)을 갖춰야 한다. 특히 상인으로서 성공하기 위해서는 용모(勇謨)를 갖춰야 한다. 즉 상인이란 모름지기 남이 보지 못한 것을 보고, 남이 살피지 못한 것을 살피며, 높이 서서 멀리 행동할 줄 알아야 한다는 것이다. 상인은 자신의 미래를 예측하고 배부를 때 굶게 될 날을 생각해야 한다고 주문하고 있다. 이는 지금의 '준비 경영'과 일맥 상통한다.

셋째, 호설암은 관계 중시의 사업 경영을 강조했다. 그는 모든 힘은 권력으로부터 만들어진다고 믿었다. 그래서 호설암은 유망한 관리들을 지속적으로 지원하고 때로는 관리들에게 지모와 책략을 제공했다. 그는 관리들의 지원을 받아 단단한 울타리를 만들어 그에게 이익을 가져다주도록 이용했다. 또한 호설암은 인간의 감정을 사업에 활용했다. 사업 상대에 대해서는 금전출납부만 쓰는 것이 아니라 '인간관계' 출납부도 함께 써야 한다는 것이 그의 지론이다. '먹고 입는 것이 모두 고객에게서 나온다'라고 말할 만큼 호설암은 고객 중심의 경영을 했다. 밀착형 고객관리 기법인 CRM(customer relationship management)을 호설암은 이미 19세기에 도입한 셈이다.

넷째, 천하의 이익을 얻기 위해서 시장을 키워야 한다고 호설암은 강조하고 있다. 시장이 커지고 안정되면 사업은 저절로 번창하게 된다. 시장을 개척하기 위해서는 우선 고객을 만족시켜야 하며,

사업부지를 선택할 때 세심하게 고려해야 하며, 상점을 특이한 장식으로 배치해야 한다. 또한 사업의 세력을 넓히기 위해서는 사업이 늘 새로워야 한다. 사업장을 아름답고 깨끗하게 꾸미는 것이 상인의 기본 정신이다. 특히 간판을 보면 사업의 성패를 알 수 있다. 기업이나 점포의 외관은 사람의 얼굴과 같기 때문이다.

다섯째, 상인은 모름지기 양명(揚名)의 정신을 가져야 한다. 명성을 알리기 위해서는 좋은 이름과 독특한 브랜드를 창조해야 한다. 상호는 특이해야 하며 그 사업에 적합하고 길상(吉祥)의 문자를 사용해야 한다. 고객에게 신뢰를 주는 브랜드 이미지를 창조하는 것도 중요하다.

반면, 호설암의 사례는 유상(儒商)의 한계도 보여준다. 호설암은 왕유령이라는 유생의 손에 500냥을 쥐어주며 상경하면 매관할 뇌물로 쓰라고 했다. 이 때문에 한때 호설암은 점포에서 쫓겨나는 신세가 되었지만 후에 매관에 성공한 왕유령의 도움을 받아 사업기반을 다질 수 있었다. 그후 호설암은 재력은 정치권력에서 비롯된다고 확신했다. 그는 유망하다고 생각되는 관리들을 지속적으로 지원했다.

왕유령이 병사하자 잠시 언덕을 잃은 호설암은 태평천국 진압군 사령관 좌종당에게 반란군 진압 성금 명목으로 군량미 10만석을 바쳐 그를 자신의 배경으로 삼는 데 성공했다. 그러나 1882년 이홍장과의 권력투쟁에서 좌종당이 패배하여 실각당하자 호설암의 경제적 기반도 급격히 쇠락하게 된다. 많은 점포가 다른 사람의 손에 넘어가고 말았다. 호설암은 관상결탁으로 일어나 관상결탁으로 쓰러졌다는 비난을 받기도 한다.

그러나 호설암이 지금도 진정한 상인으로 추앙 받는 것은 그가 상술 뿐만 아니라 상인은 상도를 갖춰야 한다고 강조하고 이를 실천했기 때문이다. 우선 상인은 돈을 벌기 위해서라면 무엇이라도 해야 하지만, 그렇다고 국법과 규율을 어기면서까지 의롭지 못한 재물을 탐하지 않아야 한다고 주장했다. 그가 주장한 상도는 다음과 같이 요약된다.

가급적 쉬운 방법으로 돈을 벌되 남의 약점을 이용하거나 자신의 이익을 위해 남의 밥그릇을 빼앗는 짓은 하지 않는다. 친구들의 힘을 빌려 돈을 벌긴 하지만 이로 인하여 친구들에게 손해를 입히거나 면목 없는 짓은 하지 않는다. 기회를 잘 잡아 활용하되 사람을 배신하지 않는다. 돈 버는 일을 일상의 모든 활동 가운데 가장 중요한 것으로 여기되, 사람들에게 베푸는데 있어서도 항상 넉넉한 마음을 보이고 모아놓은 재물을 지키기 위해 안달하지 않는다.

호설암은 '재물의 가치는 재물 그 자체 있는 것이 아니라 이를 유통시키고 소비하는 과정에서 찾게 되는 만족감에 있다'라고 말했다. 그는 이러한 경영철학에 따라 구휼창에서 많은 난민을 구제했고, 기금을 모았으며 파괴된 명승고적이나 사찰을 복원했다. 호설암은 의(義)와 이(利)를 조화시키는 방법을 꾸준하게 모색했다.

중국이 2001년에 WTO에 가입하면서, 경제 관련 서적들이 북경 서점가에 봇물처럼 쏟아지기 시작했다. 그 주인공 중 하나가 바로 이 호설암이다. 이는 중국에서도 포춘지 100대 부호 앞 순위를 장식하는 거상(巨商)이 탄생하기를 바라는 국가적인 염원과 맥이 닿아 있어 보인다. 그후 호설암의 상술은, '경영 전략'으로 분석되어 중국은 물론 한국의 서가를 채우고 있다.

한국에서 번역 출판된 <商經>은 호설암의 경영전략을 집대성했고, <장사의 神 호설암>, <홍정상인 호설암의 인간경영>, <호설암의 기회경영> 등도 호설암을 내세운 책들이다. 호설암은 중국의 위대한 사상가이자 문학가인 노신이 '중국 5000년 역사상 가장 위대한 상인'으로 치켜세운바 있으며, 중국인들이 가장 존경하는 상인으로 손꼽히는 인물이기도 한다. 지금도 중국에서는 호설암에 대한 소설, 드라마, 영화까지 만들어지고 있으며 중국 상인의 롤 모델로 자리잡고 있다. 중국인들이 생각하는 상인의 의미와 개념을 살피려면 안휘 儒商, 호설암을 이해해야 할 것이다.

자료: 바이두 이미지 D/B (2009.11)

〈사진 19〉 중국 거상 호설암

그린 에너지의 대표주자, 왕촨푸

중국에서 왕촨푸 비야디(比亞迪 · BYD) 회장(43세)은 '배터리 대왕'으로 불리웠다. 축전지 불모지나 다름없던 중국 전지업계에 혜성처럼 나타나 BYD를 세계 2위 업체로 키워냈다. 그런 왕 회장 별명이 이젠 '전기차 대왕'으로 바뀌고 있다. 도요타 · GM 같은 대형 자동차업체도 아직 완성하지 못한 전기로만 가는 완벽한 전기자동차를 상용화 하여 세계 전기차시장 선도에 나섰기 때문이다.

왕회장은 1966년 안휘성 소호시에서 태어났다. 1987년 중남(中南)대에서 야금물리화학을 전공한 뒤 북경유색금속연구원에서 석사과정을 마치고 그곳에 남아 연구를 계속하다가 1995년 선전에서 충전용 휴대폰 배터리 제조업체 BYD를 조그맣게 시작했다. 이때 그는 증권투자를 하는 사촌형 뤼샹양(呂向陽)에게 250만위안을 빌려서 종잣돈으로 썼다. 하지만 2009년 그는 13억달러 재산을 가진 세계에서 559번째 거부로 성장 하였다.

자료: 비야디 홈페이지 (2009.11)

〈사진 20〉 비야디 회장 왕촨푸

'오마하 축제'로 일컬어지는 버크셔 해서웨이 주주총회가 2009년에도 어김없이 5월 첫째 주말에 열렸다. 버크셔 해서웨이는 '오마하의 현인'이라 불리는 워런 버핏 회장이 이끄는 투자지주회사지만, 1년 새 주가가 30% 이상 폭락하고 순익이 작년의 절반으로 줄어들어 우울한 한 해를 보냈다. 이 암울했던 주총회장에서 사람들의 주목을 끈 것은 중국의 신생 전기자동차회사 비야디였다. 비야디는 2008년 9월, 버핏이 2억 3천만 달러를 투자하여 지분 10%를 매입하여 세계를 놀라게 했던 주인공이다. 비야디는 이번 주총에 처음으로 '버핏 패밀리'로 참가하였으며, 버핏의 배려로 전기자동차 E6와 F3DM 실물을 전시했다. 비야디의 현장 책임자는 "2011년까지 미국에서 E6와 F3DM을 판매하는 것이 목표"라는 포부를 밝혔다.

비야디는 1995년 2월에 광동성 선전시에 설립한 자본금 250만 위안의 신기술회사를 모태로 한다. 충전지용 전해액을 개발하여 사세를 확장한 비야디는 1997년에 자체 기술로 첫 리튬이온 배터리를 생산했다.

2000년에 모토로라, 2001년에는 노키아의 충전지 공급상 자격을 취득하였으며, 같은 해 한국에도 사무소를 설립하여 삼성 등 국내 기업과 거래를 시작하였다. 이 같은 눈부신 성장에 힘입어 2002년 7월에는 홍콩증권거래소에 상장했으며, 홍콩 금융잡지 〈아시아 머니〉가 선정한 '2002년 가장 주목 받는 상장사'에 선정되기도 하였다.

2003년, 비야디의 변신이 시작됐다. 비야디는 적자 상태 국영기업이었던 친촨자동차(西安秦川汽車)를 매입했다. 당시 중국에는 100여 개가 넘는 완성차 업체가 난립했고, 정부는 〈자동차 산업정책〉을 공포하여 자동차업 신규 진입을 엄격히 규제하고 있었다. 따라서 자동차 생산허가권을 보유한 기존 제조사를 인수하는 일이 유일한 진입 방법이었다. 이 시기 많은 타 업종 민영기업들이 적자상태에 놓인 소규모 자동차사를 매입하였으며, 비야디 역시 그들 중 하나로 묻혀 있었다. 생산능력이 2만 대에 불과했던 친촨자동차는 회사명을 비야디자동차로 바꾸고, 시안 첨단기술산업개발구 내에 100만 ㎡ 부지를 마련하여 2005년 4월에 20만 대 규모의 생산라인을 확충하게 된다. 자동차사 인수 후 불과 3년 만에 중견 승용차 제조사로 부상한 비야디는 2008년에 승용차 17만 대를 생산・판매하여 86억 4,600만 위안의 매출을 기록한 바 있다.

중국은 1956년에 이미 트럭(지에팡) 생산 기술을 보유하고 있었다. 구소련의 지원이 있었지만, 상용차 부문에서는 부품에서 완성차까지 규모의 경제를 갖춘 상태였다. 다만 기술력이 부족한 승용차 부문에서는 외국 기업과의 합작을 선택할 수밖에 없었고, 지금도 기술력이 선진국에 미치지 못한다는 것이 세간의 평가이다. 이런 상황에서 하이브리드 자동차나 전기자동차 개발은 요원한 목표였을 수도 있었다. 그러나 비야디는 이 같은 고정관념을 타파하고 나섰다.

비야디는 2005년 12월에 전기자동차 개발을 전담할 新사업부를 설치한다. 반년 후 전기차 시제품인 F3e를 개발하여, 1회 충전 350㎞ 주행에 성공했다. 중국식 전기자동차 상용화를 위한 첫걸음인 셈이다.

2008년 12월 15일, 비야디는 드디어 중국 최초로 하이브리드카인 F3DM 모델을 출시했다. 특히 F3DM은 집에서 전기 충전 후 단거리는 전기모터로, 장거리는 가솔린 엔진을 사용하는 '플러그인 하이브리드카' 방식을 세계 최초로 채용했다. F3DM은 1회 충전으로 100㎞까지 주행할 수 있으며, 가격 역시 15만 위안(약 2.2만달러) 정도로, 향후 친환경차 시장에서 우위를 점유할 조건을 두루 갖추고 있다.

폭스바겐은 최근 비야디와 하이브리드 및 전기자동차의 기술개발・생산협력 계약을 체결해 비야디의 독자 기술력을 인정한 바 있다.

비야디를 창업한 왕촨푸(王傳福) 회장은 43세에 불과하다. 그의 나이 29살이었던 1995년에 20여 명의 직원으로 시작한 비야디는 이제 14만 명이 근무하는 자동차, 에너지 종합 그룹으로 성장했다. 2008년 비야디의 매출 비중을 보면, 2차 충전지가 23.1%, 이동전화 및 부품이 44.5%, 승용차 비중이 32.3% 수준이다. 이러한 사업구조가 최적화에 가깝다는 것은 평균 영업이익률 20% 이내라는 높은 수익률이 증명한다. 이에 더해 향후 비야디는 2차 충전지의 63.4%를 점유하는 리튬이온 배터리의 매출 비중을 높일 계획이다. 또한 하이브리드 자동차를 포함하여 승용차 생산 비중도 대폭 제고할 계획을 세워 놓고 있다.

자료: 비야디 홈페이지 (2009.11)

〈사진 21〉 비야디가 시판 중인 플러그인 하이브리드 자동차

그러나 F3DM의 판매량이나 경제성, 관련 부품의 기술 수준 등에 의문을 품는 이들도 있다. 비야디는 섣부른 기술 공개로 인한 모방차 양산을 우려해 아직 적극

적인 판촉 활동에는 나서지 않고 있다. 다만 비야디가 소재한 선전시 정부는 일부 택시를 F3DM으로 전환할 계획을 세우는 등 지원책 마련에 분주하다.

2008년 20만 대 생산능력을 갖춘 비야디는 2009년에는 M&A 등을 통해 생산능력을 두 배인 40만 대로 확장하고, 2015년까지 100만 대 생산능력을 갖출 계획을 수립했다. 또한 2009년말에는 워런 버핏 주총에서 선보였던 100% 전기동력차인 e6 상용화 모델(최고 시속 160㎞, 최대 주행거리 400㎞)을 시장에 내놓을 계획이다.

언론에서는 왕 회장이 '중국의 다이아몬드'와 같은 존재라고 평하고 있다. 어떤 이들은 왕 회장이 기존 상업 질서와 게임 규칙을 얕본다고 하지만 그는 중국의 젊은 기술자 실력이 유럽 기술 전문가들보다 뛰어나 어떤 물건이든 만들어낼 수 있다며 자신감에 차 있다.

왕 회장은 BYD가 만든 제품은 다른 기업에서 만든 비싼 제품보다 더 오래 쓸 수 있다고 강조한다. 다른 사람이 생각하는 것을 나는 실행하고, 다른 사람이 생각하지 못하는 것을 나는 감히 생각하려 한다는 왕 회장의 말은 그의 과감한 경영철학을 그대로 드러낸다.

세계 최대 자동차 내수시장인 중국의 신에너지, 친환경에너지 자동차 미래는 민영 자동차 메이커인 비야디가 개척하고 있으며, 안휘 상인 왕촨푸의 성공여부를 전 세계가 주목하고 있다.

5) 복건인

복건(福建) 지역은 산이 많고 평지가 적으며 육상 교통과 내수운송이 불편해서 한족(漢族)의 이민이 비교적 늦었으며, 민월족(閩越族)의 문화가 비교적 장기간 독립적으로 발전하였다. 서진말(西晋末), 난을 피해 중원(中原)인들은 가정과 국가를 떠나 강을 건너 남하하여 민(閩)으로 들어왔는데, 그들은 8개 민족으로 임(林)·황(黃)·진(陳)·정(鄭)·첨(詹)·구(邱)·하(何)·호(胡) 등이다.

일반적으로 말해 민남(閩南)은 통상 복건남부 하문(厦門), 장주(漳州)와 천주(泉州)지역을 가리키며 이 일대의 백성들은 민남어(閩南語)를 사용했고 자신들만의 독특한 역사배경과 문화전통을 갖추고 있다. 대만, 홍콩과 동남아 일대에 천주인(泉州人)이 많으며 천주(泉州)는 중국 최대의 화교들의 고향이다.

민남(閩南)은 상인 문화를 중시하는 분위기가 강해 민남인들은 장사를 하여 돈을 벌겠다는 의식이 아주 강하다. 천주(泉州)에는 '사장이 될 수 없다면 용감한 남자라 할 수 없다.'는 말이 유행할 정도이다.

오늘날 천주시 진강(晋江)유역의 삼각주 시장경제의 번영은 민남인의 중상(重商)전통을 분리하여 생각할 수 없다. 진강(晋江)유역의 삼각주 일대는 중국의 대형 국유기업들이 미처 개척하지 못한 지역으로 그 지역의 경제적 특징은 시장경제와 중소기업이 주를 이루며 경제총량의 90% 이상을 차지하고 있다.

민남인들은 역사적으로 바다를 건너 해양세계를 주름잡는 전통이 있었으며 일찍이 송(宋)·원(元)시기의 천주(泉州)는 당시 동방의 큰 항구로써 그 명성을 널리 떨쳤다. 해상의 비단길의 중요한 종착역으로, 일찍이 물밀듯이 전 세계의 상인이 몰려드는 상황 속에서 이곳의 대외개방과 해양문화는 유구한 역사를 지니게 되었다. 민남인들의 해양진출 의지는 강렬해서 수백여 년간 '외국으로 나가는 것'은 민남(閩南)지역에서 영웅적 행위로 간주되었다. 그결과 민남인의 동남아 이민은 계속 이어져서, 현재 60만 필리핀 화교의 자손중 90%는 민남인의 후손들이다. 또한 싱가포르 · 말레이시아 · 인도네시아의 800여만 명의 화교들 중에서 민남화(閩南話)은 광범위하게 통용되는 언어가 되었다. 현재 대만 · 홍콩 및 동남아 각국의 민남인의 후예는 약 3천만 명으로 추정되며, 그 수는 대륙에 거주하는 민남인의 인구를 상회하고 있다.

19세기말 대만 · 필리핀 · 말레이시아 · 싱가포르 · 인도네시아 등지에서 복건의 부유한 상인들이 활동했다. 그들은 선조의 가르침을 대대로 전하여 왔으며, 자녀들에게 예의범절을 엄격하게 교육하고, 존비(尊卑)를 분명히 하여 자녀가 서양의 옳지 않은 문물에 오염되지 못하게 하였다. 가정교육은 모두 공자(孔子)와 맹자(孟子)의 대의(大義)를 따랐다. 그러나 한편으로 생산과 무역을 하는데 있어서는 근(斤)을 기준으로 할 정도로 세밀히 계산하는 등 정확히 가르쳤다.

외국에 나가 생계를 도모하던 복건인의 선조들은 타국에서 생활하면서도 언제나 자신의 옛 고향을 잊지 않으며 고향의 발전과 건설을 위한 역량을 발휘 했다.

해양과 복건인의 운명은 곧 서로 연결되어 있다고 인식했는데, 실제로 '마조(媽祖)'[28]는 복건인 선원들의 안전을 보호해준다고 믿는 보호신(保護神)이었다.

28) 삼신 할머니. 중국남방 연해 및 남양(南洋) 일대에서 신봉하는 여신.

복건성의 객가인

복건성의 서쪽인 민서(閩西)지방의 개발은 객가인(客家人)들이 이룩한 공로이다. 객가의 선인들은 민서(閩西)지역에서 발생된 여족(畬族)의 이간(移墾)문화를 받아들임으로서 남자는 경작을 하고 여자는 베를 짜는 풍속에도 변화가 발생하였다. 여인들은 농업에 종사하고 가사를 돌보기에 편리하도록 전통적 습관인 전족(纏足)을 하지 않는 자연 그대로의 발을 유지하였으며, 대다수 남자들은 밖에서 수공노동에 종사하였다. 남녀 모두 산가(山歌)를 노래하고 생활에서도 여족(畬族)의 풍속과 문화를 따랐다.[29)]

객가인은 또한 중원의 옛 고향에 형성된 전통을 고수하면서 중국인의 원류인 중원사족(中原士族)의 의식을 견지했다. 대다수 객가인들의 각 성씨들은 모두 족보가 있었고, 선조들에 대한 제사를 중시하였으며 도처에 선영(先塋)들을 모시었다. 그리고 살아있는 친지들은 항열(行列)과 장유(長幼)에 따라 서열을 정하여 대가족을 이루었으며, 혈연과 가문을 의식하면서 결합하여 촌락을 이루었다.

객가인들이 가정에서는 효를 중시하고, 국가 조정에서는 충을 논

---

29) 근대에도 많은 객가인들이 동남아와 세계 각지로 이주하였다. 객가인은 '타향에 사는 사람들'이라는 뜻으로, 그들이 자칭한 이름이다. 한족의 지계이며, 세계 전역에 8000만 명 정도가 살고 있다. 타이완 인구 15%가 객가인이고, 동남아에 거주하는 화교 대부분도 객가인이다. 중국 남부를 비롯해 80여 개 국가와 지역에 산다. 언어는 고유어인 객가어를 사용한다. 머리가 좋고 부지런해서 경제에 강하고 관료 출신도 많다. 태평천국의 창시자인 홍수전(洪秀全)을 비롯해 쑨원(孫文)・덩샤오핑, 타이완 前총통 리덩후이(李登輝), 필리핀 정치가 아키노(Corazon Aquino), 싱가포르 前총리 리콴유(李光耀) 등도 객가인이다. 1971년 홍콩에서 세계객가대회(世界客屬懇親大會)를 개최한 이후, 제23회 대회는 2010년 광동성 하원시에서 거행 된다.

자료: 바이두 사진 D/B (2009.11)

〈사진 22〉 복건성 지역의 객가인 고주택

하는 것은 이민족 통치에서 잘 나타나고 있다. 객가인은 특히 충성심과 투쟁성이 강해서 몽고인이 침입하거나 만주족이 청 왕조를 건립하였을 때 객가인들은 정예부대를 조직하고 前왕조를 옹호하였으며, 생명이 위협받는 황제를 도피시키고 전쟁에 끝까지 결사적으로 항쟁했다.

해안지역의 민남인들이 상업에 능한 것에 반해, 민서지역 객가인들은 농업을 중시하고 상업을 경시하였으며, 수공업도 발전하지 못했다. 농업생산에 필요한 자금이 부족하여 기술이 낙후되어 농업자체도 발전다운 발전을 이룰 수 없어서 많은 객가농촌의 경제는 아직도 자연경제의 범위를 벗어날 수 없었다. 민서객가(閩西客家)의 8

개의 현(縣)은 시(市)로 변화할 수 있는 조건을 제대로 갖추지 못하였으며 또한 대다수가 빈곤한 상태이다. 객가인은 지출을 줄이는 것(근검절약)을 중시하였으며, 특히 괴로움을 참고 힘든 일을 잘 견디어냈다. 그리고 전통문화를 보전하기 위해 각 민족들의 문화와 교육을 중시하였으며, 많지 않은 경작지 중 비교적 좋은 땅에 선을 그어 공동용 논을 만들었고, 공부하는 자녀들의 학업을 돕기 위한 학전(學田)도 만들었다.

미래를 내다보는 개방적인 복건 상인

행동이 빠르고 이익에 밝은 광동 상인과는 달리 복건 상인은 눈앞의 이익보다는 먼 장래를 보고 거래하는 것으로 유명하다.

복건 상인은 명, 청 시기부터 국내외 무역을 통해 중국의 대표적인 지역 상인으로 군림했다. 그런데 과거 그들의 상업 행위는 봉건 왕조의 조공 무역과 해상 무역 금지정책과 배치되는 것이었다. 따라서 그들이 과거에 한 무역은 밀무역이었던 셈이다. 봉건 사회가 해체되면서 복건 상인은 해외로 진출하여, 지금의 최고 화교 상인(華商)으로 자리 잡게 된다.

복건 상인이 다른 지역 상인과 다른 점은 실패를 두려워하지 않고, 실패한 후에도 여전히 노력한다는 점이다. 복건성 출신의 화교 상인을 민예화상(閩裔華商)이라고 불렀다. 민예화상이 부르는 민남어 방언 노래에는 이런 구절이 있다. '30퍼센트는 하늘이 정한 것이고 70퍼센트는 노력에 의한 것이라네.'

앞서 설명한 것처럼 복건성 남부 지역 상인인 민남 상인의 소질이 가장 뛰어나며, 실제로 최대 華商 집단을 구성하고 있다. 이에 반해 민서(복건 서부)상인은 종족을 소중히 여기며 내부 응집력이 강하고, 민동(복건 동부) 상인은 안정됨을 추구하고 혼잡함을 두려워한다. 민북(복건 북부) 상인은 본분을 지키고 낙관적인 성격의 소유자이며, 가난하더라도 인생을 즐기며 산다. 복건 상인들의 신조는 '사장이 되지 못하면 성공한 남자가 아니다'이다. 이는 복건성과 대만에 왜 그렇게 중소기업이 발달해 있는지를 잘 설명해 준다.

온주 상인은 일찍이 기업을 중심으로 하는 주식제 경영 방식을 체득하였다. 이에 반해 복건 상인은 가족 중심 경영인 '패밀리 비즈니스' 경영 방식을 고집하였다. 즉 초창기 복건 상인은 가족의 자본과 가족 구성원의 노동력에 의존하여 회사를 창립하였다. 기업의 주식은 유통시키지 않고 가족과 친지, 친구들에게 분배하였으며, 기업 경영자 역시 가족 중 가장 신임 받는 자가 임용되었다. 할아버지가 아버지에게, 또 아들이 그 자리를 물려 받는 부자 세습이 이루어졌다.

이런 복건 상인의 기업들은 환경 변화에 대한 적응력이 뛰어났다. 즉 기업의 운명은 곧 바로 가족의 운명이었기 때문에 치명적인 실수를 할 가능성 있는 결정은 배제 되어야 했다. 기업 규모는 당연히 중소기업이였으며, 따라서 제품도 단일화 되었고, 반면에 전문성은 높아갔다. 가족 경영법은 기업이 대형화 되면 비과학적이 될 가능성이 많아진다. 인재 보다는 믿고 맡길 수 있는 가족에게 중요한 직책을 일임하게 되기 때문이다. 대표적인 華商인 대만 플라스틱 회장 왕융칭은 이렇게 언급한 바 있다. "회사 경영의 성패는 사람의 요인이 크다. 사람의 경험, 관리 지혜, 품행, 마인드, 근면함 등 무형의 자원이 유형의 자원보다 중요하다. 사람에 효과적인 관리를 더한 것이 기업의 생명이다." 즉 왕융칭 회장은 가족 참여 경영법이 가지는 단점을 '가족식 경영'으로 승화 하였다. 기업에 들어온 인재들 하나 하나를 중히 여겨 마치 가족처럼 대했으며, 종업원들은 자발적으로 내가 기업이라는 가정의 가족인 것처럼 행동하였다. 현재 동남 아시아 각국의 華商들이 성공 비즈니스를 펼치는 이유 중 하나는 이러한 친화적 기업 경영 문화에 있을 것이다.

복건 상인이 大상인으로 추앙 받는 이유는 '부를 사회로 환원 시킨다'는 원칙을 잘 지켰왔기 때문이다. 외지에서 자수성가한 복건 상인은 고향으로 돌아와 고향을 발전 시켰고 공익 사업에도 적극적이었다. 마오저뚱은 '광동인이 혁명을 하면, 복건인은 돈을 내어 놓고, 호남인은 병사로 나서며, 절강인은 관료가 된다'라고 언급한 적도 있다.

가장 일찍이 해외로 진출한 복건 상인은 동남아시아의 유력한 華商이 되어 각국 경제에서 중요한 역할을 하고 있다. 청조가 멸망하고, 일본이 침략하며 국민당과 공산당이 전란에 휩쌓이는 등 중국이 혼란에 빠지자, 복건 상인들은 홍콩, 마카오, 대만, 필리핀, 싱가포르, 말레이시아, 인도네시아, 일본 등지로 진출하여 해상무역에 종사하게 된다. 이들이 현재 동남 아시아 경제를 좌지우지하는 지금의 華商이 된 것이다. 동남아시아에서 만난 華商들에게 복건 상인을 칭찬하는 일은 그들을 기분 좋게 하는 협상 전략일 것이다.

대만 플라스틱 왕융칭 회장

자료: 포모사 그룹 홈페이지 (2009.10)

〈사진 23〉 대만 포모사 그룹 창시자 왕융칭 회장

왕융칭(王永慶)은 1917년 1월 18일 대만 타이베이현(臺北縣) 신띠엔(新店)의 즈탄(直潭)이란 작은 마을에서 태어났다. 그의 본적은 복건성 안계현으로 대만이나 대륙에서도 가장 성공한 복건 상인으로 불린다. 왕융칭 가족은 이곳에서 차(茶)를 재배하였고, 왕융칭은 8남매 중 장남이었다. 부모님은 매일 새벽 4시부터 찻잎을 따서 포장한 뒤 배에 싣고 타이베이의 도매상에게 운반했다. 차 수확은 봄에서 여름까지만 이뤄졌다. 가을이 되면 차 농가는 할 일이 없었다. 식구들을 먹여 살려야 했던 부모님은 가을이 되면 나무를 베어 목탄을 만들어 팔았다.

왕융칭은 이렇게 회고했다. "어머니는 강인한 의지력으로 어려운 환경을 극복하는 데에 인생의 참뜻이 있음을 보여주셨다. 그렇기 때문에 어머니의 삶은 헛되지 않았고, 나는 영원히 내 가슴에 어머니의 이야기를 담고 살아가고 있다."

초등학교를 졸업한 왕융칭은 15세 때 고향을 떠나 취직을 했다. 지아이(嘉義)라는 지역의 쌀집 점원이었다. 왕융칭은 1년간 점원으로 일하면서 쌀을 들이는 법, 쌀을 고르는 법, 쌀값을 계산하는 법 등을 눈여겨봤다. '쌀가게를 하면 굶지는 않겠다' 는 결론을 낸 그는 아버지가 빚을 내 모아준 돈으로 작은 쌀가게를 열었다. 첫 창업이었다. 이때가 1931년, 그의 나이 15세였다.

당시 대만의 쌀가게는 쌀에 섞여 있는 돌을 골라내지 않은 채 그냥 판매했다고 한다. 왕융칭은 이 점에 착안했다. "돌 없는 쌀 팝니다"라고 크게 붙여놓은 뒤 돌을 골라내고 장사를 한 것이다. 뿐만 아니었다. 당시엔 쌀을 산 고객이 집으로 쌀을 들고 가는 것이 당연한 일이었다. 왕융칭은 이 점에도 변화를 모색, 대만 최초로 '쌀 배달제'를 실시했다. 왕융칭은 고객 집으로 쌀을 날라주는 데서 그치지 않고 쌀독까지 쌀 부대를 들고 가 직접 쌀을 부어줬다. 여기서 그치지 않았다. 왕융칭은 고객 가정의 식구수・식사량 등을 미리 파악, 쌀이 떨어지기 2~3일 전에 '알아서' 쌀을 배달해주는 맞춤형 서비스를 제공한 것이다. 이 같은 판매 방식은 당시로선 혁신적인 것이었다. 왕융칭의 판매 기법은 선풍적 인기를 끌었다. 대만 정부는 1953년 일본 식민 통치와 전쟁으로 피폐해진 경제를 살리기 위해 제1차 경제개발 4개년 계획을 세웠다. 계획 중에는 미국의 원조를 받아 타이어 공장을 세운다는 내용이 들어 있었다. 이 계획을 알게 된 왕융칭은 사업권을 따내기 위해 뛰어들었다.

왕융칭은 플라스틱에 대해 문외한이었다. 그가 갖고 있던 자료는 당시 일본의 플라스틱 한 달 생산량이 3000톤이란 것뿐이었다. 당시 대만 인구는 일본의 10분의 1이었으므로 왕융칭은 한 달에 300톤 미만을 생산한다면 큰 위험이 없을 것으로 판단했다.

1954 년 3월, 38세의 왕융칭은 자기자본 50만달러에 미국 원조자금 67만달러를 합쳐 총 자본금 117만달러의 포모사 플라스틱 주식회사를 출범시켰다. 왕융칭은 플라스틱에 관한 것이라면 가리지 않고 섭렵했다. 그는 플라스틱 전문가가 돼 갔지만 사업은 순탄치 못했다. 예상과 달리 플라스틱 판매량이 20톤에도 미치지 못한 것이었다. 원인은 공급 과잉이었다. 공급이 넘칠 땐 생산을 줄여야 한다. 하지만 왕융칭은 거꾸로 생각했다. 그는 판매 부진의 원인을 비싼 가격 때문인 것으로 판단했고 가격을 낮추기 위해 오히려 생산량을 늘리는 쪽으로 가닥을 잡았다.

판단은 정확했다. 가격을 낮추자 판매가 증가한 것이다. 왕융칭은 엄청난 이익을 볼 수 있었고 포모사 플라스틱 주식회사는 화학섬유, 방직공장, 석유화학, 자동차, 전선, 전자, 중공업, 종합물류 등 30개 계열사를 거느린 방대한 그룹으로 도약할 수 있었다. 이후 포모사 그룹은 매출 617억 달러(2007년), 종업원 9만명을 보유한 대만 최대 기업으로 발전하였다.

왕융칭은 자린고비였다. 그는 양복 한 벌을 20년 이상 입었으며 목욕용 때수건 한 장을 30년간 사용했다. "국제 전화비가 아깝다"며 유학 중인 자녀에게 전화도 자주 걸지 못하게 했고 편지를 쓸 땐 앞・뒷장에 작은 글씨로 빽빽하게 안부를 적었다. 딸의 결혼식에 "신랑에게 잘 해주라"며 혼수품으로 면도기 한 개를 준 일화는 유명하다.

왕 회장은 자기관리에도 철저했다. 그는 매일 새벽 2시에 일어나 1시간가량 명상을 한 뒤 1시간 동안 조깅을 했다. 그는 "새벽 운동을 거르지 않는다 해서 나보고 '대단하다'고 말하는 사람들이 많은데 사실 대단할 것이 없다"며 "먹고살기 위해 새벽 2~3시에 장사를 나와야 하고 다음날 장사를 위해 그날 밤 12시가 넘어 잠자리에 드는 일을 매일 되풀이하는 상인들이 정말 대단한 사람들"이라고 말했다.

매사에 철저한 그는 하지만 주변을 돕는 일에 대해선 '자린고비'가 아니었다. 왕 회장은 의료혜택을 받지 못하고 떠난 아버지 왕창껑(王長庚)을 기리기 위해 1976년 20억타이완달러를 쾌척해 비영리재단인 창껑기념병원을 설립했다. 2008년 5월에 중국 사천성에 지진이 발생하자 1억 위안의 의연금을 누구보다 먼저 내어 놓기도 하였다.

왕융칭은 자식들에게 엄격한 태도를 견지했다. 영국 런던대학 화학박사인 맏아들 왕원양(王文洋)이 1980년 돌아와 가업을 이으려 했을 때 그는 "말단 사원부터 시작해 과장·조장·부장 등의 단계를 남들과 똑같이 거치라고 강요했다. 이후 간부로 승진한 맏아들이 결혼 문제로 의견을 달리하며 우유부단함을 보이자 "경영자로서의 자질이 부족하다"며 그룹 총재직을 조카이자 전문 CEO인 왕원위앤(王文淵)에게 물려준 뒤 아들과는 의절했다. 그는 "세상에 쉽게 얻을 수 있는 것은 아무것도 없다. 이 진리는 쉽지만 실천하는 사람은 많지 않다"며 "보통 사람의 약점이 바로 여기에 있다"고 말했다.

맨발로 출발해 세계적 기업을 일으켜 '경영의 신(神)'으로 추앙 받아온 왕 회장(91세). 2008년 10월 15일 세상을 떠났으나, 재산을 사회에 환원한다는 유지의 유언장이 공개 되면서 깊은 감동을 전했다. 왕 회장의 유산은 2,223억 대만달러(약 8조원)에 달했다. 그의 유언은 다음과 같다. "인간은 누구나 재부(財富)를 바라지만 태어날 때부터 갖고 태어난 사람은 없다. 떠날 때 가지고 떠날 수 있는 사람도 없다. 모으는 재산은 다를지 모르지만 세상과 작별할 때는 모두 사회에 돌려줘야 하는 데엔 예외가 없다. 돈은 하늘로부터 잠시 빌린 것일 뿐이다." 왕 회장은 부(富)를 사회에 환원시킨 또 한 명의 복건 상인이었다.

6) 산서인

찬란했던 과거, 진상(晋商)

중국 최대 석탄 산지인 산서성의 별칭은 진(晋)으로 표기한다. 이는 지금 산서성(山西省)의 위치가 춘추전국시대 晋나라(기원전 1106~376년)의 영토했던 지리적인 요인이 배경이다. 따라서 산서성 출신 상인의 호칭은 산서 상인이 아니고 진상(晋商)이라 했으며, 이는 그들 옛 영화를 나타내는 또 하나의 방증일 것이다.

산서 상인은 타 지역 관념과 달리 상업을 중요시 여겼다. 총명한 사람이 학자 혹은 벼슬자리를 얻은 것 보다 상인이 되어 큰돈을 버는 것이 산서 지방의 풍토이다. 또한 산서 상인이 부를 축적 할 수 있는 큰 이유는 바로 근검과 절약을 미덕으로 생각했기 때문이다. 즉 성공은 근면과 절약으로 이루어지고, 실패는 사치 때문이라고 믿었다. 근면과 절약은 산서 상인의 중요한 경영 원칙 중 하나인 것이다. 중국에서 만난 산서 상인을 외모나 옷차림으로 판단하는 실수를 피해야 할 것이다.

산서 상인의 전성기는 명・청대 500년에 걸쳐 있으며, 가장 큰 영화의 상징은 중국 최초의 민간 금융기관인 표호(票號)가 산서성에서 출범했다는 것이다. 기록에 따른 중국 최초의 민간 금융기관인 票號는 1824년(청 도광4년)에 산서성 평요시에 설치된 르성창(日升昌)이다. 르성창은 전국 각 도시에 지점을 개설하고 본점에서 발행된 어음을 유통하는 등 은행 업무를 수행했다. 전성기 이러한 표호는 33개나 있었으며, 이들이 전국 각지에 설치한 지점은 400여개를 넘었다. 이들 '산서은행'은 전국 지점망을 갖춘 당시 유일한 상업은행이었던 셈이다. 심지어 일본(도쿄, 오사카), 러시아(모스코바), 싱가포르 등에 지점을 둔 표호도 있었다고 하니, 당시 진정한 국제 금융기관으로 불러도 손색이 없다.

이를 계기로 산서 상인은 유통업과 금융업을 중심으로 중국 상권을 장악했으며, 이러한 진상(晋商)을 중국 최고 부자라는 의미의 '天下第一富豪'라고 불리우는 영예를 얻게 되었다. 표호는 무거운 금속 화폐를 직접 운반하고 다니며 원시적인 거래 방식이 통용되던 시대에 획기적인 발상의 전환을 가져온 금융 기법이었다. 표호는 여신과 송금 업무를 취급했으며, 현재의 금융기관과 견주어도 손색없는 금융 서비스를 이미 185년전에 상인들에게 제공하였다. 표호의 유적지가 가장 많이 남아있는 산서성 평요시는 '중국의 월가'라는 별칭이 있으며, 이미 유네스코 세계 문화유산으로 등재되어 있다.

산서성은 옛부터 농산물이 풍부하여 중국 경제가 번영했던 곳도 아니고, 하남성 정주나 호북성 무한처럼 교통이 사통팔달로 발달하여 물류가 원할 했던 곳도 아니며, 상해나 광주처럼 연해지역에 있어서 개항의 혜택을 본 것도 아니었다. 그럼에도 산서 상인은 어떻게 500년간 상권을 장악했을까? 이는 그들의 조직적인 경영 능력에서 해답을 찾을 수 있다.

산서 상인은 지역적인 연고와 동향(同鄉) 관계를 바탕으로 상방(商幇)을 조직하였다. 즉 중국 최초로 비즈니스를 집단화, 조직화한 사람들이다. 규모의 경제화를 통해 전국적인 상업 그룹을 운영한 셈이다. 실제로 산서 상인들은 상방을 통해서 신용으로 우선 거래

자료: 중국票號박물관 (2009.10)

〈사진 24〉 중국 첫 번째 민간은행(票號), 르성창(日升昌)

한 후 분기별 결제가 이루어 졌으며, 신용을 바탕으로 개인별 차등된 채무 한도를 두어 자산의 유동화를 꾀하였다. 또한 이들은 같음을 추구하고 다름은 남겨두는 구동존이(求同存異)의 유연성, 자강불식(自强不息)의 근면함, 경업정신(敬業精神) 같은 숭상주의 등의 기업가 정신으로 이념을 무장하고 비즈니스에 임했다.

산서 상인들은 거상(巨商)으로 불렸다. 이는 작은 이익은 쳐다 보지 않으며 큰 이익을 추구 했기 때문이다. 산서 상인이 처음 시작한 비즈니스는 소금 판매였다. 이는 산서성 해주(解州)가 염업(鹽業)의 발생지였음에 기인한다. 명조에 이르러 전국 모든 소금 판매는 산서 상인이 장악하였다. 청조가 들어서면서 염업은 안휘 상인과의 불리한 경쟁관계에 접어들게 된다. 그러나 곧 산서 상인은 새로운 시장을 개척하여 안휘 상인과 경쟁에서 밀리지 않았다. 청말, 광동, 상해가 개방되면서 비즈니스의 중심은 연해지역으로 이동한다.

결국 산서 상인의 상권은 점차 미약해 졌으며, 그들의 조직력도 급격히 와해 되었다. 이처럼 비즈니스에 탁월했던 산서 상인들이 시대의 변화에 적응하지 못하고, 현대 중국에서 쇠락한 것은 지금도 중국 비즈니스 업계에서는 '역사의 미스터리' 중 하나이다.

'중국의 구글' 바이두 리옌홍 회장

중국 인터넷 검색 포털업계 지존 바이두(百度 · www.baidu.com)를 만든 리옌훙 회장(李彦宏)은 중국 사람들에게는 '디지털 영웅'이다. 세계 최강 검색 엔진 구글을 중국 시장에서 맥을 못 추게 하고 승승장구하며 중국 네티즌들의 사기를 고취시키고 있어서다. 현재 중국에서 2억5000만명이 넘는 네티즌이 바이두를 이용하고 있다.

그러나 산서성 사람들에게 리옌훙은 500년 晋商의 영화를 다시 밝혀줄 新진상으로 추앙 받고 있다. 리옌훙은 1968년에 산서성 양취안(陽泉)에서 출생했다. 1991년 북경대에서 정보경영학을 전공하고 미

자료: 바이두 홈 페이지 (2009.10)

〈사진 25〉 바이두 회장, 리옌훙

국으로 건너가 버펄로 뉴욕주립대에서 컴퓨터공학으로 석사학위를 받은 그는 경제뉴스 전문 다우존스와 검색 엔진업체 인포시크에서 현장을 경험했다. 이후 월가 스카웃 제의에 과감하게 박사학위 과정을 포기하고 비즈니스에 뛰어들었다. 리 회장은 실시간 정보시스템을 개발해 월스트리트저널을 비롯한 월가 기업들의 웹사이트를 구축하면서 인터넷 성장성에 눈을 떴고, 기업공개・스톡옵션 등을 배우며 사업 결심을 다졌다.

리 회장이 1999년 미국에서 끌어들인 벤처자금 200만달러를 가지고 귀국해 중국 북경의 한 3성급 허름한 호텔에서 탄생시킨 게 바로 바이두다. 리 회장은 내핍 경영을 하면서 사업에만 몰두했고, 바이두는 불과 창업 5년 남짓인 2005년 벤처들의 희망인 미국 나스닥 증권시장에 상장했다. 다시 4년이 지난 바이두는 2009년 야후를 제치고 구글에 이어 세계 시장점유율 2위 검색 포털로 우뚝 섰다. 출범 초기 10명이 채 안 되던 직원 수는 이제 7000여 명에 이른다.

미국 시장조사기관 컴스코어에 따르면 바이두는 2009년 전 세계 검색엔진 시장점유율에서 6.9%를 기록했다. 1년 전까지만 해도 점유율 10%를 넘어 업계 2위였던 야후는 바이두 위세에 급속도로 위축되며 뒤로 밀렸다. 바이두는 세계 검색시장에서 점유율이 7%에 채 못 미치지만 중국 내에서는 70~80%를 넘나들며 네티즌들의 절대적 지지를 받고 있다. 20% 남짓인 구글에 비해 2~3배에 달하는 시장 장악력을 발휘하는 셈이다.

리 회장은 2005년 8월 미국 나스닥시장에 상장하면서 국제 무대에 화려하게 등장했다. 상장 당일 주가가 400% 가까이 뛰자 단숨에 재산평가액이 10억달러를 넘어서면서 거부 반열에 올랐던 그는 중국 젊은이에게는 롤 모델이다. 그는 2008년 미국 포브스지가 선정한 중국 억만장자 가운데 7위에 올라 있다.

바이두(百度)란 이름에는 리 회장의 도전 의지가 그대로 담겨 있다. 송나라 때 시에서 영감을 받아 만들었다는 바이두는 '수백 번, 수천 번'을 의미하는 말이다. 리 회장은 창업 동지인 친구 쉬융(徐勇)과 함께 이상을 추구하며 끊임없이 나가겠다는 다짐을 회사 이름에 담았다.

2000년 초 리 회장이 바이두를 만들 당시만 해도 중국의 구글로 키우겠다는 게 목표였다. 하지만 이제는 구글조차 중국 관련 서비스를 베껴갈 정도로 기술적으로 앞서가고 있다. 리 회장의 변신은 대학 시절부터 닦은 것이다. 1987년 북경대에 들어간 그는 학창 시절부터 각계 유명인사 강연을 빼놓지 않고 챙겨 들으며 미래를 설계 하였다.

점유율이 탄탄해지면서 바이두 매출액도 폭발적으로 늘었다. 2004년까지만 해도 1.1억 위안에 불과했던 매출액이 2008년말에는 31.9억 위안으로 4년 만에 30배가 됐다. IT전문가에 따르면 '중문 인터넷 웹사이트 정보는 영문보다 복잡한 구조가 요구된다'며 '이것이 구글보다 바이두가 좋은 솔루션을 보유하고 있다 증거'라고 진단한다. 중국 IT 환경에서는 바이두가 최적의 경쟁자라는 평가다.

〈사진 26〉 중국 최대 검색엔진, 바이두 메인 화면

바이두는 시장에 들어선 직후부터 중국인 특성과 생활습관에 맞는 기술·서비스를 개발해 호평을 받았다. 바이두의 엔지니어는 다른 외국 검색 엔진은 개별 한자로 검색이 이뤄지는 데 바이두는 한자를 조합해 만들어진 단어를 중심으로 검색한다"며 따라서 검색 결과가 훨씬 정밀할 수밖에 없다고 설명했다. 중국어 특성을 살린 기술이 바이두를 최고의 중문 검색 엔진이 되게 만든 요인이란 얘기다.

중국산 토종 검색 엔진은 바이두는 500년전 晋商이 청조에 협력했던 것처럼, 중국정부 인터넷 정책에 순응하고 있는 것도 성공 발전 요인중 하나이다. 구글이 중국 정부에 음란물 유포 혐의 등으로 트집을 잡히고, 정보 검색의 자유를 요구할 때, 바이두는 정책에 순응하며 시장을 점유하고 있다.

문화대혁명 40주년이었던 2006년 가을, 바이두에서 문화대혁명(文化大革命)이라는 검색어를 입력하면, '당신의 검색어는 관련 법률에 위배될 수 있습니다.'라는 경고문이 띄워졌다. 특정한 시기에 문화대혁명에 대한 네트즌의 호기심은 통제를 당했으며, 바이두는 이를 충실히 수행한 바 있다. 다시 부활한 晋商, 리옌훙의 바이두는 옛 영화를 현실로 재현하고 있다.

7) 강소인

중국 각 지역은 별칭을 가지고 있다. 고대 왕조 시절 명칭을 차용하거나(역사적으로), 많이 나는 특산물을 내세우거나(문화적으로), 현재 소재하고 있는 주력기업을 아예 내세우는 경우(경제적으로)도 있다.

당 시인 王畯은 시구에서 위미즈샹(魚米之鄕)이라는 말을 썼다. 즉 고기와 쌀이 풍성하게 나는 풍요로운 지역이라는 의미이다. 지리적으로는 장강 중류와 하류를 의미하며, 현재의 강소성(江蘇省)에 해당된다. 또 이런 말도 있다. 강소 지방의 곡식이 여물면 천하가 풍족하다. 이는 강소성의 풍족한 자원을 반영하는 말이다. 청나라 시절 114명의 과거시험 장원 급제자 중 49명이 강소성 출신이라고 한다. 물자가 풍부했으니, 공부에 전념하였을 것이다. 중국의 8학군인 셈이다. 이처럼 강소 상인은 풍족한 문화적 경제적 배경을 바탕으로 성장해 왔다고 할 수 있다.

근대 상공업 역사에서 강소 상인은 매우 중요한 역할을 하였는데,

이를 통해 강소성은 근대공업의 발상지가 되었다. 강소 상인은 경영 감각이 매우 뛰어나고 인내심이 강한 것으로 유명하다. 그들은 고객 제일의 가치하에 반드시 장사에 성공하려고 노력한다. 그러면서도 전체적으로는 검소하고 학문을 좋아하고 진지한 태도로 재산과 부를 축적한다. 이런 이유로 강소 상인을 가르켜 '상인의 거울'이라고 칭하기도 한다.

강소 상인들의 또 다른 특징은 다른 어떤 지역보다도 독립성을 중시한다는 점이다. 이들은 '적게 벌든 많이 벌든 모두 내 힘으로 이룬다'라는 사고를 가지고 있다. 이는 강소 상인이 유능하며 독립심이 강하다는 증거이지만, 다른 쪽으로 보면 혈육의 정(血緣)이나 고향의 정(地緣)에 구애 받지않고 독립적으로 활동하는 상인임을 방증한다.

강소 상인의 상업 의식은 창업에 대한 욕망으로 나타난다. 중국이 개혁개방을 막 시작한 1980년대말, 강소 상인들은 생활용품을 등에 지고 전국 각지역을 떠돌았다. 비록 독립적으로 경영을 추구하였으나, 필요하면 외부의 조건을 적극 활용하는 경영 수단도 나타냈다.

다른 지역에 비해 강소 상인이 유리한 점은 딱히 발견할 수 없으나, 상업에 대한 예리한 직감과 유연한 전략이 뛰어났다.

강소 상인은 총명하다. 만약 광동인, 복건인, 절강인, 강소 사람이 함께 달리기를 한다고 하면, 광동인은 꾀가 많고, 복건인은 열정이 넘치며, 절강인은 가장 빨리 달린다. 반면 강소인은 서두르지 않으며, 그렇다고 여유를 부리지도 않는다. 느긋하고 침착하다. 단거리 경주라면 강소인은 민첩하고 발빠른 절강인에게 질 것이다. 그러나 장거리 경주라면, 결론은 강소 상인이 항상 승리한다는 점이다.

강소 상인의 승리의 비결은 무엇일까? 바로 인내력이다. 그들의 경쟁 방법은 착실하게 일하면서 점차적으로 우위에 서는 것이다. 초반에 두드러지지 않지만 장기적으로 축적되어 후반에 이르면 위력을 발휘한다.

홍콩이 1997년 7월 1일자로 중국에 반환되고, 상해시에 정치적 기반을 가졌던 장쩌민 정부는 본격적으로 상해를 중국의 새로운 경제성장 엔진으로 부상시키기 시작한다. 결국 강소성은 상해 발전을 위한 배후기지 역할을 수행하여야 하는 운명을 맞이하였으나, 강소 상인들은 주어진 임무를 묵묵히 수행하게 된다. 이는 강소 상인 특유의 인내력이 바탕이 되었음은 물론이다.

모든 상인은 신용을 중시하는 것이 기본일 것이다. 그러나 지역에 따라서 의리가 앞서는 경우도 있고, 이익을 먼저 도모하는 경우도 있다. 강소 상인들은 '권력자들의 미움을 살 지언정 고객들의 신용을 잃을 수 없다'라는 경영 원칙을 가지고 있다. 이는 장기적인 경영전략을 가지고 있는 강소 상인들에게는 반드시 필요한 덕목이었을 것이다. 따라서 중국 상업계에서는 '신용하면 강소 상인'이라는 이미지를 구축하고 있다.

복건 상인에 비해 리스크 테이킹이 부족하며, 광동 상인에 비해 재빠르게 반응하는 영리함이 부족하고, 절강 상인에 비해 온 천하를 사로 잡을 도량과 포부가 모자른다는 평을 받는 것이 강소 상인이다. 하지만 다른 시각에서 보면 강소 상인은 보수적이며 안정적이다.

역사는 그 결과를 명확히 나타내고 있다. 휘상(안휘성), 진상(산서성), 섬상(섬서성), 산동 상인들은 역사적으로 성대한 전성기를 경험했던 중국의 유명한 상인들이다. 그러나 21세기에 들어서면서 이들의 명성은 이미 쇠락했거나 쇠락하고 있다. 강소 상인만이 아직도 제몫을 해내고 있는 것이다.

공장 한 칸을 임대낸 민영 철강사에서 시작하여 중국 3위, 세계 7위 규모의 철강그룹이 된 사강집단의 선원롱(沈文榮) 회장, IBM PC 부문을 매입하여 일거에 다국적 IT기업으로 부상한 리엔샹 그룹의 리우촨즈(柳傳志) 총재, 최대 에어컨 메이커인 춘란 그룹의 타오젠싱(陶建幸), 그리고 본고에서 소개할 쑤닝전기의 장진둥 등이 대표적인 강소 상인들이다.

가전유통업 부호, 장진둥(張近東)

쑤닝전기(蘇寧電器) 회장 장진둥(張近東)은 자산이 336억 1천만 위안으로 중국 5위 부호이다. 장진둥은 자본금 10만 위안으로 강소성 남경시에서 에어컨 대리점을 시작한 지 17년 만에 자산규모 162억 2천만 위안(2007년)인 중국 최대 가전 유통업체의 대주주가 된 인물이다. 중국 가전 시장규모는 2007년 기준으로 7,430억 위안으로 추산되는데, 장진둥이 소유한 쑤닝전기의 시장 점유율은 5.4%로 가장 높다. 쑤닝전기의 유통 전략은 '쑤닝 모델'이라 불리며 중국 내 가전 유통 전략의 교과서적 모범으로 통해왔다.

장진둥은 1963년 3월에 강소성 남경시에서 태어났다. 1980년에 장진둥은 남경사범대학 중문과에 진학한다. 1984년 7월, 장진둥은 21세에 대학을 졸업하고 남경시 국유기업인 하오웨이 사원으로 직장 생활을 시작했다. 1984년은 중국이 개혁개방 정책을 시작한 이후 첫 번째 샤하이(下海) 열풍, 즉 철 밥그릇이던 국유기업을 뛰쳐나와 위험과 가능성이 공존하는 민영기업을 창업하는 바람이 불던 때였다. 그가 처음으로 받은 월급 55위안은 단조로운 업무처럼 3년간 변화가 없었다.

자료: 쑤닝전기 홈페이지 (2008.10)

〈사진 27〉 쑤닝전기 총재, 장진둥

결국 청년 장진둥은 고민 끝에 형 장궤이핑(張桂平)과 1987년에 철 밥그릇을 팽개치고 남경시 번화가에 10만 위안을 자본금으로 에어컨 대리점을 차렸다.

장진둥이 에어컨 대리점을 낸 1987년은 도시민을 중심으로 백색 가전 수요가 급증하여, 제품만 있으면 판매에는 문제가 없던 시기였다. 가전 판매 경험을 축적한 장진둥은 에어컨 대리점을 낸 지 3년 만인 1990년 12월에 쑤닝전기의 전신인 쑤닝가전공사를 설립했다. 쑤닝가전공사는 '춘란 에어컨 남경시 전매점'이라는 간판을 달고 춘란(春蘭) 에어컨 한 품목만을 취급했다. 1985년에 설립된 춘란 에어컨은 강소성 태주시에 위치한 국유기업으로 1990년대에 줄곧 에어컨 시장점유율 1위(30%)를 유지했고, 현재는 연산 500만 대 규모의 대형 제조사로 발전했다.

특정 회사의 특정 제품만을 취급하는 방식은 1990년대 초에는 생소한 것이었다. 강소성 수도인 남경시에서 유일한 에어컨 전문매장을 보유했던 장진둥은 학교, 기업 등 기관을 대상으로 단체 판매에 주력했다. 1990년 당시는 중국의 에어컨 메이커가 10개 사에 연산 능력이 24만 대에 불과하여 판매자가 우위에 있던 시장구조였음에도 불구하고, 장진둥은 박리다매 원칙을 고수했다. 이듬해인 1991년에 장진둥은 사업 범위를 확대하여 수입 에어컨도 취급했고, 1년 만에 매출을 2000만 위안으로 올려 놓는다. 그 후 광동성 지역을 중심으로 거리(1991년), 커롱(1993년) 등 국산 가전 메이커가 등장하면서 중국산 에어컨 대량 생산시대가 도래하게 된다. 1993년에 중국 내 에어컨 생산량은 292만 대로 늘었고, 기업의 설비 투자가 계속되면서 1994년에는 생산능력이 800만 대로 늘었다.

전력을 많이 소비하는 에어컨은 중국에서 사치품으로 규정되어 에어컨 구매자들은 별도의 설치비를 내야 했다. 높은 전압이 필요하기 때문에 전용선을 사용했고 일부 지역에서는 전기세를 추가 부담하기도 했다. 이러한 특수성으로 인해 에어컨의 주요 판매 경로는 일부 국유기업이 독점했고, 특히 여름철 성수기에는 자금과 판매력이 있는 대형 국유 유통상이 아니면 물량을 받을 수도 없었다. 반면에 비수기인 겨울철에는 공장을 아예 가동하지 않고 직원에게 장기 휴가를 주는 일도 있었다.

소규모 민영사인 쑤닝전기는 이러한 계절적인 시차와 시장경제 메커니즘을 활용하여 새로운 수익 모델을 추구하게 된다. 즉 제조회사와 계약을 맺어 비수기인 겨울철에 생산되는 물량을 저가로 확보해 놓는 것이었다. 많은 제조회사가 쑤닝전기가 제안한 새로운 방식에 관심을 가졌으나, 장진둥으로서는 일대 모험이 아닐 수 없었다. 혹시라도 수요 예측이 잘못되어 과다한 물량을 구매할 경우 회사는 자금난에 봉착할 수 있고, 1년 후의 여름철 날씨를 예측해야 하는 위험 부담도 있었다. 그러나 1992년부터 시작된 '입도선매' 방식은 매년 성공을 거두었다. 이것이 쑤닝전기가 처음 시작한 판매 모델이었고, 이후에는 타 유통업체들도 이를 모방했다. 이러한 판매방식의 성공으로 쑤닝전기는 제조회사에 대한 가격 주도권과 물량 확보를 통한 시장 주도권을 동시에 거머쥐게 되었다.

쑤닝전기가 도입한 두 번째 모델은 바로 광고 전략이다. 1990년대 초만 하더라도 도시민이 가전제품을 구매할 때에는 소속 국유기업에서 구매권을 받아서 살 정도로 계획경제 메커니즘이 남아 있었다. 이런 상황에서 가전 유통기업은 굳이 광고를 할 필요가 없었다. 그러나 비수기인 겨울철에 에어컨을 팔기로 작정한 쑤닝전기의 시각은 달랐다. 1993년 1월, 한겨울에 쑤닝전기는 "시원한 여름을 보내려면 쑤닝에서 에어컨 구매를"이라는 슬로건을 내걸고 무려 50만 위안이라는 광고비를 쏟아 붓기 시작한다. 이러한 쑤닝전기의 공격적인 마케팅은 바로 효과를 발휘해 1993년 1~4월간 에어컨 판매는 9000만 위안을 기록하면서 선구매량을 초과했다.

세 번째 모델은 박리다매. 물론 쑤닝전기의 박리다매 전략은 타 유통업체보다 유리한 조건에서 대량으로 입도선매한 물량이 있기에 가능했다. 1993년 5월에 판매한 화빠오 모델은 판매가가 5562 위안이었고, 이는 타 유통업체보다 12.6% 저렴한 수준이었다. 그 결과 1993년 쑤닝전기 매출액은 전년보다 187% 증가한 3억 2백만 위안을 기록하게 된다.

중국 소비시장의 특징 중 하나가 시장 단절이다. 즉 지역보호주의가 팽배하여, 타 지역에서 생산되는 제품의 진입이 원천적으로 힘들다. 이는 지역 내 기업 제품 판매가 세수(稅收)와 취업에 직결되고, 지역 내 유통기업이 해당 지방정부의 통제 하에 있기 때문이다.

따라서 거의 모든 성(省)급 지방정부가 가전 판매사와 유통사를 소유한 1990년대에, 남경시에 소재한 민영 유통사인 쑤닝전기가 전국적인 판매 네트워크를 구축하는 것은 물리적으로 불가능한 일이었다. 그러나 장진둥은 ① 제조사와의 협력, ② 전문적인 고객 서비스 제공, ③ 규모의 경제 추구라는 세 방법을 통해 이를 돌파하였다.

먼저 제조사와의 협력은 쌍방이 신의를 쌓음으로써 구축했다. 가장 먼저 한 일은 쑤닝전기가 얼마를 버는지 정직하게 공개하는 일이었고, 이를 확인한 제조회사는 더욱 좋은 가격 조건으로 제품을 공급하게 되었다.

쑤닝전기는 에어컨 공급처를 같은 강소성에 소재한 춘란 에어컨 한 곳에 의존하였다. 그러나 사세가 확장되면서 규모의 경제를 갖출 필요성을 느끼게 되었다. 1990년 초 화남지역에 여러 에어컨 제조회사가 등장했으나, 품질 및 판매 네트워크 문제 등으로 타 지역에서 판매하기는 여의치 않았다. 그러나 장진둥은 1992년 가을, 신생 기업 화바오에 500만 위안의 주문서를 넣는다. 이러한 과감한 행보는 타 지역 제조회사인 산양, 화링, 커롱, 메이디 등으로 확산되었고, 소비자는 쑤닝전기 한 매장에서 전국 모든 브랜드의 에어컨을 비교 구매하는 혜택을 누릴 수 있었다.

쑤닝전기의 고객 서비스는 고객의 입장을 고려하는 것에서 시작한다. 당시 에어컨 설치 시 소요되는 모든 비용은 고객 부담이 원칙이었다. 그러나 쑤닝전기는 이를 제조회사가 부담하는 것으로 바꾸었으며, 이를 할인된 가격에 포함시켰다.

설치 후에 작동을 확인한 고객이 확인서를 제출하면, 제조회사가 쑤닝전기에 설치비를 후지급하는 식으로 운영한 것이다. 결국 고객은 추가 설치비 부담을 안 해도 되고, 제조회사는 설치비 결제를 에어컨 판매 시까지 유보할 수 있어, 윈-윈 할 수 있었던 것이다. 또한 에어컨 설치를 책임지는 쑤닝전기 서비스 부서 역시 고객만족에 최선을 다해야만 하는 선순환 구조를 구축했고, 1993년에 업계 최다 서비스 인력(300명)을 보유했다. 이러한 쑤닝의 노력으로 '쑤닝에서 에어컨을 구매하면 설치, 유지, 보수에 걱정이 없다'는 소비자의 신뢰를 얻게 되었다.

그 결과, 1996년에는 15억 위안 매출을 기록했고, 중국 24개 성, 자치구, 직할시를 커버하는 4000여 곳에 판매 대리점을 두게 된다.

그러나 1995년에 에어컨 생산량이 500만 대, 제조사가 300개로 늘면서 시장은 점차 포화 상태에 이르게 된다. 에어컨 시장이 포화상태에 이른 1996년에 쑤닝전기는 첫 번째 경영 위기를 맞게 된다. 그동안 가장 신뢰했던 파트너인 춘란 에어컨이 10억 위안을 투자하여 직영 판매 대리점 3천 개를 개설하기로 전략을 바꾼 것이다. 하이얼, TCL, 메이디 등 다른 제조회사들도 치열해지는 시장 경쟁에서 원가 절감을 위한 직거래를 확대하는 추세였다.

결국 쑤닝전기는 변신을 꾀하게 되었다. 우선, 소수 가전 메이커만을 상대했던 이전 대량 구매방식에서 탈피하며, 다사 소량 구매 방식으로 공급선을 다원화한 것이다. 그 다음으로 제조회사에 직접 지분 투자를 하여 전략적 동맹관계를 구축했다. 1998년 강소산양공사를 필두로 남경슝마오전기설비(1999년. 지분 49%), 페이꺼에어컨(1999. 50%), 북경화링전기(2000) 등에 투자를 했다. 마지막으로 에어컨 전문 매장에서 탈피하여 모든 백색가전을 취급하는 종합 가전 양판점으로 변신을 꾀했다. 1999년 12월 26일, 드디어 쑤닝전기는 가전 종합 양판점 1호를 남경시에 오픈하게 되었다. 이러한 적극적인 변화 노력이 성공을 거두어 2000년 쑤닝전기의 매출은 40억 위안으로 성장했다.

2001년, 중국의 WTO 가입은 쑤닝에게 기회이자 위협이었다. 중국 유통업은 정해진 일정표에 따라 대외에 개방되고 있었고, 안팎 경쟁자들은 힘을 키워갔다. 이에 장진둥이 선택한 성장 전략은 증시 상장이었다. 장진둥은 2001년 6월에 쑤닝전기연쇄점그룹을 설립하여 국내 증시 상장을 위한 작업에 착수했다. 가전업계는 대형 유통상이 상장을 통해 몸집을 불리는 것을 탐탁치 않게 여기고 방해공작을 하기도 했다. 어려움을 정면 돌파한 장진둥은 드디어 2004년 7월 21일,연쇄점 기업으로는 처음으로 쑤닝전기를 심천증권거래소에 상장하게 된다. 최초 발행 주식은 2500만 주로 공모액은 3억 9600만 위안에 그쳤으나, 증자를 거듭하여 현재 총 주식수는 7억 2천만 주로 늘었다. 현재 장진둥은 쑤닝전기의 지분 44.9%를 보유하고 있다.

쑤닝전기의 미래는 '3C+ 매장' 구축 전략으로 귀결된다. 즉 이전의 가전 양판점에서 컴퓨터(Computer), 통신(Communication) 등을 더해 IT 및 가전 양판점으로 발전하는 것이다. 이를 위해 2003년 3월, 남경시에 3C 매장 1호를 열었다. 그 다음 단계인 3C+ 매장은 조명기구, 욕실설비, 헬스용품 판매까지 범위를 넓혔다. 2007년 말 현재 쑤닝전기의 3C+ 매장은 82개이다. 현재 쑤닝전기는 중국 내 152대 도시에 연쇄점 632개를 보유하고 있으며 매장의 면적을 모두 합하면 264.21만 ㎡(연쇄점 1개당 평균 4180㎡)에 이른다.

쑤닝전기의 사원수첩 1면에는 "쑤닝의 유일한 제품은 고객 서비스"라는 글귀가 적혀있다. 가전 제품 양판점으로서 당연한 문구이기도 하지만, 쑤닝은 이를 꾸준히 실천해 오고 있다. 실제로 쑤닝전기와 장진둥 회장은 수년간 '소비자 신뢰기업', '가장 일하고 싶은 민영기업' 등으로 선정된 바 있다.

장진둥 회장은 2008년 북경올림픽과 2010년 상해세계박람회를 도약의 계기로 삼겠다는 포부를 밝혔으며, 연쇄점 1500개를 개설해 중국 내 333개 도시를 커버하겠다는 목표의 달성을 앞당길 계획이다. 중국의 월마트가 되고자 하는 강소 상인 장진둥의 꿈은 이미 시작된 것일지도 모르겠다.

8) 산동인

산동의 별칭은 제노(齊魯)이다. 이는 기원전 500년 산동 지역에 제나라와 노나라가 존재했기 때문이며, 산동은 공자가 태어난 곳으로 유학 문화의 본산이다. 제노문화는 산동문화의 또 다른 명칭이며 일종의 통일된 문화를 지칭하는 것으로, 산동의 광활한 토지를 배경으로 형성되어 그 지방의 특색을 갖추고서 산동인 성격과 산동 문화를 형성했다.

유가 문화는 중국의 봉건사회에서 주류 문화였기 때문에 중국 전통 문화의 주체이자 핵심이라 할 수가 있다. 그것은 중국인의 국민성 형성에 상당한 영향을 끼쳤고, 특히 산동인의 성격 형성에 막대한 영향을 주었다.

공자와 맹자라는 두 성인이 모두 산동 지역에서 출생했다는 사실은 산동인들로 하여금 강한 전통 의식을 형성케 했다. 이러한 의미에서 산동인을 진정한 유학의 후예라고도 말할 수 있다. 산동 유학은 공자 맹자 유학의 정통성을 힘써 지키려는 의식을 구비하고 있다.

유교문화의 영향으로 형성된 산동인의 성격은 대체로 순박하다. 그러나 산동인들의 순박함은 관념을 폐쇄적으로 만들기도 하고, 또 시야를 좁게 하고 사상이 낙후되게 만들어 오늘날 시장경제를 발전시키는데 필요한 요소와 서로 모순되기도 한다.

산동인의 이러한 순박한 성격은 토지를 중시하는 관념(重土觀念)인 유가의 교훈과 불가분의 관계를 지닌다. 다시 말해 유가는 농업문화의 산물이자, 동시에 농업 문명의 수호신으로 간주되고 있다.

산동인들이 문화와 교육을 중시하는 것은 유가 문화의 직접적인 영향을 받은 결과이다. 교육을 중시하고 인재를 배양하는 것은 바로 제노지역의 전통이기도 하다. 제노지역은 공자라는 위대한 사상가를 배출했고, 이 위대한 사상가는 바로 위대한 교육가로서 교육을 중시하여, 중국 역사상 가장 먼저 개인학교를 세우고 교육했던 교육가이기도 하다. 그리고 전통문화와 성현(聖賢) 정신을 계승한 산동인들은 문화적 소양과 지식을 겸비한 사람들을 인재로 간주했다. 산동인이 선생님을 존경하고 교육을 중시하는 풍조는 전통으로 이어 내려오고 있다.

유교 문화는 도덕과 수양을 중시하고 노동과 생산을 경시한다. 치국(治國)을 중시하면서 경제(經濟)를 경시한다. 때문에 과학기술의 발전과 과학인재의 배출에는 매우 소극적이었으며, 이는 산동지역의 인재 구조상에서 잘 보여지고 있다. 실제로 산동지역은 역대로 걸출한 정치가나 문학가 및 역사가들이 배출된 곳이기도 하지만, 과학기술 인재는 비교적 적게 배출되었다.

산동인들의 인의(仁義) · 정의감 · 사회적 책임감 등은 모두 도덕의식의 표현이라고 할 수가 있다. 산동인들은 마음이 선량하고 다른 사람에게 선을 베풀고 자신이 하기 싫은 일을 남에게 강요하지 않는다. 그리고 일종의 정치화 · 사회화된 도덕 의식인 사회적 책임정신을 가지고 있다.

유가 문화는 가정과 사회의 안정을 중시하여 그들로 하여금 시종일관 정직과 충성, 애국의 기질을 보존하게 만들었다. 실제로 산동인들은 전통을 존중하면서 권위에 복종하고 힘든일을 원망없이 해내며 이치에도 밝아서 대세 판단을 잘 한다.

산동인과 접촉을 해 보았거나 왕래를 했던 외지인이 산동인을 묘사할 때 종종 '무던하고 관대하며, 가식이 없고, 솔직 단백하고, 선량하며 아량이 깊고, 소박한 것이 마치 한 그루의 붉은 수수와 같다'라고 말한다. 이같은 특성을 지닌 산동인들은 사업을 하는데 있어서 실제적인 것을 강구하여 그 효과를 중시하고, 인간관계에서도 인애와 상부상조를 중시한다. 산동인을 말할때 '산동대한(大漢) ·

장한(壯漢)・호한(好漢) 등의 형상이 사람들의 뇌리 속에서 바로 떠오르는데, 확실히 산동인들은 문무를 겸비하고 체격이 장대하다.

산동의 경제발전은 산동인들의 노력에 의한 것으로서 중앙정부의 혜택이나 보조가 없었다. 실제로 산동인들은 자신들이 구비하고 있는 인내성과 노력에 의해서 중국의 각 지방 가운데 경제적 성취도가 비교적 높은 지역으로 발전을 이룩하였다. 이 때문에 중국 경제의 무대에서 산동성은 상당한 저력과 능력을 지닌 것으로 평가되고 있다.

반면, 산동인은 전통과 경험을 중시한 나머지 지나치게 자아의식과 자기체험 및 자기수양 등을 중시한 결과 외래문화를 경시하기도 한다. 지나치게 신중하거나 보수적이고 폐쇄적인 성격을 지니고 있다는 일부 평가는 산동인이 앞으로 해결해야 할 문제이기도 하다.

정직하고 통이 큰 장사꾼, 산동 상인

신용과 정직은 산동 상인이 사람을 평가하는 2대 기준이다. 산동 상인과 거래를 하려면 신용과 정직을 최선의 전략으로 삼아야 한다. 그들과 거래하면서 혹시 속으면 어쩌나 하는 걱정은 크게 하지 않아도 된다. 유교의 본고장이어서일까, 산동 상인은 잔재간은 좀 부족하다 하더라도 마음은 후덕하며, 말주변은 없어도 도리는 지키려는 사람들이다. 신의를 저버리고 정직하지 못한 자는 인정 받지 못하며, 이 기준은 산동에서 일반적인 인간관계뿐만 아니라 서로 속이기 일쑤인 비즈니스 업계에도 적용된다. 산동 상인의 비즈니스 2대 원칙은 첫째 양심을 지키고, 둘째 친구에게 부끄러운 짓을 하지 않는 것이다.

산동 상인의 신용에 관한 인식은 우리도 잘 아는 칭다오 맥주 사례에서 발견된다. 주당이 아니더라도 세계적인 맥주 브랜드인 칭다오 맥주를 모르는 사람은 드물 것이다. 그런데 칭다오 시민은 인근 광천수 산지인 라오산(崂山) 지방에서 생산되는 라오산 맥주를 훨씬 즐겨 마셨다. 라오산 맥주는 톡 쏘는 맛이 더 강하고 진한 편이다.

칭다오 맥주는 유명 브랜드인데도 불구하고, 정작 고향에서는 무명의 라오산 맥주에게 눌려 힘을 못 쓰고 있었다. 이는 칭다오 맥주의 치욕이었다. 이에 1996년 4월 칭다오 맥주는 칭다오 시민에게 마스터 플랜 하나를 공포했다. '시민들에게 그 달치에 생산된 신선한 맥주를.' 여기에 그치지 않고, '우리의 단기적인 목표는 당일 생산된 맥주를 당일 마시도록 해드리는 것'이라고 발표했다.

이후 칭다오 맥주는 시내 200여개소에 본사 직영 호프집을 개설했다. 수천만 위안을 들여 새로 구입한 40여대의 맥주 전용 운반 차량으로 공장에서 방금 생산된 맥주를 끊임없이 호프집으로 공급했다. 이후 칭다오 맥주는 고향 시민들로부터 폭발적인 인기를 얻었다. 이것이 계기가 되어 칭다오 맥주의 중국 전체 매출도 한 단계 상승하게 되었다. 음료 업계에서는 이것을 칭다오 맥주의 '승낙제(承諾制. Warranty)'로 불렀으며, 이를 계기로 많은 중국 기업들이 칭다오 맥주의 전략을 모방하고 있다. 산동 상인의 신용 중시 개념이 칭다오 맥주의 승낙제로 부활한 셈이다. 승낙제란 소비자에게 무언가를 약속을 하고, 시종일관 정직하게 이를 지켜나가는 중국식 보증제도이다.

이러한 산동 상인과의 거래에는 신용과 정직을 최선의 전략으로 삼고 술수를 부리지 않는것을 원칙으로 삼아야 한다. 상호 신뢰를 바탕으로 다방면에 협력을 아끼지 않는 상거래를 유지해야 한다. 또한 이익보다는 의리를 중시하는 이미지를 연출하는 것도 산동 상인들을 감동시키는 방법이 될 것이다.

술을 빼어 놓고 산동 상인을 이야기 할 수 없다. '간(肝)은 상해도 좋으나 정(情)은 상해서는 안 된다'라는 말은 산동 상인이 술자리에서 잘하는 말이다. 그만큼 술은 산동사람들의 생활 그 자체다. 의류산업은 산동에서 맥을 못추고 있다. 산동 기업들 가운데 유명 의류메이커는 찾아보기 힘들고 산동의 의류 구매력은 연해지역에서 가장 낮다. 반면에 산동에서 가장 많은 광고는 바로 술 광고이다. 호탕하게 술 마시는 중국사람은 동북사람 아니면 산동사람이다. 산동성에서 생산되는 술 브랜드 수는 사천성에 이어 2번째로 많다.

광동 상인과 산동 상인을 비교해 보자. 광동 상인은 돈 버는 머리가 아주 빠르게 돌아간다. 그들은 장사를 하더라도 야무지게 하고 돈 안될 장사도 재간을 발휘하여 절묘하게 돈 될 장사로 바꾸어 놓는다. 지리적 위치, 정책의 틈새, 외국의 자금, 홍콩과의 혈연관계 등을 교묘히 활용한다.

산동 상인은 그저 열심히 일하는 정공법 이외는 별다른 테크닉과 술수를 부릴 줄 모른다. 산동 상인은 측변 돌파를 하려들지 않는다. 중앙정부의 정책과 방침을 충실히 따르려 하며 한 발자국도 이탈하지 않으려 한다. 유연성과 융통성을 발휘해야 하는 상인으로는 미련할 정도로 고지식하고 준법성이 강하다. 그야말로 '법대로'다.

산동을 여행하던 광동 상인이 시장 바닥에 대파를 산더미처럼 쌓아놓고 팔고있는 산동 상인에게 대파가 1근에 얼마인지 물었다. 그리고 훈수를 두었다. '대파를 속과 껍질 부분으로 나누어 팔면 이익이 많을 터인데'라고. 이에 대한 산동 상인의 대답은 역시 통이 크다. '사소한 이익은 대수롭게 여기지 않아야 진짜 산동 사나이죠.'

역사의 고난을 이겨온 산동 상인

산동 상인 역시 동향 의식이 매우 강하다. 산동 상인은 외지에 나가 장사하면 서로 돕고 단결하는 특성을 발휘한다. '광동은 개방에 의지하고, 북경은 중앙정부에 의지하고, 산동은 고향에 의지한다'라는 말은 산동의 동향 의식을 잘 나타내 준다. '산동 상방(山東商幇)'과 '산동 회관(山東會館)'이란 상업 친목단체는 청조 때부터 전국에 세워졌다. 산동 상인과의 사업에서 성공하려면 유달리 강한 산동인의 동향의식을 파악하고 활용해야 한다. 산동 상인의 '꽌시'에 스며들어 '산동 상인'이 되면, 외국업체라할 지라도 그들과 함께 협력하여 경쟁업체와 맞서 대응하는 동맹 관계 구축도 가능하다. 이러한 동향 의식은 고난의 역사와 선이 닿아 있다.

산동 상인은 고난의 역사를 겪어 왔으며, 고생을 잘 견디는 유전자를 보유하고 있다. 노나라는 진(晋) 조(趙) 초(楚) 등의 강대국에 둘러 쌓여 겨우 생명을 유지해야 하는 소국이었다. 심지어 전국시대 철학자인 고자(告子)는 '대임을 맡기려면 시련을 겪게하여 분발하는 정신을 배양하고 인내하는 힘을 길러야 한다'라고 산동 젊은이들에게 역설했다.

1889년 일본이 중국 침략을 염두에 두고 편찬한 만주지지(滿洲地誌)에서는 산동인과 산동 상인을 이렇게 평가하고 있다. 산동인은 극기 정신이 강하며 근검절약에 힘쓰고 고생을 참고 견딘다. 노동자들은 강한 단결력을 가지고 서로 도우며, 상인들은 서로 연결되어 있어 흡사 회사의 조직과 같다. 각 상점은 회사의 지점과 유사하여 서로 상품을 보급해 주고 유통을 도우면서 심지어 자금도 서로 융통하여 준다. 각각 상점은 경쟁 상대의 입장에 있음에도 불구하고 산동인은 시장을 독점하려 하지 않는다.

산동 상인은 고생은 잘 견디나 좀처럼 모험을 하지 않으려 한다. 잠재적 경제력이 큰 지역인 산동에서는 리스크가 큰 투자일수록 돈 벌 기회가 많고 다른 지역보다 오히려 쉽게 성공 할 수 있다. 산동 상인의 위험을 두려워하는 심리와 박리다매 마케팅기법을 이용하여, '다품종 소량' 거래보다 '한꺼번에 대량'으로 계약하는 협상전략을 구사한다면 다른 지역보다 성공 확률을 높힐 수 있을 것이다.

광동 상인은 '작은 것이 아름답다'라고 하나 산동 상인은 '큰 게 좋아'라고 한다. 이는 산동 사나이의 호기와 맥락이 닿아 있다. 산동 상인의 생산품은 주로 대형 포장과 대량 판매이지만 포장의 미관은 중시하지 않는다.

하이얼 회장, 장루이민

장루이민(張瑞敏) 하이얼그룹 회장은 하버드대 경영대학원의 '기절한 물고기를 살려내는 경영자'라는 호칭부터 '중국의 잭 웰치', '중국 경제를 선도하는 대스승(大師)'이라는 화려한 수식어만큼 스포트라이트를 받고 있는 중국의 대표적인 기업가이다.

1999년 영국 파이낸셜 타임스(FT)가 선정한 '비즈니스 리더 26위', 2004년 비즈니스 위크 선정 '세계 경제에 영향력을 미치는 8인', 2005년 FT가 선정한 '세계에서 존경받는 경영인 50인', 북경대 중국브랜드연구소 선정 '2005년 중국 최고의 기업경영자' 등의 평가는 그가 중국은 물론이고 세계에서 차지하고 있는 위상을 그대로 보여준다. 장루이민이 이처럼 최고의 찬사를 받는 것은 23년 전, 적자투성이의 하이얼(당시 청도냉장고 공장)을 중국의 대표 기업이자 세계적인 흑자기업으로 성장시켰기 때문이다.

자료: 하이얼 홈 페이지 (2009.11)

〈사진 28〉 하이얼 총재, 장루이민

중국은 여전히 사회주의 국가다. 하지만 자본주의 국가보다 더 자본주의적인 '장루이민식(式) 경영'은 하버드 경영대학원 · 스위스 국제경영개발대학원(IMD)의 연구 대상이 됐다. 장 회장은 '경사면 위의 공 이론'(斜坡球體論: 시장에서 기업은 경사면에 있는 공처럼 언제든 뒤로 밀릴 수 있다) · '인단합일(人單合一: 경쟁을 위한 개인의 사업부화)' 등과 같은 다양한 경영 이론을 세웠다.

장루이민은 1949년 중국 산동(山東)성 라이저우(萊州)에서 노동자의 아들로 태어났다. 고교 1년생이던 1966년에 문화대혁명(1966~1976년)이 시작됐다. 고교 졸업 후 철강공장에 견습생으로 취직했고, 이후 청도가전공사 등에서 열심히 일해 모범 근로자 · 공장 감독관 등을 두루 거쳐 1984년 12월 하이얼의 CEO겸 공장장으로 부임, 회사 재건(再建)의 임무를 맡게된다.

장루이민이 청도냉장고 공장(1992년 회사명을 하이얼그룹으로 바꿈)을 맡은 것은 1984년, 회사는 147만 위안의 적자를 기록한 난파선과 같은 부실기업이었다. 22년 후인 2006년. 하이얼은 전 세계에서 1080억 위안의 매출을 기록하며 세계 4위의 백색 가전회사로 자리 잡았다. '22년 만에 3만1000배 성장한 기업', '세계에서 가장 빨리 성장하는 가전업체'라는 평가를 얻은 것은 장루이민이 있었기에 가능했다.

칭다오냉장고는 그가 오기 전 이미 전임 공장장 3명이 불명예 퇴직한 상황이었다. 부임 후 공장을 둘러 본 그는 아연실색할 수밖에 없었다. 먼지투성이인 위생상태는 둘째 치고 공장라인 곳곳에는 직원들이 용변을 본 흔적까지 있었다. 직원들이 공장 비품을 마음대로 가져가는 것도 다반사였다. 35세의 혈기왕성한 그는 직원들의 정신개조에 힘을 쏟았다.

그 결과 중국에서 유명한 '장루이민식 경영이론'의 기초가 된 '13조 관리규정'이 탄생한다. 여기에는 '공장 내 대소변을 금지한다'는 내용도 포함돼 있었다. 이어 심혈을 기울인 것은 품질관리였다. 하루는 당일 생산품인 냉장고를 한자리에 모아놓고 품질검사를 해보니 76대가 불량품이었다. 그는 그 자리에서 불량품 모두를 직접 쇠망치로 때려 부수었다. 이것이 중국에서 유명한 '하이알 76대 냉장고 파괴 사건(1985)'이었다. 당시 냉장고 한 대의 가격은 공장 노동자 월급을 반평생 모아야만 살 수 있는 '부의 상징'이었다. 그는 "이번 불량품의 대가는 내가 물기로 하고 월급을 전액 반납하겠다. 대신 이 시간 이후부터 나오는 불량품은 당사자의 월급에서 삭감한다"라고 선언했다. 이후 직원들 사이에 '품질은 기업의 생명선'이라는 의식이 싹트기 시작한 것은 물론이다.

장루이민은 또한 철저한 고객제일주의를 기업의 최우선 가치로 두고 있는데 몇 가지 일화를 보면 그의 신념이 잘 드러난다. 1996년 사천성의 한 농민이 "하이얼의 세탁기로 고구마를 씻었더니 흙과 모래 때문에 파이프가 자주 막힌다"는 엉뚱한 클레임을 제기하자 장루이민은 임직원의 만류에도 불구하고 파이프를 크게 설계하여 '고구마 세척도 가능한 세탁기' 제작을 지시했다. 1998년 4월 이렇게 탄생한 세계 최초의 '고구마 세탁기'는 대성공을 거두었으며 지금도 1년에 10만여 대가 팔리고 있다. 또 10여 년 전에는 하이얼 서비스센터 직원이 광동성 한 시골에 세탁기를 배달해 주려고 나섰다가, 도중에 차에 이상이 생겨 90kg짜리 제품을 등에 지고 2시간 넘게 목적지까지 걸어가서 배달, 역시 하이얼의 직원이라는 찬사가 쏟아졌다.

장루이민의 자본주의보다 더 자본주의적인 사고는 여기서 그치지 않는다. 많이 일한 사람이 많이 받고, 적게 일한 사람은 적게 받고, 일하지 않는 사람은 받지 못한다(多勞多得, 少勞少得, 不勞不得)고 강조하는 그는 평생고용을 뜻하는 철밥

통을 타파하고 철저한 능력주의 인사와 목표관리제도(MBO)를 시행하고 있다. 따라서 하이얼의 기본급 비중은 30% 정도에 불과하며 목표를 80% 이상 채우지 못하면 최저 생계비 정도만 지급한다. 인재선발도 3공(공평, 공정, 공개) 원칙에 입각해 시행하고 있다.

'시장에서 기업 위치는 경사면에 놓인 공과 같다. 기업이 커질수록 뒤로 밀리는 힘도 커진다. 뒤로 밀리지 않도록 하려면 관리능력을 키워야 한다. 하지만 더 중요한 것은 경사면 위로 공이 올라가게 해야 하는데 이 힘은 바로 창의력이다(斜坡球體論)' 등의 장 회장 경영이론은 이미 전세계 유수한 MBA 스쿨 사례 목록에 포함된 지 오래다.

장 회장은 2000년 창사 16주년 기념식에서 비로소 국제화를 선언한다. 1985년 독일 리보하이얼에서 냉장고 생산라인을 들여와 12년 만인 1997년 50년 역사를 자랑하는 리보하이얼을 앞선 기념으로 이제는 외국으로 나가도 된다는 자신감을 얻었다는 표현이다.

해외시장 개척 준비는 독일에서 이루어졌지만 공략시장은 미국이었다. 유럽에서 기술표준을 획득하고 브랜드 점검을 마친 하이얼은 1999년 4월 미국에 첫 해외 생산라인을 만들게 된다. 초기 투자자금은 3000만달러. 1년 후부터 연간 20만대의 하이얼 냉장고가 생산되기 시작했다. 사우스캐롤라이나주에서는 하이얼 공장이 들어선 지역에 하이얼스트리트까지 만들어 주며 지원해 주었을 정도다. 중국 기업이 미국에 회사 이름을 딴 거리를 확보했다는 것은 다른 나라 기업과는 그 의미가 남다를 것이다.

장루이민의 '뚫기 어려운 선진국 시장을 먼저 공략해 성공하면 나머지 시장의 진출은 쉽다'는 '선난후이(先難後易)' 경영철학에 기초해 미국 사우스캐롤라이나에 냉장고 생산 공장을 세운 것을 시발로 하이얼은 글로벌 네트워크 구축에 박차를 가하고 있다. 우리나라에는 2003년 연락사무소를 세워 진출한 뒤 다음해 '하이얼 코리아'라는 법인으로 전환하여, TV · 에어컨 · 컴퓨터 · 와인냉장고 · 세탁기 등을 판매하는 등 본격적인 영업을 진행하고 있다.

9) 사천인

사천성(四川省)을 다른 말로 파촉(巴蜀)이라고도 칭하는데, 고대의 사천은 파족(巴族)과 촉족(蜀族) 두 개 부족이 합쳐서 이루어진 것이기 때문이다. 약 4천년 전 중원지방의 은주(殷周)시기에 사천성은 동부와 서부의 거주지역이 있었는데, 동부는 파족이 서부는 촉족이 살고 있었다.

사천의 지세를 살펴보면 깊은 골짜기에 강이 둥글게 이어져 있고 여기에 여러 개 산이 둘러싸고 있는 인상을 준다. 중국의 중심지역에 위치했으면서도 분지 지형으로 다른 성과의 교통이 매우 불편하다. 사천으로 통하는 길이 좁고 사람과 마차들이 출입하기 어려웠기 때문에, 이백의 시에는 '촉나라 가는 길이 하늘로 오르기보다 더 어렵다(蜀道難,難于上青天)[30]'라고 적혀있다. 또한 사천성은 외부와의 접촉이 어렵고, 평지와 계곡이 이어져 있어 사천을 '나라속의 나라'라고 말했다. 사천인은 '사방이 꽉막힌 나라(四塞之國)'여건에서 성장하면서 자신들만의 문화와 개성을 형성하였다.

풍부하고 충족한 생산품들로 인해서 사천인들은 보수주의적 성격이 뿌리 깊게 형성되어, '만족함을 알면 즐거움이 지속된다(知足常樂)'·'사물을 최고로 여기지도 않으며, 낮은 것으로도 여기지 않는다(不爲物先, 不爲物後)'등의 소농(小農)의식이 세세손손 사천인들의 사상을 속박해왔다. 그 결과 '만족함을 알면 귀한 것이 없고, 그만둘 때를 알면 위태로울 것이 없다(知足不尊, 知止不殆)'등의 관

30) 李白《蜀道難》.

념을 지니게 되었다. 이는 낡은 습관을 개혁하고 고루한 풍속을 버리고 새로운 것을 배우며 '감히 세상 앞에 당당히 맞선다(敢爲天下先)'라는 광동인의 진취적인 관념과 차별화된다.

농업을 중시하고 상업을 경시하는 중농억상(重農抑商)의 전통도 생겨났다. 사천인들은 만족감에서 오는 소강(小康)(먹고 살만한 정도의 생활수준)의식을 지니고서 배불리 먹고도 생활이 풍족함에서 오는 여유와 만족감을 지니고 있다. 그들은 술이 거나하게 취하여 '곡식이 창고에 가득 쌓이고, 술은 항아리에 가득 차 있어서, 더 큰 부자가 될 필요가 있겠는가'라고 말한다. 실제로 상당수 사천인들은 상업의식이 부족하여 장사를 그다지 선호하지 않으며 생산 규모를 무리하게 확대하거나 과욕을 부리면서 재산을 모으려고 하지 않는다. 그 이유는 지역내에서 생산 되는 것만으로도 생활물품을 충족시킬 수 있으며, 고향을 떠나 돈을 벌어야하는 현실적인 필요성을 느끼지 않기 때문이기도 하다.

사천인들은 허황된 이야기를 싫어하고 눈에 보이는 효과를 중시한다. 사천인들은 색깔이 화려하고 아름다워도 그들의 필요와 직접적인 연관이 없다면 소중히 보지 않는다. 그래서 사천인들은 대나무 의자를 좋아하고 고급스럽고 화려한 등나무 의자들을 쓰지 않는다. 사천인들의 이같은 성향은 대나무 의자가 덜 화려하지만 구하기 쉽고 멀리서 운반해 오지 않아도 되는 편리함 이외에도 사천인들이 실용성과 경제성을 중시하기 때문이다.

사천성은 중국에서 면적이 가장 넓지도 않고, 자연조건도 최고는 아니지만 사천인들의 스스로 강해지고자 하는 자강(自强)정신은 중국 내에서도 보편적으로 인정받고 있다. 사천인은 태어나면서 열심히 생활하며 나약한 습관이 없고, 조상과 선조를 존중한다. 특히 가족과 고향관념을 중시하는 등 사람을 귀하게 여기고, 재물을 최고로 여기지는 않는다. 사천인들은 고향 관념과 가법(家法) 관념을 결합하여 가족관념을 만들어 냈다. 그래서 사천인들은 특히 조상숭배와 선조의 무덤에 제사지내는 장례관습을 중시하며, 죽어서는 고향에 묻히기를 원한다. 실제로 사천인들은 결혼에 드는 비용보다 장례에 쓰는 돈이 더 많다.

사천의 아미산(峨嵋山)은 중국의 4대 불교명산 중의 하나이고, 청성산(青城山)은 중국 도교의 발원지 중에 하나이다. 사천인의 불교에 대한 깊은 믿음 덕분에 아미산은 온전하게 보존되어 고대 중국불교의 성지로 현재까지도 쇠퇴하지 않고 번성하고 있다.

사천성에서는 매년 음력 정월 보름날 저녁 각지에서 등불놀이(쥐불놀이)가 열리는데, 그중에서 성도등회(成都會燈)와 자공등회(自貢燈會)가 유명하다. 사천인들은 사천극(川劇)을 좋아한다. 사천극은 사천방언으로 상연되는데 형식이 활발하고 곡조가 다양하여 이해하기 쉽고 서민적이다. 사천성의 산지에 거주하는 사람들은 장소를 막론하고 어디서나 민가(民歌)를 즐겨 부른다.

사천인들은 꽃시장에 놀러가기를 좋아해 당(唐)·송(宋)이래로 지금까지 성도(成都)에서는 매년 한차례 화회(花會)가 거행되고 있고, 화훼농가가 많아서 꽃시장이 상시로 열린다. 사천인들은 저속한 예술을 싫어하고 고상하고 우아하며 격조 있는 분위기를 좋아한다.

중국의 4대요리 중 하나인 사천요리는 산짐승·가축·생선 등 모든 재료를 이용한다. 사천요리에 대해서 '하나의 요리에 하나의 격조가 있고, 백가지 요리에 백가지 맛이 있다'라고 말한다. 실제로 사천요리는 맛이 다양하고 신선하며 진하고 독특하다.

사천인들의 음식문화는 매우 독특해서 먹는 음식에는 무엇이든 매운 고추를 넣는다. 볶음 요리나 냉채 탕에 이르기까지 고추를 넣는다. 중경의 신선로(마라탕·麻辣燙)는 유명한 요리로 맛이 진하고 향이 매운 것이 특징이다. 이 같은 음식문화로 인하여 사천인들은 매우 활달한 기질을 지닌 것으로 인식되고 있다. 그리고 사천인들이 주는 독특한 인상 중 하나는 말을 빨리하는 것이다.

자료: 바이두 사진 D/B (2009.10)

〈사진 29〉 중국 지도자 덩샤오핑(鄧小平)

광동인도 차를 매우 좋아하지만 사천인의 차를 즐기는 것과 구별된다. 광동인이 마시는 차는 공부차(工夫茶)로 차의 재질과 형식을 중시하지만, 사천인이 마시는 차는 아차(雅茶)로서 고아한 분위기를 중시하며 차의 품질은 그다지 개의치 않는다.31)

31) 福建 및 廣東의 汕頭·潮州 일대 사람들은 오룡차(烏龍茶)를 좋아한다. 오룡차를 즐기는 데는 시간과 비용, 소양이 필요해 시간·노력을 의미하는 '工夫'를 써서 공부차(工夫茶)라 한다. 공부차는 다구가 정교하며 우려내는 방법도 精美하다. 반 발효차인 오룡차는 녹차와 홍차의 장점을 다 갖고 있는데, 만드는 기술이 복잡하고 까다로워 생산지가 많지 않다. 福建省 安溪縣은 유명한 오룡차 산지이며, 자연스런 화향(花香)과 여운은 일품이다. 철관음, 黃金桂, 本山, 毛蟹 등도 유명한 공부차들이다.

중국 개혁개방의 설계사인 덩샤오핑은 사천성 광안(廣安) 출신이다. 광안시는 사천성의 수도인 성도시와 중경시 사이에 위치하고 있다.

자급자족의 땅, 사천의 상인

사천은 줄곧 大상인이 나오지 않는 땅이었다. 이는 사천의 독특한 지리적 환경에 기인한다. 사천은 사방이 막힌 지형으로 지역 내에서 자급자족 경제가 이루어져 왔다. 동에 대파산(大巴山), 북에는 진령(秦領)이, 서에는 공협산맥(邛峽山)이, 남에는 대루산(大婁山) 오몽산(烏蒙山) 등이 있다.

19세기말에 중국 전역을 답사했던 독일의 지리학자 리히트 호펜 역시 사천에 대해서 '사천에는 사람들이 많은데 그들 대부분은 인접한 다른 성에서 이민 온 자손들이다. 그들은 조상의 우수한 부분이 집중되어 있어 고도로 발달한 문화를 가지고 있다. 자존심이 강하고 정열적이면서도 온순하다. 그러나 선조로부터 계승된 상업 정신은 찾아보기 어렵다.'라고 평하고 있다.[32)]

사천성의 이러한 자급자족형 소작농 경제는 상업 발전을 저해하는 큰 요인이 되어왔으며, 동시에 사천 상인의 시야를 좁게 하는 원

---

32) 리히트호펜 (Ferdinand von Wilhelm). 독일 지리 · 지질학자. 1860년 독일의 극동경제사절단으로 일본 · 타이완 · 셀레베스군도 · 필리핀 · 말레이시아 · 스리랑카 등을 방문하였고, 1868년 중국 전역을 답사하였다. 1872년 귀국하여 본대학 지리학교수를 지냈다. 지리학방법론의 발전에 공헌하였고, 대륙 및 해저지형에 관한 地形學을 수립하였다. 주요 저서로는《중국, 그 여행의 결과와 이를 기초로 한 연구(5권, 1877~1912)》등이 있다.

인이기도 했다. 역사적으로 사천은 송대(宋代)에 큰 상업 번성기를 맞이한 바 있다. 송대 사천에서는 중국 최초의 지폐(交子·會子라고 칭함)가 발행된 바 있다. 지폐의 출현은 상업의 발전을 의미한다. 당시 사천은 차(茶), 제지, 견직물, 칠기 등 꽤 높은 기술을 필요로 하는 수공업품이 대량 생산되었으며, 자체의 물자도 풍부하여 상업이 번성한 적이 있었다. 그러나 이후 거듭된 외침으로 사천성의 경제는 일거에 몰락하게 된다.

먼저 몽고군의 사천성 침입으로 송대(宋代)는 타격을 입고 남송으로 쫓겨 났으며, 명나라 때에는 명조를 멸망시킨 이자성(李自成)의 군사에 의해 다시 사천성이 전란에 휩싸이게 된다. 결국 청조 초기가 되자 호북, 호남, 광동, 복건 지역 사람들이 사천성에 유입되어 사천성을 구성하게 된다.

이 시기 유입된 사람들 대부분은 농업에 종사하고 있던 객가인(客家人)들이었다. 객가인은 원래 황하(黃河) 북부에 살았으나, 서진(西秦) 때부터 전란을 피해 지금의 광동성·복건성·광서·강서성 등지의 산간지역으로 이동한 민족이다. 현재 중국을 구성하고 있는 한족(漢族)의 한 분파이다.

이처럼 사천성의 경제 기반이 붕괴되자, 섬서 상인을 필두로 한 타지역 상인들이 사천성 시장을 점유하게 된다. 명조 후기에서 청조 초기까지 사천성 주요 생산기반이었던 정염(井鹽, 염분을 띤 우물에서 정제한 소금)은 모두 섬서 상인들에 넘어가고 말았다. 그후 섬서 상인은 차, 약재, 직물 산업에도 진출했으며, 당시 금융업이라고 할 수 있는 전당포까지 상권을 넓혀 경제적으로는 사천성이 북쪽으로 인접한 섬서성 상권에 포함되어 버렸다. 이후 강서(江西) 상인들도 사천에 들어와 약재, 목재업을 장악하였다.

이처럼 자급자족 기반을 가졌던 사천 상인은 장사를 위해서 밖으로 나간 적은 거의 없고, 오히려 외부에서 유입된 강서인과 섬서인이 경제 활동을 주도했다.

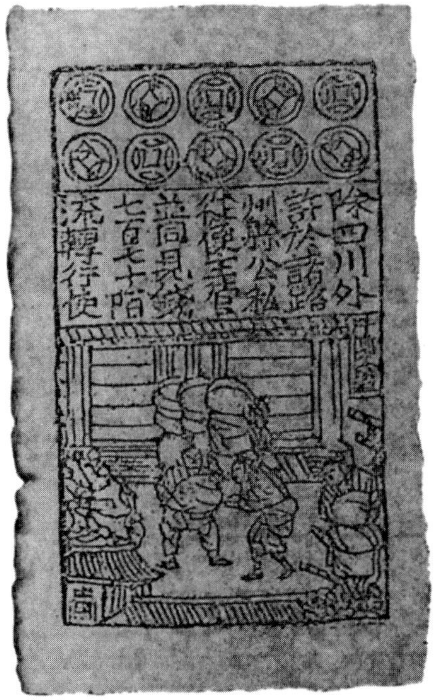

자료: 사천성박물관 홈 페이지(2009.11)

〈사진 30〉 송대, 사천에서 발행된 중국 최초의 지폐

이후 사천성 경제를 발전시킨 사람은 바로 청대 초기에 유입된 객가인이었다. 이들은 농업에 능한 민족이었으나, 특유의 성실성으로 상업 부문에서도 탁월한 능력을 발휘하게 된다. 이들은 후대 사천성 경제를 발전시키는 원동력으로 작용하게 된다.

개혁개방 설계사 덩샤오핑이 한 유명한 말인 '흰 고양이든 검은 고양이든 쥐만 잘 잡으면 된다'라는 말(黑猫白猫論)은 원래 사천 농가에서 전해오는 속담이었으며, 이후 이 지역 출신 군사 전략가이자 중국의 10대 장성(將星) 중 하나인 리우바이청(劉伯承, 1892~1986)이 한 말이다. 이는 사천 상인 특유의 실용주의를 보여준다.

사천 상인은 신뢰가 깊어 '믿지 않으면 움직이지 않는다'는 신념이 있다. 따라서 타인의 부탁을 받은 경우, 아무리 어려워도 이를 수행한다. 상해 상인처럼 조목 조목 따져 완벽에 가까운 계약서 만들기에 치중하지 않으며, 한번 맺은 계약은 약속한 것 이상으로 시키는 점이 이곳 상관습이다. 즉 거래에 있어서 신용과 명예 중 명예를 더 중히 여기며, 타인에게 해가 되는 것은 이익을 주더라도 피한다.

거래 중의 온화하고 가족적이며 감정적인 협상 태도는 객가인의 농경 문화에서 비롯되었으며, 일의 처리에 있어서도 중용의 도를 지키는 것은 사천이 도교(道教) 분파인 오두미도(五斗米道)의 발생지이기 때문일 것이다. 33)

사천성이 낳은 거상, 류용하오

중국의 사료 대왕, 신시왕(新希望)그룹 회장인 류융하오(劉永好, 58세)는 사천이 낳은 大상인이다. 1999년 중국 언론은 류융하오를 중국의 억만부옹(富翁)으로 보도했다. 2001년 미 경제잡지 포브스는 류회장을 10억달러의 재산을 가진 중국 최고의 부자로 소개했다. 2009년 포브스 부호 리스트 역시 류융하오는 중국 2위로 보유 재산이 375.5억 위안을 기록했다.

1982년 1000위안으로 창업한 지 20년이 채 못 돼 劉회장은 중국 최고의 부자가 됐고, 그의 회사는 중국 최대 민영기업으로 성장했다. 부모에게서 물려받은 재산도 아니고, 권력자의 집안도 아닌 사람이 맨주먹으로 출발해 성공한 사천 상인

---

33) 중국의 3대 종교(유교・불교)의 하나. 도학이라고도 한다. 漢시대 이전의 무속신앙과 신선사상, 민중의식을 기반으로 하여, 黃老信仰이 가미되어 후한 말부터 六朝時代에 걸쳐서 형성되었고, 현재에도 타이완이나 홍콩 등지에서 유지되고 있다. 초기 신앙은 불로불사의 神仙을 구하거나 무술이나 도술에 의한 治病・재해 퇴치 등 현세 행복추구에 중점을 두었으나, 내적 수양과 민중적 도덕의식의 견지도 중요시하고 있다. 오두미도는 張陵이 사천의 成都지역에서 시작한 종교집단이다. 도가의 사상을 중심으로 주술적인 治病을 하고, 사례로 쌀 5두를 헌납케하여 이런 이름이 생겨났다.

의 성공 스토리인 셈이다.

1951년 사천성 성도시에 태어난 류 회장이 대부호의 자리에 오르게 된 시발점은 의외로 엉뚱하다. 어려서부터 지독한 가난을 맛본 탓에 '고기라도 먹어보자'는 생각으로 집 베란다에서 메추리를 키운 것이 시작이었다. 메추리가 예상보다 빨리 자라나면서 이를 내다팔기 시작한 것이 병아리 사육, 채소 재배 등으로 이어져 오늘날까지 이르렀다.

자료: 신시왕 그룹 홈페이지 (2009.11)

〈사진 31〉 신시왕 그룹 총재, 류융하오

신시왕 그룹 류융하오 회장에게는 여러가지 타이틀이 붙는다. 시왕(希望)그룹 사장, 전국인민정치협상회의 위원, 전국공상연합 부주석, 중국민생은행 부회장 등 중요한 직함만 대여섯 가지에 이른다. 하지만 보통의 중국인들은 그를 사료왕이라 기억한다. 오늘날의 류 회장과 신시왕 그룹을 있게 한 것이 시왕사료회사이기 때문이다. 지난 1989년 내놓은 돼지 사료가 출시 3개월 만에 거대한 중국 시장을 장악하면서 그는 중국 농축산업계에서 빼놓을 수 없는 인물이 되었다.

그의 주요 재산은 보유하고 있는 신시왕그룹의 지분 28%와 민생(民生)은행 주식 1.7억주다. 그는 향후 5년간 총 100억 위안을 농식품사업에 쏟아 부어 신시왕그룹을 중국의 카길(Cargill)로 만들겠다는 포부다.

류회장이 밝힌 롤 모델은 화교 상인이자 홍콩의 부호인 리자청(李嘉誠)이다. 리자청은 플라스틱 조화(造花)를 생산해 돈을 번 뒤 부동산업과 항만・부두 등 사회간접자본, 정보통신으로 잇따라 변신하면서 대기업가가 됐다. 류회장은 '李회장은 시대의 흐름에 따라 적절하게 새로운 사업기회를 포착해 성공할 수 있었다'고 말한다.

류회장의 '부의 축적과정'도 '리자청식'이었다. 세명의 형제와 함께 1천 위안으로 맨 처음 시작한 사업은 농업이 省 GDP 20%를 점유하는 사천성답게 메추리를 키워 고기와 알을 파는 일이었다. '생태 순환 사육법(메추리 분뇨→돼지사료, 돼지분뇨→물고기사료, 魚粉→메추리 사료)'이라는 새로운 사육법을 개발해 프랑스와 일본에 수출하면서 6년 만에 1천만 위안의 자본을 축적했다. 이어 사료산업으로 변신, 사천성을 석권한 뒤 전국 시장으로 확대했다. 국내외 기업들과의 치열한 경쟁에서 이겨 1990년 매출 1억위안으로 성장했고, 1991년 시왕(希望)그룹을 설립해 회사 구조를 개편하였고, 1996년에 신시왕 그룹으로 확대 되었다.

이때부터 신시왕(新希望) 그룹은 적극적으로 유망업종에 진출했다. 사료첨가제 개발을 위해 동물의약품을 개발하는 의약회사를 설립했으며, 햄 소시지 등 육가공식품과 우유업에 진출했다. 베트남에도 사료공장을 건설했다. 건설업에도 진출해 1998년 사천성 성도인 성도(成都)에 아파트·학교·호텔·주택 등이 함께 있는 신도시를 건설했다. 중앙정부의 국책사업인 서부대개발 공사에도 적극 참여중이다.

신시왕은 또 전국적인 사료판매망을 활용, 물류산업에도 진출했으며 2002년엔 상해 인타이(銀太)백화점을 인수해 유통업에도 발을 들여놓았다. 쑹쭈웨이(宋祖慰) 고문은 "중국의 고속성장에 발맞춰 신규 유망업종에 진출함으로써 중국 최대의 민간기업으로 성장했다"고 밝혔다.

홍콩의 리자청처럼 류회장도 사회간접자본투자를 새로운 도약의 계기로 삼고 있다. 이는 중국 공산당 제16회 전국대표대회에서 민간기업도 인프라 건설에 참여할 수 있도록 허용했기 때문이다. 서부지역에서 동부로 가스를 공급하는 간선 파이프 공사(西氣東輸)는 여전히 정부 몫이다. 그러나 간선 파이프에서 도시로 공급되는 가스관 지선공사와 가스배급업은 민영기업도 할 수 있게 됐다. 신시왕은 발빠르게 움직여 광동성 심천시 등 두 도시지역에 액화석유가스(LPG)와 액화천연가스(LNG)를 공급하는 허가를 얻었다.

1990년대 말에 진출한 금융산업은 류회장이 매우 중시하는 분야다. 중국의 대표적인 민영은행인 민생은행의 최대주주가 류회장이다. 회사가 크게 발전하려면 금융업이 있어야 한다는 류회장의 건의에 따라 중국정부가 허가를 내줘 1996년 설립된 은행이다. 그 외 민생보험과 신시왕투자공사 등 여러 금융 계열사도 있다.

중국 유업계는 2008년 멜라민 우유 파동으로 초토화 된 바 있다. 그러나 일찍이 유업계에 진출한 류융하오는 이러한 위기를 기회로 활용하고 있다. 실제로 모든 중국 유제품 기업이 멜라민 파동을 겪은 것은 아니며, 신시왕은 재난을 면한 행운아다. 신시왕 유업은 완전한 전후방 산업사슬을 갖춘 농업 그룹이다. 신시왕 그룹은 사료, 목축업, 유업, 육종 등에 종사하는 기업을 산하에 두고 있다. 중국 최대의 농축산 산업 클러스터를 형성하고 있는 것이다. 신시왕 유업은 총자산 15억 위안, 연간 액상우유 가공 능력 50만 톤을 자랑하는 서남부 지역 최고의 유제품 기업이다. 류 회장은 '신시왕 제품에서는 멜라민이 검출되지 않았으며, 사료, 가축, 육종에서 원유에 이르기까지 철저하게 관리한다'라고 강조 했다. 신시왕은 원유 생산기지 11곳, 직영 목장 10곳을 소유하고 있다. 중국의 카길이 되기 위한 사천 거상 류회장의 노력이 착착 진행중이다.

10) 동북인

북쪽에 위치한 동북지역은 겨울에 매서운 북풍이 엄습해서 농사를 지을 수 없으며 장기간의 외부생활도 불편하다. 동북인들의 건강한 체형과 우직한 성격 및 곤란을 극복하고 외부의 침략에 저항하는 강인한 의지와 투지 등은 모두 이같은 환경적 요인에 의해 형성된 것이다. 동북인들의 용맹함은 중국에서 유명하며, 실제로 그들의 호기(豪氣)는 자주 외지인들을 놀라게 하고, 음주습관에서도 잘 나타난다.

동북지역의 광활하고 낙후된 농촌 및 산촌에서 주로 소생산 방식에 의해 형성된 저효율로 인하여 동북인들은 매우 소극적인 가치관이 형성되었다. 현상에 만족하고 모험을 두려워하며 구차한 삶이라도 순응하는 인생관을 지니게 되었으며, 그결과 창업과 개척정신이 박약해졌고, 모험과 곤란에 대처하는 능력이 낮은 숙명적인 관점을 지니게 했다.

비록 동북지역은 중국대륙에서 가장 큰 중공업·공업원료·식량생산기지이지만, 비효율적인 생산공정과 낙후된 생산 매커니즘 등으로 인해 동북지역의 경제 효율성과 개인평균 소득 등 경제수준은 전국 평균치보다 뒤 떨어져 있다.

국유기업의 부실을 끝없이 지원해 주었던 전형적인 계획경제 체제는 동북인의 머리를 굳게 만들어서 그들로 하여금 기다리고 의지하는 타율적인 사유방식을 형성케 했다. 이같은 폐쇄적인 관념은 동북인들로 하여금 구체적인 틀 속에 얽매여서 진보적 사상과 실천을 두려워하고 실행치 못하게 했다. 동북인의 시장 및 상품의식은 매우 약해서 상당수 동북인들은 사업을 두려워하고 시장경제논리에도 익숙치 못하다. 농촌부녀가 스스로 경작한 채소를 팔기위해 시장에 가지고 왔지만 당시 채소가격이 너무 저렴하면 화를 내며 채소를 팔지 않고 쓰레기더미 속에 버리곤 한다.

중국에는 풍부하고 다양하고 각 지역마다 지역특색을 지닌 지방연극이 있으며, '지방 방언이 귀에 편하고 즐겁다(鄕音入耳)'라는 표현이 있다. 동북인들이 가장 좋아하는 것은 간단하면서도 즐겁고 다양한 연기를 보여주는 이인극(二人劇)[34]이다. 이것은 동북지방

---

34) 이인극(二人劇)은 중국 이인(二人)곡예가 발전되어 창조된 새로운 극의 하나로서 판호(板胡).분눌(噴吶)으로 반주하며, 두사람이 춤추며 노래를 주고 받는 민간 예술로서 주로 동북 3성지역에서 유행함.

의 전통연극으로서 이인극의 형성은 외래문화인 중원 문화의 영향도 상당부분 받았지만, 동북인들의 심미관(審美觀)과 성격에 대한 예술적 표현이다.

이인극에서는 북방방언을 사용해서 대화식으로 쉽게 연기하는데 절대로 주저하거나 완곡한 자세로 하지 않고 마음에 느끼고 생각하는 것을 있는 그대로 표현하며, 창(唱)을 위주로 삼고 설(說)을 보조로 하는 가무(歌舞)를 결합한 연기이다. 일반적으로 일남일녀 2인이 연기하고, 내용에 따라서 각기 다른 역할을 담당한다. 연기자의 복식과 연기도구도 매우 간단해서 한가지 도구를 여러 용도로 사용하며, 특별한 배경도 필요치 않다.

그외에 대앙가(大殃歌)[35]는 중국 북방지역의 군중 집체무용으로 동북지역에서 특히 유행해서 동북 대앙가라고 한다. 광장・공원 등 넓은 공간에서 앙가(秧歌)에 맞춰 춤을 추는 사람이 매우 많고, 분위기가 고양되고 호방하다. 짙은 붉은 색과 녹색 옷을 입고서 앙가에 맞춰 춤을 추는 것은 동북 농민들이 단순히 '즐거움'만을 추구하는 것이 아니고, '아름다움'을 추구하는 심리를 반영해 주고 있다. 대앙가의 중요한 생명력은 바로 진한 '토속'에 있다.

장사 담력이 떨어지는 동북 상인

동북3성(黑龍江, 吉林, 遼寧)지역 사람은 중국에서 술을 좋아하는 것으로 유명하다. 60도이상의 독한 술을 단숨에 마신다. 남자 허

35) 대앙가(大殃歌)는 중국 북방의 농촌지역에서 널리 유행하는 민간가무의 일종으로, 징이나 북으로 반주하며 어떤 지역에서는 일정한 줄거리를 연출하기도 함.

리띠에 표주박, 여자 허리띠에는 담뱃대라는 얘기가 있을 정도다. 동북 지역에서 비즈니스를 할 경우, 상담보다는 우선 친구가 되는 일이 중요하다. 동북 상인들은 '먼저 친구가 되고 나서, 장사를 이야기 하자(先做朋友, 後作生意)' 라는 말을 자주 한다. 동북 지역에서의 상담은 술과 음식 속에서 이루어지며, 그 경계가 분명하지 않다.

동북인은 싸움에는 담력이 있지만 비즈니스에는 소심하다. 먼저 동북 상인은 타 지역 상인과 비교하여 시장과 상품에 대한 사전 지식이 풍부하지 않다. 광동인의 소심함을 흉보면서도 비즈니스에서의 그들의 대범함에는 부러움에 혀를 내두른다.

동북 상인은 새로운 것을 받아들이는 속도도 느리다. 다른 지역이 시범 사업에서 성공을 거두는 것을 확인하고 서서히 움직인다. 그래서 그들의 행동과 생각은 항상 보수적이다. 행보가 느리고 상식적인 규칙을 깨트리지 않기 때문에 다른 사람이 하지 않는 일에는 감히 나서려 하지 않는 것이다.

이처럼 능동적이지 못한 상거래 방식은 동북 상인들에게는 결점이자 단점이었고, 비즈니스 전장에서 전혀 융통적이지 못한 결과를 낳았다. 특히 80년초에 시작된 개혁개방 정책이 남부 지역에서부터 시작되어 상해를 거쳐 동북 지역에는 가장 늦게 실시되었다. 결과적으로 동북 상인의 비즈니스화는 더욱 지체된 셈이다.

워런 버핏도 감동한 동북 상인, 리구이롄

미국 네브래스카주 오마하. 매년 5월 초 세계적 투자자 워런 버핏 회장이 이끄는 버크셔해서웨이 연례 주주총회가 열리는 곳이다. 2009년 5월초 이곳에서 한

중년 중국 여성과 버핏 회장이 얼싸안고 우정을 과시했다. 요녕성 다롄시에 있는 신사복 업체 '다롄다양촹스(大連大楊創世)' 그룹을 이끄는 리구이롄(李桂蓮) 회장이다. 이 사진이 중국 관영 영자지인 차이나데일리에 소개되자 상해 증시에 상장된 회사 주가는 매일 10% 안팎 오르며 3일 새 30%나 폭등했다.

버핏 회장은 리 회장 요청으로 다롄다양촹스 30주년 기념식(2009.8)에 즈음해 축하 영상 메시지를 보내는 등 남다른 애정을 표시하기도 했다. 그는 영상 메시지에서 다롄다양촹스 옷이 너무 마음에 들어 다른 옷을 모두 갖다 버렸다고까지 농담을 던졌을 정도다. 다롄다양촹스 홈페이지에 올려진 이 영상도 주가를 끌어 올린 호재로 작용했음은 물론이다. 버핏 회장은 현재 다롄다양촹스가 생산하는 브랜드인 '트랜즈(Trends)' 양복을 아홉 벌이나 갖고 있다. 이렇게 되기까지 2년여가 흘렀다.

억만장자 버핏 회장이 다롄다양촹스와 인연을 맺은 것은 2007년 요녕성 다롄시 호텔에 머물 때였다. 객실을 찾은 재봉사 두 명이 8분간 버핏의 치수를 잰 뒤 3주 후 오마하 버핏 자택에 맞춤 양복이 배달됐다. 이후 버핏은 다롄다양촹스 옷만 고집하고 있다.

자료: 東方早報 (2009.9.25)

〈사진 32〉 워런 버핏과 리구이롄

다롄다양촹스 양복을 입는 유명인은 버핏과 빌 게이츠 외에도 세계경제포럼(WEF) 창시자 클라우스 슈바프 회장, 후진타오 중국 국가주석 등이 꼽힌다.

1946년 대련시에서 출생한 리 회장은 가난 때문에 학업을 중단해야 했고, 1979년부터 재봉틀 하나로 옷을 만들기 시작했다. 마을 주부들을 채용해 식탁보와 앞치마 등도 제작했다. 당시엔 재봉틀 살 돈이 없어 주부들에게 집에서 쓰던 재봉틀을 가져와 일해 달라고 부탁까지했다. 그때까지만 해도 리 회장은 요녕성 푸란뎬시 양수팡진의 농촌 여성에 불과했다. 아름다운 것을 좋아하고 예쁜 옷을 입고 싶어서 3만위안을 빌리고 농촌 주부 85명을 모집해 시작한 회사가 다롄다양촹스였다. 지금은 직원 수가 1.5만명에 달하는 대형 신사복 업체로 컸다. 다롄시 최고급 백화점에 가면 리 회장이 만든 브랜드 남성 정장 '트랜즈'가 8천 위안이 넘는 높은 가격에 팔리는 것을 볼 수 있다.

'트랜즈'는 2006~2007년 중국복장협회가 선정하는 품질대상을 받았고, 회사 측은 앞으로 중국 내 주요 도시에 25~30개 분점을 만들어 서비스 질을 더 높인다는 계획이다. 다롄다양촹스는 자산규모만 10억위안, 연간 생산물량이 1천만여 벌에 달한다. 디자인을 조르조 아르마니 등 세계 최고 디자이너에게 위탁할 정도다. 정장 수출량은 중국 내 1위를 차지하고 있다. 글로벌 금융위기로 의류 · 방직 업계가 휘청이는 가운데서도 다롄다양촹스는 끄떡없다.

중국세관 자료에 따르면 중국 방직업계는 2009년 1~7월 수출이 11.1%나 줄었다. 하지만 다롄다양촹스는 큰 영향을 받지 않았다. 오히려 2009년 상반기 매출이 3.76억 위안으로 지난해 같은 기간에 비해 2.1% 이상 늘었고, 순이익은 161.9%나 증가했다.

중국 제조업체를 보는 외국인 눈에는 아직도 '저렴 · 저질 · 가짜' 등 딱지가 붙어 있는 경우가 적지 않다. 하지만 다롄다양촹스 같은 의류업체를 보면 중국 브랜드 세계화가 머지않은 미래라는 사실을 느끼게 된다. 중국이 그토록 원하는 '외국인도 사랑하는 토종 브랜드'를 다롄다양촹스가 대변하고 있어서다. 다롄다양촹스가 성공을 거둔 이면에는 기회를 포착하는 적극성과 고객을 대하는 남다른 태도가 가장 크게 자리 잡고 있다. 고객과 함께 시장을 판단하고 기회를 잡아 좋은 성과를 거두는 전략이다.

다롄다양촹스 창업 이후 변변한 고객이 없었던 리구이롄회장이 1981년 미국계

의류업체 바이어를 잡은 게 그렇다. 리 회장은 이 바이어가 국영 의류업체에 코트 1.6만벌을 주문했다가 거절 당했다는 소식을 듣곤 급히 견본 제품을 만들어 미국행 비행기를 타려던 그를 찾아가 주문을 따냈다. 설 연휴가 끼어 있었지만 다렌다양창스 직원들은 밤낮 없이 작업해 납품했다.

지금은 다렌다양창스 제품이 미국 영국 독일 일본은 물론 의류 선진국인 이탈리아까지 20개 국가로 나간다. 협력 파트너도 든든하다. 다렌다양창스는 일본 아오야마그룹, 이탈리아 GFF그룹, 아르마니 등 세계 정상급 의류・디자인 업체와 손잡고 글로벌화에 힘쓰고 있다. 세계 각지에서 마케팅을 책임지는 관리자 7명이 외국인이고 국외 여러 나라에 외국인 디자이너 30여 명이 있다.

11) 호북인

호북인(湖北人)에 대해 사람들은 '하늘에는 9개의 머리를 가진 새가 있고, 땅에는 호북인이 있다.(天上九頭鳥, 地下湖北佬)'라고 비유해서 말한다. 여기에서 '료(佬)'자는 사전적 의미로는 성인을 가리키지만 동시에 경시의 뜻이 담겨져 있다.

호북은 중국의 중부지역에 위치하며, 예로부터 장강 중류의 동정호(洞庭湖) 이북 지역을 호북으로 불렀다. 호북성의 지세는 서고동저형을 나타내며 산천이 수려하고 토지가 비옥하며 기후가 습윤하고 산물이 풍부하다. 9개 성(省) 둘러쌓여 있는 호북은 교통의 중심지로 북경과 광동성을 연결하는 초류(焦柳)철도가 전성(全省)을 관통하며 장강(長江)・한수(漢水)를 주류로 한 수계가 종횡으로 교차하고, 크고 작 호수가 사방에 있어서 구성통구(九省通衢) 또는 '호수의 성(千湖之省)'으로 널리 알려져 있다.

호북은 유구한 역사와 찬란한 문화를 가지고 있으며, 춘추 전국시대 초(楚)나라[36]가 소재했던 중화민족의 발양지 중의 하나이며 역사적으로 경제가 비교적 발전한 지역 중의 하나이다. 그리고 현대사에 획을 긋는 신해혁명은 호북의 무창(武昌)봉기로부터 시작되었다. 이처럼 유구한 역사문화와 혁명전통으로 말미암아 호북인들은 슬기와 용기를 겸비하게 되었다.

호북성의 자연경관은 아름답고 명승고적이 많다. 호북은 문화역사의 유구함, 수려한 산과 맑은 물, 높은 계곡과 평원을 갖추고 있으며, 그같은 환경속에서 호북인은 총명한 두뇌와 동시에 북방인들의 호방함과 거친 성격을 가지고 있어, 지(智)와 용(勇)을 겸비해서 호북은 역사이래 수많은 문재(文才)와 무장(武將)등의 명인(名人)을 배출해 냈다. 중국의 유명한 현대 시인 원이뚜어(聞一多)도 호북성 출신이다.

타지역의 사람들은 호북인들이 여러사람과 동행시 절대로 맨 앞에서 걷지 않는다고 지적하고, 호북인들의 그같은 행동은 결코 예의를 중시해서가 아니고 맨 앞쪽이 비교적 위험하고 책임이 따르기 때문에 그같은 모험과 책임을 회피하고자 하는 이유라고 한다. 그러나 '선두에 서지 않으려 한다'는 태도만으로써 호북인들이 용기가 없다고 볼 수는 없을 것이다.

호북인들은 중국인 중에 가장 체면을 중시하는 사람들이다. 호북

---

36) 초(楚)는 현재의 湖北省인 長江 중류지역에서 일어난 중국의 춘추전국시대의 나라이며, 춘추오패, 전국칠웅의 하나이다. 형(荊) 또는 형초(荊楚)로도 불린다. 주나라 초기의 작위(爵位)는 자작(子爵) 이었으나, 기원전 704년 武王때에 스스로 왕을 칭하였다. 전국시대 말인 기원전 223년 진(秦)에 의해 멸망 했다.

인들을 '분을 바르고 관에 들어갈 정도로 죽을때 까지도 체면을 중시한다'라고 말해도 조금도 과장된 표현은 아니다. 또한 호북인은 숫자 '6'과 '8'을 특히 좋아하는데 '6'은 순조로움(流流大順)을 뜻하고 '8'은 재물을 벌음(發財)을 의미한다. 이러한 의식을 호북인들은 중시하여 개업을 위해 길일을 택하고 물건을 팔 때도 '6'이나 '8'을 연관 짓는다. 물건을 살 때 일찍 가거나 늦게 가서 주인과 가격을 흥정하며 '8'로 가격을 정하는 것이 가장 좋다. 그러면 호북인들은 영업 번창을 위해서 항상 손님에게 호의를 지니고 흥정할 것이며, 당신은 보다 싼 가격으로 살 수 있을 것이라고 쇼핑 가이드는 말한다.

흥미로운 것은 일찍이 무한 방언인 무한화(武漢話)가 표준어로 사용될 뻔했다고 한다. 무한화(武漢話)는 분명히 뚜렷한 특징을 지닌 언어로서 경강(京腔, 북경어)이나 월어(粵語, 광동화)처럼 무한인(武漢人)들은 무한화(武漢話)를 '한화(漢話)'라고 부른다. '한화(漢話)'는 말할 때 각 글자의 발음이 매우 분명하고, 음의 높낮이와 곡절이 조화되어 리드미컬하고 발음이 비교적 크다. 그래서 '한화(漢話)'를 들을 때 기품이 있으며 호북인의 자긍심을 느낄 수 있다. 무한에 처음 온 외지인들은 언제나 무한인이 거칠고 큰 목소리로 말하기 때문에 교양이 없다고 한다. 사실 '한화(漢話)'는 말 속에 거드름을 피는듯한 뉘앙스를 지녀서 처음 듣는 사람은 무한인들이 겸손하지 않을 것이라는 느낌을 받기도 한다.

호북인들은 봉건미신에 관한 유구한 역사와 문화를 지니고 있다. 실제로 호북에서는 빈민 지역과 부유한 지역을 구분치 않고 미신은 널리 퍼져 있었으며, 특히 선도(仙桃)·형주(荊州) 등 지방에서는 그같은 풍조가 더욱 심하다. 호북인들이 봉건미신에 열을 올리는 점은 오랜 역사와 생활에서 오는 현실적인 스트레스들이 공통적으로 작용한 결과일 것이다.

총명한 호북 상인

호북 상인의 총명함을 일컫는 이야기가 많다. '초나라에만 재주가 있다' 혹은 '호북 귀신'이라는 옛말은 호북 상인의 총명함을 대변하는 옛말이다. 호북성의 기춘현 이라는 곳은 120명의 교수를 배출하여 '교수현'이라는 별칭이 있고, 홍안현은 221명의 장군을 배출하여 '장군현'이라는 별칭이 있을 정도이다.

호북성의 상징은 머리가 아홉 달린 구두조(九頭鳥)이다. 이는 초나라 사람이 숭배한 구봉신으로 상상의 새이다. 아홉 개의 머리는 강한 생명력과 의지력, 그리고 총명함을 의미한다. 또한 호북성의 성도인 무한시에는 '죽이지 못하는 돼지는 없다'라는 말이 있는데, 이는 '하늘 아래 해내지 못할 일이 없다'는 의미로 무한 사람들이 가진 불굴의 정신이 담겨 있다.

상인에게의 총명함은 그 정도를 넘어서면 교활함이 된다. 최근에는 구두조를 계략과 계산에 능한 호북 상인을 비판할 때 사용하기도 한다. 문학가 임어당(林語堂)은 '화중 지역에는 무섭고 시끌벅적하며 악담을 잘하고 사기꾼 같은 호북인이 살고 있다'라고 말한바 있다.

그래서 그런지 다른 지역 사람들은 호북 상인과 거래할 때 거리를 두고 긴장을 늦추지 않았다. 또한 호북 상인과 거래는 '주의하지 않으면 손해보고도 말을 하지 못한다'는 이야기도 있다. 이는 치고 빠지는 식의 상술을 표현한다. 긍정적으로 보면, 너무 머리 회전이 빠른 호북 상인들을 다른 상인들은 성실하게 보지 않기 때문일 것이다. 이는 결국 신뢰감을 주지 못하게 되고 상도덕 없다는 편견을 만들어 내지 않았을까?

자료: 칭화대학 홈 페이지 (2009.10)

〈사진 33〉 중국의 저명한 현대시인, 원이뚜어(聞一多)

호북성은 예부터 교통 허브(Hub)였다. 9개 성(省)에 둘러 쌓여 물자의 집산지였고, 청조에는 무한시가 북경, 불산(광동성), 소주(절강성)에 이어 4대 유통 중심이였다. 중국의 중심과 장강 중류에 위치하여 상업이 번성할 수 있는 지리적 환경을 갖추고 있었다. 그러나 호북에서 大상인이라 부를 상인은 보이지 않는다. 호북성의 옛 수도인 한커우(漢口)는 상업 중심지였다. 그러나 한커우에 상업 거리를 조성한 사람들은 호북 상인들이 아니라 휘상(안휘성 상인)이었고 동정 상인(호남 상인)이었다.

산서 상인들은 한커우에 들어와 전당포를 만들며 금융업을 장악했고, 영파 상인은 운송업, 수산업, 해운업을 차지했다. 이처럼 무한시 상권이 타 지역 상인에 의해 점유당하는 것은 호북 상인의 무능함 보다는, 교통의 허브였던 호북에 호북 상인보다 상술이 뛰어난 거상(巨商)들이 뛰어들면서 벌어진 상황으로 판단된다.

12) 북경인

북경(北京)은 기원전 10세기경 연(燕)나라의 근거지였고, 그후 1153년 금나라 해릉왕(海陵王)에 이르러 도읍지가 된 후, 원, 명, 청을 거쳐 856년간 중국의 수도였다. 따라서 북경은 중국의 수도로 수천년 역사가 융합된 명성으로서 그 자체가 독특한 문화적 소양을 지니고 있다. 또한 황제의 도시 다운 정신적 품격을 지니고 있어, 북경에 거주하고 있는 사람들에게 많은 영향을 주어 왔다.

북경은 고궁(故宮. 자금성), 원명원, 이화원 같은 유구하고 비중이 큰 역사 유적지로 인해 웅장한 예술적 건축양식과 온화하고 돈후한 풍채를 가지고서, 중국 전지역의 다양한 기개를 흡수・수용하는 내적으로 풍부한 인문주의적 색채를 지니고 있다. 그같은 북경의 문화적 특징은 多민족성과 농후한 종교적 색채 그리고 씨족가장 집권제와 귀족적 생활 방식 등이라고 말할 수 있다.

오늘날의 북경인들은 각지에서 모인 사람들로 중앙 국가기관의 각급 행정 요원으로부터 각 대학의 지식인, 대기업의 직원들로 구성되어 있다. 그로 인해 특색과 전통을 지닌 도시지만 지방주의 색채가 적다.

북경인들은 업무를 처리하는데 있어서도 기율이 엄격하고 공정한 편이며, 상황을 끌거나 겉과 속이 다른 행동을 잘 하지 않는다. 일상생활 중 북경인들은 상당히 솔직하고 담백한 태도를 취하는데 이러한 직설적인 태도 방식은 경우에 따라 사람을 당혹하게 만들기도 한다. 이러한 현실적 태도는 그들이 무엇을 하던지 간에 실질적인 인상을 주게 만든다. 그리고 그들은 진실한 인간관계를 숭상하고 사람을 대하는 태도 역시 기만적이거나 간교하지 않다는 측면에서 일종의 군자적 기질을 갖고 있다. 이처럼 성실하고 진실된 생활방식과 솔직한 인간관계, 사실에 근거 하는 업무처리의 기질은 북경인에 대한 좋은 평판의 근거이다.

북경인들은 유머있는 성격과 열정적이며 상냥한 특징을 지니고 있지만, 반면에 스스로를 황제가 살았던 도시의 거주민이라고 여기다 보니 자연히 거만하고 오만한 습관이 형성되었다. 그 결과, 항상 자신감에 차 있어서 자신의 결점을 감추려고 하지 않고 오히려 과장스럽게 행동하여 사람들에게 유머있는 인상을 주기도 한다.

북경에는 특히 노인들은 공원이나 문화광장, 혹은 비교적 조용한

자료: 바이두 사진 D/B (2009.11)

〈사진 34〉 북경짜장면 식당 하이완쥐(海碗居)

곳에서 호금(胡琴)을 켜거나 목소리를 높여 경희(京戲)를 부르곤 한다. 그들의 이러한 놀이는 아주 한가롭고 자의자적하여 즐거움과 평온함을 느끼게 한다. 이러한 사람들을 '표우(票友)'라고 칭하는데 그들의 출현은 이미 100년 이전부터 시작되었다. 북경은 공업도시가 아니어서 도시민 소비 수요를 충족시키지 못하고 북경의 각종 생활 필수품의 공급은 주로 외지에 의존하였다. 2008년 북경올림픽을 개최했고, 31개 지방정부가 중국의 수도인 북경에 북경사무소를 두고 있으며, 365일 크고 작은 회의가 열리는 북경은 중국에서 서비스산업 비중이 제일 높다. 하지만 친절해야 할 북경인의 서비스 정신은 다른 도시보다 한참 못하다.

북경인과 상해인

중국인들은 850년전부터 정치의 중심이었던 북경과 170년전부터 경제의 중심이었던 상해를 비교하길 좋아한다. 북경과 상해의 비교학은 북경인들이 더 좋아하는 것 같다. 막 개혁 개방이 시작된 80년대에 유행한 말이 있다. "북경인들은 무엇이든 거리낌 없이 말하고, 상해인들은 무엇이든 거리낌 없이 입는다."라는 것이다. 상해에서는 많은 외국인들이 디자인이 뒤진 옷을 입고 있는 자신들을 발견하곤 한다. 섬유 무역의 중심지답게 상해인들의 옷 감각은 디자인뿐만 아니라 재질에서도 뛰어나다.

러시아 속담에 "시장에 가면, 그 세상에 관한 모든 것을 알 수 있다."라는 내용이 있다. 따라서 북경인과 상해인을 비교하는데 시장에서의 행동이 많이 인용된다. 시장에서 살아 있는 생선을 살 경우 북경인들은 그냥 저울에 달아서 무게에 따른 값을 지불하고 그냥 간다. 하지만 이 활어 시장이 상해라면 조금 달라진다. 먼저 상해인들은 저울 위에 묻은 물부터 깨끗이 닦아 낸다. 얼마 되지 않는 물 무게를 없애기 위해서이다. 그리고 저울을 달아 무게를 잰 후 그 다음부터 다시 값을 깎는 흥정을 시작한다.

북경인들은 닭고기를 살 때 무게로 달아서 사지만, 상해인들은 부위별로 나누어 사고 판다. 빈 병을 매번 들고 부식 상점으로 가는 이들은 십중팔구 상해인들이다. 북경인들은 기성복을 즐겨 사나, 상해인들은 자신이 좋아하는 옷감을 산 후 단골 집에서 맞추어 입는다. 물론 중국에서는 이 경우가 더 저렴하다. 이러한 상행위만 보더라도 북경인들은 기분파이고 상해인들은 꼼꼼히 따진다는 것을 알 수 있다.

지금은 많이 좋아졌지만, 90년대말 북경에서 외국인이 겪는 불쾌감 중의 하나가 백화점 종업원들의 불친절이었다. 특히 돈을 받는 직원들은 거스름돈을 던지거나, 손님이 준비 못한 잔돈을 몇 번씩 요구하며 '열'을 받게 만든다. 수납 창구에 앉아있던 북경인 회계들은 물건 값만 받으면 되지, 손님에게 잔돈을 '공손히' 거슬러 주는 것을 별도의 서비스라고 생각한다.

물건을 골라 볼라 치면 종업원은 대뜸 다 똑같은 물건인데 뭘 고르냐고 목소리를 높인다. 한참을 고르다가 사지 않으면 버럭 화를 낸다. 물론 중국이 WTO 가입한 후, 이런 장면은 거의 사라졌지만 이러한 상관습은 북경인의 기질과 무관하지 않다.

같은 중국이라 해도 상해인들은 180도 다르다. 상해인은 상행위에 화합(和合)이라는 개념을 가지고 임한다. 상해인들은 상해어(上

海語)라고 불리는 방언을 쓴다. 북경어와 상해어는 마치 외국어처럼 서로 알아듣지 못한다. 따라서 수도 북경에 사는 북경인들은 상해에 오면 거꾸로 "무식한 시골 놈"이란 소리를 듣는다. 장사도 못하는 북경 촌놈들이 수도에 산다고 고관대작처럼 어깨에 힘만 주기 때문이다. '북경 상인은 외지인을 자기 부하로 여기고, 상해 상인은 촌사람으로 취급하지만, 광동 상인은 소비자로 여긴다'라는 말도 있다. 이는 북경 상인의 관료성과 상해 상인의 경제적 우월성 그리고 광동 상인의 親비니지스 성향을 여실히 보여준다.

정치 중심적 사고를 가진 북경 상인

광동 상인의 입에서는 '흥정'이 나오는데 북경 상인의 입에서는 '주의(主義)'가 나온다. 광동 상인은 셈이 밝아 손해 보는 장사는 안 하지만, 북경 상인은 통이 크고 상도의를 중요시한다. 광동 상인은 앞에서 밑지는 체하지만 뒤에선 실속을 챙기고, 북경 상인은 앞으로는 남기고 뒤로는 밑진다. 광동인이 차린 북경의 한 모피 상점에서 4천 위안짜리 모피 한 벌을 1년 동안 전시해두었지만 아무도 거들떠 보지 않았는데, 품질 면에서 별 차이 없는 제품에 2만 위안이라는 가격표를 붙이자 금방 팔렸다고 한다.

흥정에 소요되는 시간을 측정해 보면, 중국의 주요도시 중에서 북경이 제일 짧고 정찰제가 가장 잘 정착된 도시 역시 북경이다. 북경 사람치고 말 못하는 사람은 없다. 모두 타고난 재담꾼이다. 북경 사람은 입심 세기로는 중국제일이고 말수 많기로는 천진 사람에 이어 중국 2위이다.

모임에서 북경 상인은 먼저 발언을 하려고 야단이다. 그와 반대로 상해 상인은 정장 차림으로 모임에 참석은 하지만 발언은 나중에 하겠다고 애써 양보한다. 부득이 발언을 하게 되더라도 요점만 짧게 한다. 북경 상인은 정치에는 유난히 깊은 애정을 가지고 있다. 상해 상인은 사소한 토픽이나 길거리에 떠돌아다니는 이런저런 소문을 이야기하길 좋아한다. 광동성 상인에게 사업이나 음식, 오락 이외의 화제는 잘 등장하지 않는다. 북경 상인은 정치에대해 자신만의 독보적인 관점과 견해가 있다. 북경 시민은 모두 정치가이며 시사평론가이다. 그들은 한마디로 관료적인 상인이다.

실제로 현재 활약중인 북경의 기업가들의 출신 비율을 보면 전통적인 상인이 50%이고, 정부 관료 출신이 50%이다. 따라서 북경 기업가의 경영 방식은 공무원 스타일과 유사하다고해도 반은 맞는 말이다. 따라서 북경 상인을 앞에 두고 이들의 정치적 관심과 관료적 태도를 비방하는 일은 삼가해야 할 것이다. 오히려 그들의 특성을 잘 알고 대처하는 지혜가 필요하다.

북경 상인은 상대방의 명함을 뚫어져라 살펴본다. 기업체 대표 명함이니 사장 직함은 당연한 것이고, 이것 말고도 몇 개나 정치적인 자리(위원, 협회장, 고문 등)를 가지고 있는지 판단하는 것이다. 북경 상인은 상대방의 경제적 능력도 보지만 정치적 능력도 유심히 살피기 때문이다. 따라서 실권이 없는 명예직이라 할지라도 북경 상인에게 주는 명함에는 표기하는 것이 좋다.

북경 상인과의 협상에는 '실무자간 실무 협의 → 최고 책임자의 결정' 이라는 상향식 협상 순서 보다는, '최고 대표끼리의 회동 → 실무자간 실무 협의 → 성대한 계약체결 의식'이라는 의전(儀典)이

가미된 하향식 절차를 따라야 비즈니스가 순조롭다. 이는 북경 상인의 체면에 대한 사고, 관료적인 의식이 결합된 결과일 것이다.

일찍이 기원전 10세기 춘추전국시대 연나라의 수도였던 북경은 거란족, 여진족이 다시 수도를 세웠으며, 이후 원나라, 명나라, 청조가 수도를 두었고, 지금도 마오쩌둥이 설립한 新중국 수도이다. 따라서 북경 상인의 우월한 선민(先民)의식, 비즈니스 속에서의 親정치성 등은 너무나도 당연해 보인다.

부동산 개발 재벌 장신(張欣) SOHO차이나 총재

1965년 북경에서 태어난 장신 총재는 14세에 홍콩으로 이주한 후 영국 캠브리지대학(경제학 석사)에서 수학한 후, 월스트리트 애널리스트로 활약한 입지전적인 인물이다. 1994년에 그동안 경력을 포기하고 중국으로 돌아와 1995년에 남편 판스이(潘石屹)와 공동으로 설립한 회사가 SOHO차이나의 전신인 북경훙스(紅石)실업유한공사이다. 12년이라는 짧은 시간에 SOHO차이나는 매출이 69억 위안(2007년)에 달하는 중국 대표 부동산 개발 회사로 성장했다. 장신 총재는 중국에서 최초로 서구 예술을 건축에 접목시켰다는 평을 받고 있다.

자료: SOHO차이나 홈 페이지 (2009.10)

〈사진 35〉 SOHO차이나 총재 장신

포브스 중국어판의 〈2007년 중국 부호(富豪) 400명〉에서 SOHO의 장신 총재는 7위에 올랐다. 장신 총재의 재산은 285억 위안으로, 이는 SOHO차이나의 홍콩 증시 IPO(기업공개, 2007년 10월)와 관련이 있다. SOHO차이나는 이 IPO의 성공으로 약 19억 달러를 조달할 수 있었다.

홍콩에서 취직 후 안정된 생활을 하던 어느 날 장신은 영국인 친구를 통해 외국에 새로운 세계가 있다는 사실을 알게 된다. 노력 끝에 영국 서섹스(Sussex)대학에 유학을 가게 되었고, 결국 캠브리지대에서 발전경제학 석사학위를 받았다. 그 후 장신의 앞길은 순탄하기만 했다. 타인의 부러움을 받으며 미국 월스트리트에 진출했고 골드만삭스와 트래블러스(Travelers)그룹에서 중국 관련 애널리스트로 활약했다.

탄탄대로를 달리던 장신은 1994년에 중국으로 되돌아 갈 것을 결심한다. 그리고 판스이라는 1963년 생 중국 청년 사업가와 결혼한다. 이때부터 장신의 성공스토리 절반은 판스이의 몫이라 해도 과언이 아니다. 판스이는 중국에서도 후진지역으로 손꼽히는 감숙(甘肅)성 출신이다. 어려운 가정형편에서도 대학을 나와 지방정부 관료로 있다가 1987년에 부동산 개발 사업에 뛰어들었다. 이후 심천(深圳), 해남(海南) 등지를 돌다가 1992년에 북경에 올라와 북경완퉁(萬通)실업유한공사를 설립해 완충신세계프라자를 개발해 어느 정도 성공가도를 달리고 있었다.

하지만 장신의 친구들 눈에는 해외 경험이 전혀 없고 영어도 할 줄 모르는 판스이가 못난 오리에 불과했다. 모든 친구들이 장신의 결혼 결정을 미친 짓이라고 하면서 이 결혼이 곧 끝날 것이라 장담했다. 매년 20만 달러의 연봉을 받으며 촉망받던 애널리스트가 어느 날 갑자기 모든 것을 포기하고 중국으로 간다는 것도 이해가 되지 않았지만 토박이 중국 청년과 결혼한다는 것은 더욱 이해되지 않는 결정이었다.

중국 성장의 잠재력을 확신한 장신 총재는 주위의 권고를 아랑곳하지 않고 기존에 살던 큰 집을 포기하고 판스이와 작은 방에서 새로운 인생을 시작한다. 하지만 서구식 교육을 받은 장신과 중국 부동산 시장에서 경험을 쌓아온 판스이의 생각은 판이했다. 장신의 눈에는 판스이가 기업경영의 개념을 너무 모르는 것 같고, 판스이의 눈에는 장신이 중국을 몰라도 한참 모르는 것 같았다. 장신은 회사에서 직원 모두가 자율적인 토론을 하면서 의사결정을 하려 했지만, 판스이는 결과를 책임을 지고 일을 하려는 사람이 없다며 독단적인 결정을 내리는 식이었다.

장신은 가족과 사업 어느 쪽도 포기할 수 없었다. 이번에는 판스이와 철저한 분업을 결정했다. 외국인과의 교섭 및 건축설계 등은 장신이 도맡았고, 토지와 건설 프로젝트 확보, 대정부 관계 및 판매 등은 판스이가 담당하기로 했다. 이때부터 두 사람은 서로의 장점을 인정하게 되었고 상호 필요성을 절실하게 느끼게 된다. 마침내 서구식 스타일과 동양의 경험주의가 결합되어 시너지가 일어나게 되었으며 이는 현대성아파트 단기 개발에서 유감 없이 나타났다.

1993년 중국 국무원은 북경 CBD(Central Business District)라 불리는 도시 발전계획을 비준했다. 국제무역센터를 중심으로 주변 4㎢의 땅을 개발하여 북경의 모습을 일신한다는 구상이다. 사업 기회를 잡는 데 천부적인 감각을 가진 판스이는 곧 CBD가 엄청난 부를 낳을 것을 직감하고 매일 CBD 지역을 누비면서 적절한 개발 프로젝트를 찾고 있었다. 마침내 찾아낸 현대성 프로젝트는 SOHO 성공스토리의 발판이 되었다.

개발면적이 49만㎡나 되자 장신 부부가 단독으로 개발하기에는 자금이 부족했다. 장신의 생각은 외국의 자본을 끌어들여 대규모로 아파트 단지를 개발한다는 것이고, 판스이의 생각은 프로젝트를 쪼개서 우선 개발한 지역의 이윤으로 후속 프로젝틀 추진한다는 것이었다. 결국 판스이가 양보를 하고, 미국, 영국, 싱가포르 등지를 돌면서 투자자를 찾게 된다. 각고의 노력 끝에 싱가포르의 투자회사가 관심을 보였고, 장신과 판스이 부부가 30%, 싱가포르 투자회사가 70%의 지분을 갖는 것으로 합의했다. 하지만 1997년 아시아 금융위기가 터지자 싱가포르 투자회사는 약속을 어기고 발을 빼 버렸다.

1997년 위기를 겪고 판스이와 심한 갈등을 빚었던 장신이 영국으로 건너가 머무는 동안 판즈이는 여전히 국내에서 개발 자금을 찾아 다녔다. 마침내 주택 20채를 건설할 수 있을 정도의 자금을 손에 쥐게 된다. 때맞춰 1997년 중국 정부는 개발업자가 할부로 토지사용권대금을 지불하면 주택을 미리 팔 수 있는 권한을 부여했고 1999년부터는 '주택예매제도(선분양 후시공 제도)'를 시행했다. 이러한 정책에 힘입어 판스이는 주택 20채를 분양한 자금으로 추가 토지사용료를 지불해 주택을 계속 분양할 수 있었다. 이런 방식으로 아파트를 한층한층 지어 올렸다. 현대성 아파트 단지의 4개 동은 이렇게 완공되었다.

지으면서 판매하는 부동산 개발 방식은 이후 SOHO차이나의 전형적인 모델로 자리 잡았다. 현대성 아파트의 성공에는 SOHO차이나의 독특한 판매전략도 기여했다. 장신과 판즈이 부부는 '주택 예매 꼴찌 직원 도태' 제도를 도입해 주택 판매 실적이 저조한 직원은 퇴출시켰다. 판매부서 직원이 목숨을 건 전쟁을 할 수밖에 없는 풍토를 만든 것이다.

현대성 아파트 단지의 또 다른 성공 요인은 장신이 구상한 독특한 설계다. 장신은 10 여 년이 넘게 외국 생활을 한 경험을 살려 두 개 동의 내부 인테리어를 중국의 기존 건물과는 차별되게 구상했다. 이러한 차별성은 결국 SOHO라는 브랜드를 더욱 빛나게 했으며, 부동산 개발에 예술을 접목시켰다는 평가를 받는 계기가 되었다.

1997년에 장신은 홍콩 설계사 장융허(張永和)에게 설계를 맡겼고, 이 설계도면을 자신이 직접 수정하고 소재를 선택하면서 북경 풍경을 한 눈에 볼 수 있는 장소에 자신만의 스타일을 구현한 산위지엔(山語間)라는 별장을 지었다. 서구 건축의 특징을 중국 문화에 접목시킨 공로로 장신 총재는 2002년 제8차 베니스 국제건축제에서 건축부문의 오스카 상으로 불리는 대상을 받았다. 건축가가 아닌 인물이 이 상을 받은 것도 최초이지만 중국인으로서도 최초의 수상이다. 12채 건축물의 모형은 파리 퐁피두 예술관에 상설 전시되고 있다. 건축 분야에서 거둔 성공으로 SOHO차이나의 브랜드 가치도 상승했다.

SOHO차이나는 이미 북경의 최대 부동산 개발 브랜드로 성장했다. 장신 부부는 회사명을 기존의 훙스에서 SOHO로 바꾸면서 인터넷이라는 변수를 고려했다고 한다. 1999년 말 현대성 아파트 판매가 끝날 무렵 장신 부부는 중국에서 급속히 확산되고 있던 인터넷에 눈을 돌리게 된다. 중국에서 이미 인터넷은 혁명이라 할 정도로 사람들의 생활패턴을 바꾸고 있었던 것이다. 즉, 인터넷을 통한 정보 교류로 이제는 집에서도 일을 할 수 있는 시대가 도래한 것이다. 국외에서는 이미 SOHO(Small Office Home Office)의 개념이 정착되어 가던 때였다.

장신 부부는 사회 변화를 재빨리 인지하고 현대성 아파트를 SOHO현대성으로 이름을 바꾼다. 2002년에는 아예 회사명을 SOHO차이나로 변경했다. 경쟁사들도 SOHO와 비슷한 개념의 회사명을 도입하고 제품을 출시했지만 변화된 고객에게 빨리 다가가지는 못했다. 장신 부부는 인터넷 시대에 맞춰 또 한번 경쟁자들을 제치고 선두에 설수 있었다. 이후 SOHO의 의미는 회사의 경영이념으로 자리 잡았다. SOHO차이나는 이미 북경 CBD 지역의 5분의 1에 해당하는 지역을 개발했으며, 5800여 명의 고객을 두고 있다. 또한 5만 8000여 명에 달하는 임대인들이 SOHO 브랜드를 직접 경험하고 있다.

자료: SOHO차이나 홈 페이지 (2009.10)

〈사진 36〉 만리장성 자락에 위치한 SOHO차이나 별장

변화 및 차별성을 끊임없이 추구하는 장신 총재가 있기에 SOHO차이나는 예술이라는 영혼을 가진 부동산 개발 업체임이 분명하다. 중국 건축문화에 큰 변화를 몰고 오는 장본인이라는 점, 그리고 여성이라는 점과 서구적이고 수려한 용모로 인해 오늘도 장신 총재는 언론의 스포트라이트를 받고 있다.

13) 하북인

하북인(河北人)들은 너무 평범하고 독특한 개성이나 특색이 없는 성격으로 간주되어 구체적으로 무슨 특징이 있는지 모를 정도이다. 실제로 근대이래 하북문화는 줄곳 북경과 천진 즉, 경진(京津)문화에 종속되어왔다. 하북인들은 북경과 천진 두종류의 문화가 겹쳐지는 시간・공간에서 생활해 왔다. 하북인들은 경도(京都) 및 정치문화를 지닌 북경문화와 해안 및 상업문화를 지닌 천진문화를 접촉하는 과정에서 어느 한쪽도 선택하지 못했고, 그 결과 양자의 정화(精華)를 흡수・소화하지 못했다.

하북인의 마음속에 북경과 천진은 특별한 의미가 있다. 비록 북경은 수도이지만 하북의 토지에 속해있고 천진 역시 마찬가지다. 그리고 북경과 천진은 하북의 도시였다가, 직할시가 된 것이 불과 80년 전의 일이기 때문에 양 지역에 대해 각별한 친밀감을 갖고서 경진(京津)은 하북의 품속에 있다고 간주한다.[37] 그러나 비록 북경과 천진은 공간적으로 하북과 가깝게 있지만 경제・문화・사회발전 수준면에서, 차이는 엄청나다. 하북과 북경・천진은 매우 밀접해서 떨어질 수 없는 관계지만, 근・현대 이래 경진(京津)의 발전은 하북의 발전을 고려치 않고 진행되었으며, 그 결과 하북의 상당수

---

37) 천진이 직할시로 처음 승격된 것은 1930년이었며, 이 때 하북성의 省都도 겸하였다. 1935년에는 하북성 성도가 보정시(保定市)로 분리되었다. 공산당이 新중국을 성립하고 1949년 1월 중앙정부 직할시로 승격되었으나, 1958년 2월에는 하북성 省都를 겸한 성급 직할시로 강등되었다. 1966년에 하북성 省都로 보정시가 再지정되면서, 천진은 다시 중앙정부 직할시로 승격되었다. 이후 1968년 하북성 성도는 지금의 석가장(石家庄)시로 정해졌다.

도시가 쇠락했다.

하북은 중화문명의 최초 발원지의 한 지역이기도 하다. 하북 지역에서는 다양한 민족과 각기 다른 문화적 유산을 쉽게 볼 수 있는데, 실제로 하북인들은 북방부족의 웅장하고 용맹한 기질을 지님과 동시에 중원농민들의 소박하고 세심한 성격도 지니고 있다.

하북인은 단순하면서도 복잡한 성격을 지닌다. 그들은 얌전하지만 냉정함도 있다. 하북인은 생각은 많이 하면서도 행동은 느리고 실천은 적으며, 작은 일에 똑똑하지만 큰일은 흐리멍텅하다. 하북인은 옛 관습에 얽매이지만 추세를 민감하게 따르는 '기회주의자' 기질도 있다. 그들은 위협을 받거나 침범시에는 기세가 등등하지만, 대부분의 경우 현실에서 한걸음 물러섬으로써 더욱 큰 시야를 확보함과 동시에 심리적인 여유와 평온을 유지한다.

하북인이 주는 첫 번째 인상은 성실하고 충직함이다. 하북인은 다투지 않고 상당히 평온하며 쉽게 격동치지 않는다. 또한 그들은 열정적이지만 함축적이고 집착적이다. 하북인의 우직한 면은 마치 소와 같고 그들의 집착심은 허락한 일에 대해서는 절대로 마음을 바꾸지 않는다.

하북인은 작은 일에는 매우 열심이지만 큰일에 대해서는 대체로 게으르다. 그것은 그들이 우매하거나 창조적인 사고력이 없어서가 아니라, 냉정하게 사고하지만 게으름을 피우고 모험적이지 못해서이다.

대다수 하북인은 방어적이고 결코 공격적이지 않다. 하북인들은 무수히 많은 전란과 침략을 경험했기 때문에 그들의 의식속에는 안정을 바라고 혼란을 두려워하는 보호심리가 깊게 형성됐다. 하북인은 무엇보다 안정을 가장 중시하고 있고, 안정감을 어떠한 세속적인 재산보다도 고귀하게 여긴다.

경쟁을 귀찮아 하는 하북 상인

하북(河北) 상인에 대한 평가는 의외로 게으르다는 점이다. '상인은 상인이나 장사에 대한 의욕이 없는 상인'이라고 하니 언 뜻 이해가 가지 않는다. 그 이유를 살펴보면 다음과 같다. 하북성은 산서성과 산동성 사이에 놓여 있는데, 두 곳은 이미 진상(晋商) 등 大상인들로 유명한 상거래 지역이다. 따라서 하북 지역의 쌀, 소금, 옷감, 과일 등의 상권은 이들 두 지역 상인들이 이미 장악하지 오래였다. 또한 지리적으로 중국의 수도인 북경에 물건을 공급하기 위해서는 반드시 하북성을 통해야 했으므로, 산서성과 산동성의 수 많은 물품은 하북 상인의 유통망에 의존할 수 밖에 없었다. 결국 하북 상인들은 별로 노력을 기울이지 않아도 비즈니스 기회가 생길 수 밖에 없는 환경에 놓인 '행복한' 상인이었던 셈이다.

하북 상인은 대부분 조용하고 성실하며 호탕한 성격을 가지고 있다. 모임에서는 자기 의견을 잘 말하지 않고, 다른 사람의 말을 많이 듣는 편이다. 그래서 앞에 나서는 것보다 뒤에서 조용히 경청하는 것을 좋아한다.

하북성의 별칭이 지(冀)여서 하북 상인을 冀商이라고도 칭한다. 하북 상인에 대한 첫인상은 다소 촌스럽다. 이는 하북성의 지리가 황토고원에 위치하고 있어 이 지역 사람들이 소박하고, 마음이 선량하며 보수적이기 때문일 것이다.

하북성은 지리적으로 북경시 및 천진시를 둘러쌓고 있어 두 도시 간 상거래가 매우 활발했다. 명나라 말기 청나라 초기에는 하북 상인은 전국의 약재 78%, 모피 90% 이상을 장악하였고, 북경에서 가장 번화한 상업지역이었던 유리창(琉璃廠)에도 일찍이 진출하여 제품을 만들었다. 하북 상인의 발전은 북경시와 천진시에 의존하여 이루어져 왔다.

현재도 하북 상인은 북경시에서 건설, 하이테크, 의류, 제약분야에 많이 진출하였으며, 특히 부동산 투자 쪽으로는 북경시 전체의 10%정도 차지하고 있다. 북경에서 유명한 양고기 샤브샤브식당인 동라이순(東來順)[38], 북경의 대표 음식인 북경 오리구이 브랜드인 취엔취더(全聚德)[39], 우리에게는 우황청심환으로 유명한 한약방인 통런당(同仁堂)[40] 등의 창시자는 하북 상인이었다.

또한 우리나라에도 체인점을 낸 천진시의 유명한 만두점 꺼우뿌리(狗不理包子), 기름에 튀긴 떡(耳朵眼炸糕), 꽈베기(桂發祥大麻花) 등 천진 특산품의 창업자 또한 하북 상인이었다.

하북 상인은 의리(義理)를 아주 중요시 생각하는데, 이들의 상관습을 '重義不輕利,重利不忘義' 즉 의리를 중요시하나 이익을 간과하지 않으며, 이익을 중요시 하나 의리를 잊지는 않는다라고 표현하기도 한다.

---

38) 하북성 창주 출신 회족인 丁德山이 1903년에 설립하였다. 상호 동라이순(東來順)은 '북경의 동쪽에서 온 주인이 연 가게가 모두 순조롭기를 바란다' 라는 의미를 담고 있다.

39) 청대 동치 3년인 1864년에 설립된 식당이다. 하북성 지현 출신 楊全仁이 창시자이다.

40) 청대 강희 8년인 1669년에 설립된 약방이다. 1723년부터 황실에 약을 공급하였으며, 창시자는 北京 苑平縣(당시 하북성) 출신 樂顯揚이다.

14) 하남인

하남(河南)은 중국의 중원(中原)지방에 위치하고 상고(上古)시대 구주(九州)중의 예주(豫州)로서 약칭 '예(豫)'라 부른다. 하남은 기원전 21세기 때 중국최초의 노예 전제국가인 하조(夏朝)를 건립해서 중국문명 발전의 첫 장을 열었다. 하(夏)왕조는 여러 차례 동란을 치르면서 몇 차례나 수도를 옮겼는데 대부분이 지금의 하남지역이 그 범주이었다.

중국 문명의 탄생은 바로 '해가 뜨면 일하고, 해가 지면 휴식을 취하는' 자연조건이 아주 뛰어난 중원의 농경 생활에서 비롯되었다. 그같은 농경생활은 일종의 자연경제로 중원인들에게 차츰 정착되었다. '농업을 중시하고 상업을 억압하는' 전통적인 자연경제는 오히려 중원인들로 하여금 진보적인 농경의 발전을 방해하여, 그들로 하여금 취약한 경제구조를 조장하게 했다.

자급자족의 성격을 지닌 자연경제는 하남인들로 하여금 비옥한 농경지를 건설케 했지만, 유가(儒家)의 영향하에서 그들의 사상은 억제되고, 그들만의 독특한 민족 기질을 형성했다. 하남인들의 생활은 조상대대로 중주(中州)라는 대토지 위에서 시작되었고 물자가 풍부하여 유목민들의 고생이나 해상의 재난과 고전분투하는 어민들의 시련을 경험하지 않았다. 하남인들은 안정된 환경속에서 집단을 이루고서 자신들의 풍족함을 알고 스스로 그같은 생활에 만족해 왔다. 그 결과 현상에 쉽게 만족을 하는 기질이 형성되었다고 볼수 있다.

하남의 토지가 하남인들에게 안겨다 준 농후한 소농(小農)의식은 결코 농민 계층에만 국한되지 않고 대다수 하남 지식인들에게도 영향을 미쳤다.

하남인들의 정신생활 중, 중용(中庸)의 도(道)는 그들의 심리문화적인 전통이라 할 수 있다. 이는 수 천년 이래로 이어 내려온 하남인들의 처세술로써 매사를 대세에 맡기고 모험을 두려워하며, 중용을 취하는 것이다. 또한 안정되고 규범적이며 자신을 보호하는 이치를 밝히고, 대중의 뜻에 따르고, 매사에 양보하여 다투기를 삼가면서 자족(自足)의 즐거움을 스스로 즐기는 것에서도 잘 나타난다.

가짜 상품 온상이라는 오명을 가진 하남 상인

하남성은 역사적으로 황하문명의 발상지이다. 하남성의 위치는 황하강의 중, 하류쪽에 있어, 황하강의 남쪽에 있다는 뜻으로 河南의 이름이 유래되었다. 또한 중원(中原)이라고 불리웠던 지방이자, 2000년전 중국 九州 중심지인 예주(豫州)가 자리잡고 있는 위치이다. 이런 연유로 하남성의 약칭은 豫이고, 또한 中州, 中原이라는 별칭도 있다.

상인(商人)이라는 어원을 제공한 商나라 사람이 거주하던 곳이 바로 이 하남성이다. 따라서 역사적으로 보면 하남성은 상인의 기원이라고 해도 과언이 아니다. 하남성은 역사적으로 4000년전 의 신석기 시대에 중원지방 사람이 창조한 앙소문화(仰韶文化), 용산문화(龍山文化)의 원고지이며, 중국 유명한 사상가 장자(莊子)[41],

---

41) 성은 莊, 이름은 周. 宋나라의 몽(蒙 ; 河南省 商邱縣) 출신. 전국시대인 BC 300년 무렵 활동한 것으로 여겨지며, 戰國時代 사상가. 諸子百家 가운데 道家의

정치가 상앙(商鞅)[42], 과학자 장형(張衡)[43], 중국 의학의 시조 장중경(張仲景)[44], 문학가 한유(韓愈)[45], 철학자 정이(程頤)[46], 민족영웅 악비(岳飛)[47] 등을 배출한 지역이다. 역사상 20개의 왕조가 이곳 하남에 수도를 삼았으며, 중국의 7대 고대도시 중 3곳인 낙양(洛陽), 개봉(開封), 안양(安陽)이 모두 이곳 하남에 있다.

그러나 명・청대에 이르러서 하남성의 시장을 장악하고 있던 사람들은 산서, 섬서, 산동, 안휘 상인들이었다. 정작 하남 상인들은 이들 밑에서 일하는 小상인으로 전락하였다. 이들 大상인들은 하남인들과 거래를 하면서 나름데로 평가를 내리고 있다. 즉 하남 상인

대표자.

42) 戰國時代 秦나라 정치가・법가사상가. 진나라 孝公때 출사. 효공의 신임을 얻어 귀족층의 반대를 물리치고 BC359년과 BC350년 두 번에 걸쳐 정치개혁을 단행. 목적은 귀족특권을 폐지하고 중앙집권정치체제를 통한 부국강병 실현. 정책 성공후 진나라를 강국으로 만들어, 商君이라는 칭호를 받음. 商子商君書 저술.

43) 중국 後漢 문인・과학자. 자는 平子. 南陽 서악현(西鄂縣；河南省南陽縣) 출신. 詞賦에 능했다. 天文・曆算과 기계제작에도 능했고, 혼천설과 혼천의에 관한 渾天注, 靈憲등 천문서를 저술. 水力으로 자동회전하는 渾天儀・天球儀・指南車・木雕 등을 만든 과학자.

44) 중국 의사. 자는 仲景. 이름은 機. 南陽 河南省 출신. 《傷寒論》 《금궤요략》 등의 저자이고 2세기 중반부터 3세기 초에 활동한 중국의학 醫方의 시조이며 醫聖으로 칭송됨.

45) 唐나라(768～824) 문학자・사상가. 자는 退之. 昌黎 출생. 종래 對句 중심의 변려문에 반대하고 자유로우면서도 達意가 되는 문체를 만들어 古文이라 일컫고, 柳宗元 등과 함께 중국 산문문체의 모범이 됨.

46) 北宋시대 성리학자(1033~1107). 자는 正叔. 洛陽 출신. 14세 때 주돈이 밑에서 공부. 24세에 국자감(國子監；大學)에 들어갔고, 54세에 哲宗의 侍講이 됨. 이기이원론(理氣二元論)을 주장하였고, 이후 정이의 학설은 南宋의 주희(朱熹)에 의해서 계승되어 朱子學으로 대성됨.

47) 南宋시대 무장(1103～1142). 相州 湯陰(하남성 안양시) 출생. 北宋말 金나라 침입에 맞서 의용군으로 1122년 참가하고 공을 세워 1134년 절도사로 임명. 중국인에게 대표적인 충신으로 추앙 받고 있음.

은 성실함과 교활함이 혼재한다는 것이다. 특히 작은 교활함(小聰明)이 뛰어나, 이것이 상거래와 결합하면 상도덕이나 상식에서 벗어난 행위를 한다고 평가했다.

지금은 짝퉁 천국이라는 오명이 광동 지역에도 씌워져 있지만, 80~90년대 가짜 상품 집산지로는 단연 하남성이 꼽혔다. 따라서 하남 상인 역시 정직하지 못하다는 불명예를 감수해야 했다. 1980년 초 하남성 주커우(周口)에서 생산되어 일본으로 수출된 꿀이 가짜인 것이 밝혀져 국제적 망신을 당하면서 '정주=가짜상품'이라는 오명이 널리 인식되었으며, 이후 가짜 술, 가짜 담배 생산지로 하남성 위시(豫西) 등이 보도 되면서 악영향이 점차 증폭 되어 왔다.

중국 내 언론의 분석을 종합하면, 중국 중원에 위치한 교통의 허브(Hub)인 하남성에 각지에서 몰려든 많은 유동 인구가 있고, 이들이 수단과 방법을 가리지 않고 빨리 돈을 벌기위한 유혹에 빠진 결과, 가짜 상품의 온상지가 되었다는 해석이다.

결과적으로 지금도 중국에서는 직원을 채용할 때 하남성 출신이라고 하면, 회사 사장은 다시한번 이력서를 보게 되고, 하남성 제품는 품질이 않 좋으며 가짜 상품이 많다는 인식이 아직도 존재한다.

15) 천진인

천진(天津)은 경제가 발달한 도시임에도 불구하고 북쪽 지역의 전통적 영향을 많이 받은 도시이다. 유동인구가 많지 않기 때문에 고유의 순박성을 여전히 유지하고 있다. 천진 사람은 도시의식과 농촌의식의 중간쯤에 위치해 경박하거나 동요하지 않고 질서정연

하며 편안하고 건실하다. 남여를 막론하고 향토애가 높다. 주식투자붐, 우표구매붐이 전국을 강타할 때에도 천진은 동요되지 않았다. 천진 여성은 독특한 풍채로 근심 없이 생활하는 아름다움을 갖추고 있다. 미녀라 해도 그저 유행을 좇는 수준에 그치며, 단순히 남쪽 지방과 상해의 유행을 모방할 뿐 독창적인 유행을 창출해내지 못한다.

천진 상인을 말할 때 우선 천진의 지리 위치를 파악해야 한다. 천진시는 중국의 수도 북경직할시 바로 옆에 위치하고 있는 항구 도시이다. 이점도 있지만 반면에 제한도 많이 받고 있다. 천진시는 북경에 근접해 있어, 중국의 다른 도시 보다 수도의 새로운 정책, 발전동향 등을 빠르게 파악 할 수 있다. 이는 타 도시보다 발전할 기회로 작용되나, 반면 바로 옆에 위치하고 있어 국가 재정이 우선 북경에 분배되고, 천진의 자원 또한 수도 북경에 우선 공급이 되곤 하였다. 즉 먼저 북경을 발전시켰고, 그 다음 천진이었으며, 천진은 북경 발전을 위해서 희생을 강요 받았다는 의미이다. 따라서 천진 사람들은 나름대로 북경에 대한 피해의식을 조금씩 갖고 있다.

이러한 천진의 지정학적 요인은 천진 상인의 특징 및 상관습 형성에도 영향을 미쳤다. 천진시는 항구도시로서 이전부터 수상무역이 발달되었으며, 외국의 물자의 북경 운반시 제일 가까운 항구인 천진시를 통해야 했다. 따라서 천진항은 이전부터 상인들이 붐비는 유통의 중심지였다. 개혁개방이후 모토롤라, 삼성전자 등 수많은 외국기업이 화북지역 진출시 천진을 선택하였다. 이는 각종 규제가 적었고, 항구가 있어 수출이 용이하고 내수시장 공략을 위한 교두보로 북경 진입이 쉽기 때문이었다.

천진 상인은 북경 상인처럼 자아자찬(自我自讚)하지 않고 품질에 더욱 신경을 쓴다. 천진 상인은 품질에 자심감이 있어 특별히 제품 광고를 잘 하지 않으며, 입소문이 좋으면 손님이 찾아 온다고 믿는다.

천진인은 근면하고 직장 충성도가 높으며, 합작파트너로서 적절하다. 직장을 단지 돈버는 수단으로만 간주하지 않는다. 따라서 눈앞의 이익 때문에 의리를 저버리는 경우가 드물다.

신용(信用)과 의리(義理)는 천진 상인의 특징이며, 약속을 지키는 것이 천진 상인이 추구하는 목표이기도 하다. 천진 상회(天津商會)의 규약에는, 세금을 성실히 납부하고, 비지니스 시간을 엄수하고, 가짜 물품을 절대로 팔지 않고, 빌린 돈은 반드시 상환해야 한다라는 조약이 있다.

이처럼 천진 상인의 상관습은 한마디로 誠信爲本,以義致利(성실함과 신용으로 의리를 지키면서 이익을 추구하다)로 표현할 수 있을 것이다.

천진 상인에 대한 사고 방식은 다음 말이 충분히 대변한다. '貨好招遠客,貨叫人擠破門,人叫人累死人' (상품이 좋으면 먼 고객도 제발에 찾아오고, 상품이 좋으면 대문이 좁을 정도로 손님이 많으며, 호객 행위를 통해 손님을 불러 모으는 것은 아주 피곤한 일이다.'

실제로 천진의 유명한 특산품인 거우뿌리 만두(狗不理包子), 튀긴 떡(耳朵眼炸糕), 꽈배기 튀김(桂發祥大麻花) 등은 품질이 좋고 맛이 좋은 것으로 유명하다. 그러나 전국적인 광고나 대규모 홍보 행사를 거의 하지 않는다. 품질로 손님을 끌겠다는 천진 상인의 스타일로 이해된다.

영리하고 신중한 천진 상인은 동북인이 가진 우악스럼움이 없고, 장강 이남 지역 상인처럼 교활하지 않아서, 온화하고 예의가 있다는 평이다. 강한 공리주의적[48] 색채를 가지고 있지도 않으나 직업정신이 투철하다. 외교관 같은 영민함이 많고, 실업가적인 집착도 보이며, 예술가적인 정교함과 정치적인 책임을 질 줄아는 상인이다. 천진 상인은 거래 상대방에게 신용과 명예를 지키려고 노력하며, 품질이 확실하고 가격이 합리적인 상품을 거래하는 것을 올바른 상거래로 인식하고 있다. 따라서 흠집이 있는 상품의 판매는 하지 않으며, 비용 손실을 초래하지 않은 범위에서 적당한 이익을 취한다는 것이 그들의 신조이다.

천진의 희망, 빈하이 신구

빈하이 신구(Binhai New Area, 濱海新區)는 천진시의 경제개발구였으며, 2006년에는 상해포동과 같은 수준인 국가급 종합개혁실험구로 승격되었다. 빈하이 신구는 2,270㎢의 면적에, 153km의 해안선을 가지며, 천진항까지 확장되어 동쪽의 탕구 지역에 신규 산업단지를 확장하고 있다. 2009년 국무원은 천진시 관할 당구(塘沽), 한구(漢沽), 따강(大港) 등 3개 구를 철폐하고, 빈하이신구로 통합・신설하는 행정구획 조정안을 승인하였다. 이번 천진시의 행정구획 조정은 연해지역으로는 전례가 없으며, 이로써 빈하이신구의

48) 공리주의란 최대 다수의 최대 행복을 추구함으로써 이기적 쾌락과 사회 전체의 행복을 조화시키려고 하는 사회・정치 사상이다. 실리주의(實利主義)와 같은 의미로도 해석된다.

자주권이 크게 확대되었다. 빈하이 신구의 해역은 3,000㎢에 달하며, 2008년을 기준으로 상주 인구는 147만명에 이른다. 빈하이 신구는 심천이나 상해 포동신구의 모델을 따랐으며, 현재는 후진타오 시대의 경제특구로 불린다.

중국정부는 2005년 10월에 개최된 제16차 전인대에서 빈하이 신구를 제11차 5개년 개발계획에 포함시킨 국가발전계획을 승인하였다. 2006년 5월 26일, 국무원은 포동신구에 이어, 두 번째 종합개혁 실험구로 지정하였고, 2008년 3월 19일 국무원은 '빈하이 신구 종합개혁시험방안'을 공표하기에 이른다.

2008년 8월, 북경-천진간 고속철 개통으로 빈하이 신구 발전은 더 탄력을 받고 있다. 중국이 최초로 자체 지식재산권을 바탕으로 제작한 고속철인 화해호(和諧號) CRH3은 북경과 천진을 27분만에 주파(총연장 120㎞, 시속 350㎞)했다. 고속철이 멈춘 천진역에서 동쪽으로 50㎞ 지점에 중국의 새로운 성장 동력인 빈하이신구가 있다. 제조, 물류, 금융, 첨단산업 등을 중심으로 중국 현 지도부의 적극적인 지원을 받아 북경과 하북, 산동, 요녕 등을 포괄하는 환발해 지역의 핵심 경제중심지로 육성되고 있다.

빈하이신구의 핵심은 천진경제기술개발구(TEDA)이다. 총면적이 40㎢에 달하는 이곳에 입주한 외국계 투자 기업수만 해도 세계 500대기업 중 삼성전자와 모토로라, 도요타자동차, 코카콜라, 에어버스 등 152개 기업을 포함해 4천500여개에 달한다. 이곳에 둥지를 튼 삼성전자와 모토로라의 휴대전화 공장에서는 연간 1억개 이상의 휴대전화가 생산되고 있다. 유럽의 항공기 제조사인 에어버스도 2006년 5월 A320 항공기 조립공장을 기공한 후, 생산한 첫 항공기를 2008년 7월에 사천항공사에 인도 하였다.

빈하이신구가 중국의 여느 경제특구와 다른 점은 금융산업의 메카로서 정부 차원의 적극적인 지원을 받아 육성되고 있다는 점이다. TEDA의 중심에 위치한 금융가에는 중국 최초의 주식회사형 은행인 보하이은행을 비롯해 중국은행, 공상은행, HSBC와 같은 대형은행과 골드만삭스 등 투자은행이 모두 입주해 있다. 2005년말 설립된 보하이은행은 중국 최초의 주식회사형 은행이며, 스탠다드차타드(홍콩)가 19.99% 지분으로 2대 주주로 있다.

동북아의 물류 허브를 꿈꾸는 천진항의 하역 능력은 현재 700만 TEU(1TEU는 20피트 컨테이너 1개) 규모이지만 매년 30% 이상 성장을 거듭하며, 주변 항만 확장공사도 진행되고 있어 조만간 현재의 두배 수준을 넘어설 계획이다. 경제거점의 필수조건은 편리하고 빠르게 움직일 수 있는 물류 인프라다. 이를 위해 천진 빈하이 공항을 5배 확장한다는 목표를 잡고 이 공항을 2015년까지 연간 560만명 여객과 50만톤 화물운송 가능 공항으로 조성한다는 계획이다.

각 분야를 총망라해 발전을 거듭하고 있는 빈하이 신구의 상주인구는 천진시 전체 인구의 20%가 안되는 150만명 수준이지만, 시 전체 지역총생산의 50% 가까이를 차지할 만큼 엄청난 부가가치를 창출하고 있다. 경제적인 발전 측면 뿐만 아니라 이곳은 정치적으로도 중요한 의미를 지닌다. 빈하이신구는 현지도부인 후진타오 주석과 원자바오 총리가 금융 및 교역의 중심지로 육성하려는 제3의 중국경제 성장축이기 때문이다. 신구 중심가에 위치한 빈하이 국제회의센터에서는 2008년 9월에 제2회 세계경제포럼(WEF·일명 다보스포럼) 하계대회가 개최되기도 하였다. 또 중국 문화부는 빈하

자료: 빈하이 신구 관리위원회 홈 페이지(2009.10)

〈사진 37〉 빈하이 신구 홈 페이지

이 신구 내에 중국 만화산업 육성 등을 위해 면적 62만㎡의 거대 복합 오락단지를 건설하여, 중국판 디즈니 월드인 중국 최초의 국가 만화영화 공원이 들어설 예정이다.

빈하이 신구에 대한 투자가 줄을 이으면서 천진시의 2009년 상반기 GDP 성장률은 무려 16.2%를 기록했다. 이는 중국 전체의 상반기 성장률 7.1%의 2배가 훨씬 넘는 것은 물론 상해 중심의 장강 삼각주(9.2%), 광동의 주강 삼각주(7.1%)를 압도하는 수치다.

16) 호남인

호남인(湖南人)들이 매운 고추를 즐겨 먹는 이유는 호남지역의 기후적 특징에서 설명할 수 있다. 호남지역은 비가 많이 오고 습윤하며 습기가 많기 때문에 호남인들은 항상 매운 음식을 먹음으로써 한랭 습윤한 기후를 이겨냈으며 질병을 예방하였다. 호남의 별칭은 상(湘)인데, 이는 지역 내 湘江이 흐르는 것에 기인한다.

대다수 호남인들이 고추를 즐겨 먹는다는 것은 이미 잘 알려져 있으며, 옛 상인(湘人)들이 매운 음식을 먹는 것과 그들의 '혁명' 기질과도 연관성이 있다고 볼 수도 있다.

사회주의 혁명을 통해서 사회주의체제의 중국을 건립한 마오쩌둥(毛澤東) 역시 호남 상담출신이며, 前총리인 주룽지(朱鎔基)는 호남 장사 출신이다. 중국역사 중 특히 송대(宋代)이후에 표출된 호남인들의 항쟁(抗爭)의지와 혁명성은 기타 지역의 중국인들의 기질과 구별되는 큰 특징이다. 그래서 어떤 이들은 '만약 중국을 멸망시키려면 호남인을 먼저 전멸시켜야 한다'라고 말하기도 한다.

호남인들은 호남이 없으면 군대를 형성할 수 없다고 말하고 있는데 역사적으로 호남지역은 많은 우수한 군사 장교를 배출했다. 청조(淸朝)의 증국번(曾國藩)[49] · 좌종당(左宗棠)[50] · 이홍장(李鴻章)

---

49) 淸나라 정치가(1811~1872). 자는 伯涵. 호는 滌正. 湖南省 湘鄕縣 출신. 본명은 子城. 태평천국의 난 진압의 입안자로 초기 양무운동(洋務運動)의 추진자이며 청조 중흥의 명신임. 1838년 진사가 되었으며 1860년 兩江總督 · 欽差大臣 · 江南軍務의 최고 책임자로 임명하였다. 華中四省의 군사와 재정 · 행정권까지도 관할함. 최초의 서양식병기공장(安慶軍械所)을 세웠으며, 최초의 유학생을 미국에 파견하는 등 양무운동의 선구자가 됨.

50) 淸나라 말기 정치가(1812~1885). 자는 季高. 湖南省 湘陰縣 출생. 太平天國軍

·심보정(沈保禎) 등 상군(湘軍)막료들과 국민당 군사원로이었던 황흥(黃興) 등과 그들의 휘하 군인들은 대다수가 호남인들이다.

호남인들의 매서운 기질과 뿌리 깊은 혁명전통으로 인해 그들은 분명한 성격을 지니는데, 대다수 호남인들은 성급한 사람이 많으며 일을 처리하는데 있어 효율을 중시한다. 호남인 중에 길을 걸을 때 느릿느릿 걷거나 흔들거리며 걷거나, 말할 때 지나치게 느리고 신중한 사람들을 찾아보기 어렵다.

자료: 인민망 사진 D/B (2009.11)

〈사진 38〉 新중국의 창립자, 마오쩌둥

자료: 칭화대학 홈페이지 (2009.10)

〈사진 39〉 중국 前총리, 주룽지

에 대항하여 團練을 조직해서 공을 세웠으며, 뒤에 曾國藩의 천거로 福建과 浙江을 회복. 근대적인 군비의 중요성을 인식하고 福州에 조선소(馬尾船政局)를 건설하여 洋務運動의 선구자가 됨.

호남인은 재주가 많고, 그들을 첫눈에 볼 때 눈은 총기가 있고 광채를 띠며, 얼굴이 생기없이 무표정한 사람은 거의 없다. 호남인들은 사람들에게 기세가 등등하다는 느낌을 주며 일과 생활에 있어서 항상 지나치게 뽐내며 자신을 과시하는 경향이 있지만, 그들은 성실하고 시비를 가리는데 분명하기 때문에 신뢰할 수 있는 친구라고 할 수 있다.

3. 한국 화교의 과거와 현재

화교(華僑)는 현재 5천 여명이 북한에 거주하고 약 2만 명이 한국에 거주한다. 이들은 대부분 일찍이 중국 산동에서 거주지를 옮겨온 사람들이다. 그러나 1992년 중반부터 중국과 한국이 외교관계를 맺은 후, 중국의 상공인들이 한국에 와서 체류하기 시작했다. 또한 많은 중국 유학생들이 한국에 와서 공부 하고 있으며, 적지 않은 중국의 조선족과 한족이 한국인과 혼인관계를 맺어 한국에서 살게 되었다. 이들은 新화교이며, 1992년 이전에 한국에 와서 정착한 옛 화교들과 구분된다.

1) 한국 화교의 이민과 발전 과정

중국과 한국은 인접해 있고, 국토도 서로 이어져있다. 옛부터 중국 대륙에 어떤 변화가 일어나면 이를 계기로 많은 중국인들이 한반도로 이주 했다. 1842년에 아편전쟁 발발 후 청나라 정부는 패배로 인해 열강과 체결한 남경조약에 따라 중국 문호를 개방하였다. 그때부터 자국민의 해외 이민을 금지했던 '대청봉금령'은 법률적 효력을 잃게 되었다. 1882년 8월 청정부와 조선은 "조선-청 상민 수륙무역 장정"을 체결하였고, 이를 계기로 많은 화교상인(華商)들이 한반도에 들어가 통상무역에 종사하게 되었다. 이를 초기 한국 화교 이민의 효시로 본다. 이외에도 적지 않은 산동성, 하북성에 사는 중국 농민이 고향의 경작지가 줄어들고 생활고로 인해 조선으로 이주해 오기도 하였다. 한국 화교의 이민사는 역사의 발전과 경제활동의 특색에 따라 다음과 같이 구분할 수 있다.

한국 화교 정착기 (1882~1895)

한국 화교의 정착기는 '조청상민수륙무역장정(朝淸商民水陸貿易章程)'[51]을 체결한 1882년부터 청일 전쟁 전후인 1895년까지이

51) 조청상민수륙무역장정(朝淸商民水陸貿易章程). 1882년(고종 19) 8월 23일 조선과 청나라가 맺은 두 나라 상인의 수륙 양면에 걸친 통상에 관한 규정으로 전문 8조이다. 1882년 임오군란을 계기로 민씨(閔氏)정권에 대한 내정간섭을 강화한 청나라는 8월 23일 '同장정'을 맺고 조선과 통상을 개시 하였다. 1·2조에서는 조선의 왕과 북양대신은 동등한 지위이며, 양자는 개항장에 상무위원을 파견하되 청측은 영사재판권을 행사하는 치외법권 규정을 두었다. 3조에서는 황해도 연안 및 山東반도의 登州 연안에서의 어채(漁採)를 허용했다. 4조에서는 베이징과 楊花津의 개잔무역(開棧貿易)을 허용하되 양국의 내지채판(內地采辦)은 금했다. 5·6조에서는 柵門·의주·훈춘·회령의 개시와 紅蔘稅則을 15/100로 규정했다. 7·8조에서는 招商局輪船의 운항 및 병선의 조선 연해 내왕·정박은 북양대신과 조선국왕의 자회(咨會)로 결정한다는 것 등을 규정했다. 장정의 성립 이후 조선 내정에 대한 청의 간섭이 본격화되어 외교·통상 사무를 관장하는 통리아문을 설치했다. 청상인들은 영국제 면제품을 들여와 팔고 조선의 곡물과 금은 수출되어 조선의 무역수지 적자가 늘어났다.

다. 조선 고종 집권 시기인 1882년 6월 9일, 임오군란이 발발하자 청조는 조선을 돕는 구실로 대규모 군사를 조선에 파견하게 된다. 특히 광동수군제군 오장경을 파견하여, 3대의 군선에 수군 3000명과 2대의 상선에 40명 군사를 거느리고 산동성 연태에서 출발, 한 달 뒤 7월 12일에 지금에 서울에 도착하였다. 당시의 조선에 도착한 청나라 군무원(비전투요원) 40명을 한국 화교의 시초로 볼 수 있다.

이들은 원래 청군 주둔지 생활을 도와주는 군무원(보급병)이였지만, 시간이 지남에 따라 조선인과 무역을 하기 시작하였다. 조선과 청나라간 통상조약인 '조청상민수륙무역장정' 체결 후, 청조 북양대신(北洋大臣) 이홍장(李鴻章)은 원세개(袁世凱)를 총리교섭통상사의(總理交涉通商事宜)로 임명하여 서울에 상주시켰으며, 각 항만에 상무청을 세워 중국 상인이 한국에서 장사를 할 수 있도록 정책 지원을 했다.

1890년 이후 청나라 상인들의 자유로운 상행위가 가능해지자, 장기 체류를 목적으로 하는 화교 상인(華商)이 급격하게 늘어났다. 당시 화교의 대부분은 산동에서 한국의 인천과 서울로 이주했고, 정기적인 상선을 통하여 방직품, 피혁, 농산품들의 수출입 무역에 종사하였다. 게다가 1884년 4월 청정부와 조선은 '인천구 화상지계장정(仁川口華商地界章程)'을 체결하여, 청나라 상인이 거주할 조계(租界)를 확보할 수 있었다. 이를 통해 인천의 16,500㎡ 면적의 조계지에 많은 중국식 주택을 세웠는데, 이것이 한국의 첫 번째 차이나타운이다.[52]

52) 청 상인들의 수가 늘어나면서 고종 21년(1884)에 독판교섭통상사무 민영목(閔泳穆)과 총판조선상무 천수탕(陳樹棠) 사이에 인천구화상지계장정(仁川口華

1883년에는 48명에 불과했던 화교는 1890년에 이르러서는 1천 여명으로 늘어났다. 그리고 1898년에는 의화단 반청사변 발발 이후에 역시 전란으로 적지 않은 산동성 주민이 한국으로 피난 와서 정착하게 되었다.

화교 발전기 (1910~1922)

1910년 조선에서는 일본이 조선총독부를 설치하여 식민지 침탈을 본격화 하였고, 1911년 중국에서는 신해혁명이 발생하여 봉건왕조인 청조를 타도하고자 중화민국이 설립되었다. 이러한 혼란시기에 더욱 더 많은 중국 농민은 조선으로 이주하기 시작하였다. 이에 일본 총독부는 화교 인구가 점차 증가되는 것을 발견하고, 화교 거주지를 제한하기 시작하였으며, 관세를 올려 통상을 제한하였다. 비록 일본이 화교 유입을 제한하려했지만, 조선에 이주한 화교 인구는 이시기에 오히려 계속 증가하여 1910년 화교는 13,000명, 1912년 15,909명, 1916년에는 17,976명까지 달하게 되었다. 특히 1927년 전후 한국 내 화교의 경제 활동은 최고로 번성하였고, 비단 포목점, 양장점, 이발소, 중식요리점 등을 경영 하였다.

商地界章程)이 조인돼 인천에 청전관조계가 설정됐다. 전관조계는 필요한 토지를 외국 정부가 한꺼번에 영구히 임대하는 것을 말한다. 청의 전관조계는 인천 서북지역, 선린동 일대 구릉지대에 위치했으며 면적은 약 5천 평이었다. 장정의 내용은 조계가 다 찼을 때에는 확장할 수 있도록 하고 청인들이 각국 공동조계 내에 거주할 수 있는 권리도 보장됐다. (자료: 인천시역사자료관 홈 페이지. 2009.10)

화교 혼란기 (1930~1945)

1930년초 중일전쟁 전후부터 1945년 한국의 일본 식민통치 해방 시기까지 화교는 혼란기를 경험하게 된다. 이 시기는 일본은 지속해서 화교와 한국인 사이를 멀어지게 하기 위해 부정적인 측면을 부각시켰다. 그 결과 화교와 한국인 간에는 많은 분쟁이 발생했다. 그 중 가장 대표적인 것은 1931년 중국 길림성의 중국인과 한국 농민 사이에 일어난 유혈사태, 즉 만보산 사건이다.

1931년 7월 2일, 중국 길림성(吉林省) 장춘현(長春縣) 만보산(萬寶山) 지역에서 한국·중국 농민사이에 충돌사건이 발생했다. 중국을 침략하려는 일본은 한국 농민의 만주 이주를 일본인 이주의 발판으로 이용하려고 하였으며, 그 와중에 만보산 사건이 발생한 것이다.

이 사건을 계기로 한국에 거주하던 화교와 한국인 사이는 서로 혐오하는 정서가 생겼다. 이로 인해 한국에 있던 일부 화교들은 조국에 돌아가게 되어, 한국에 살던 화교의 인구는 일시에 40%까지 줄어들게 되었다.

화교 정체기 (1950~1991년)

1950년 전후부터 1970년말까지 세계는 냉전 시기에 돌입하게 된다. 1945년 8월 15일 일본의 항복으로 2차대전이 끝나고 주권을 회복한 한국은 바로 외국인의 한국 이민을 금지하는 법령을 공포하게 된다. 한편 1949년 10월 1일, 혁명에 성공한 新중국의 마오쩌둥 공산주의 정부는 쇄국 정책을 실시하였다. 결국 그동안 한국과 중국을 왕래하던 화교는 점차 축소되고, 양국간 무역 거래도 최소화 된다.

일본 강점기에 조선에 주재하던 화교 부녀자의 인구비는 총 화교의 26%에 불과하여, 한국 해방과 新중국 성립으로 중국에 돌아갈 수 없었던 화교 청년들은 남녀 인구비의 불균형으로 한국인 여자와 결혼하기 시작하였다.

1953년 7월, 한국전쟁이 끝나자 대만 당국은 남한에 대사관을 세우고 화교에게 대만 여권을 발행하였다. 반면에 중국은 북한에 대사관을 설치하고 화교를 대상으로 중국 여권을 발급하였다. 이 시기 한국 화교들은 본인의 의지와는 상관이 없이 대만 국적, 혹은 중국 국적을 취득하게 된 것이다.

그후 한국은 이승만 대통령(1953년)과 박정희 대통령(1962년) 집권 시기에, 2차례에 걸쳐 화폐 개혁을 진행하였고, 그로 인해 한국 화교가 소지했던 현금은 가치가 급격하게 떨어져 경제적인 피해가 막심하였다. 53)

한국 화교들은 부동산 소유에도 많은 제한을 받았다. 1968년 공포된 '외국인 토지법'에 따라 외국인은 주거용 주택 한 채(650㎡,

---

53) 한국은 1945년 해방이후 3차례 화폐 개혁을 하였는데, 이중 두 번째는 6.25전쟁 후 막대한 전비지출에 따른 통화증발로 1952년초부터 물가상승이 심화되자 과잉구매력 흡수와 체납국세 및 연체 대출금 회수를 목적으로 1953년 2월 17일부터 통화단위를 1/100로 절하하고 화폐 호칭을 원(圓)에서 '환'으로 변경함. 세 번째는 5.16 군사정변 후 확장적 거시정책에 의하여 누적된 과잉통화를 흡수하여 물가상승을 미연에 제거하고 쓰지 않는 퇴장자금을 양성화하여 경제개발에 필요한 자금조달 목적으로, 1962년 6월 10일에 실시함. 통화단위를 1/10로 절하하고 화폐호칭을 '환'에서 '원'으로 변경함.

200평)와 상점 한 곳(170㎡, 50평)만 소유할 수 있었다. 따라서 많은 화교들이 이후 한국 사람의 명의로 토지와 부동산을 사게 되었으나, 소유권 분쟁을 겪는 등 부작용이 발생하였다.

1997년 이전 한국의 국적법은 부계에 의한 속인주의를 채택하고 있었다. 따라서 아버지가 화교이고, 어머니가 한국인 경우에는 아버지 국적을 따라야 했다. 또한 화교들은 외국인으로 등록되어 5년마다(이전에는 3년마다) 거주 등록을 갱신하는 불편함이 있었다. 화교의 귀화에도 재산증명서 제출과 추천서(공무원, 국회의원, 교원)를 요구하여 장벽이 존재했다.

또한 1977년 한국 정부의 부가가치세제 도입으로 한국에서 주로 음식업 사업을 경영하던 화교는 다시 타격을 받아 많은 화교들이 미국으로 이민을 떠나게 되었다.

新화교 시대 (1992년이후 ~ 현재)

1992년 8월, 한국은 대만과 단교하고 중화인민공화국(중국)과 국교를 체결하였다. 그 결과 한국 화교에도 새로운 시대가 도래하였다. 한중 수교 이후, 한국에 거주하게 된 중국 국적의 상공인, 한국인과 결혼하였으나 중국 국적을 유지하고 있는 영주권자, 재한 중국 유학생 등 중국 국적의 화교가 급증하게 되었다.

따라서 한국 화교 사회는 기존의 대만 국적 화교와 중국 국적 화교 두 종류가 공존하고 있는, 新화교 시대가 도래하게 된 것이다. 이후 화교 관련 정책도 많이 개정되어 국적법 개정(1997년. 양계 혈통주의 채택으로 부모중 한 명이 한국인이면 한국 국적 취득가능), 외국인 부동산 취득 허용 및 절차 간소화(1998년), 외국인 영주 허용(2002년) 등으로 화교의 재산권과 체류 및 국적 취득 관련 불편함이 다소 해소되었다.

특히 최근에는 제8차 세계 화상(華商)대회의 서울 개최(2005.10), 한국 내 화교학교에 대한 학력 인정 권고(2006.9. 국가인원위원회), 대규모 일산 차이나타운 착공(2008) 등 新화교시대 도래에 따른 새로운 변화의 바람도 불고 있다.

2) 한국 화교 현황

1999년 통계에 따르면, 한국 화교는 21,806명이며, 이중 대만 출신이 약 100명이었고, 나머지는 산동성 출신이었다. 2002년 말 한국 각지의 화교협회 호적인구 통계에 근거하여 집계한 화교 인구수는 21,782명이다. 이중 산동성 출신이 90%를 차지하였고, 그 다음은 하북성 출신이 약 3%, 동북 각성 출신은 약 2%를 차지하였다. 그 외 광동, 호북, 산서, 절강, 귀주, 사천 지역 출신이 약간 명 있는 것으로 조사되었다.

한국에서 화교들이 많이 모여 사는 지역으로는 서울, 인천, 부산, 대구 등을 꼽을 수 있다. 화교 상공인들의 경제 단체인 한국중화총상회 자료에 따르면 2001년 기준으로 이들 지역에 거주하는 화교는 서울 8,900여명, 인천 2,900여명, 부산 2,000여명, 대구 1,000여명 등으로 나타났다.

지난 20년 간 약 10만명에 달하던 한국 화교의 숫자가 2만 명으로 줄어들었다. 이에 비해 일본의 경우 중국인 유학생들을 적극적으로 유치하는 등 화교 사회를 육성하기 위해 노력한 결과 지난 10년 간 화교 숫자가 5만명에서 100만명으로 20배가 늘어났다.

한국 화교 130년 역사에서 이들 4개 도시는 화교들에게 생활과 생업의 주된 터전이었다. 많은 화교들이 모여서 활동했던 까닭에 자연스레 차이나타운(China Town)도 형성됐다.

서울의 소공동・명동, 인천의 북성동(선린동), 부산의 초량동, 대구의 중앙로 일대가 차이나타운으로 명성을 얻은 곳들이다. 그 중에서도 인천 북성동은 국내 최초, 서울 소공동과 명동은 국내 최대의 중국인 거리로 한동안 번영을 누렸다.

그러나 한국정부의 화교에 대한 제한 정책이 심해진 1950년대 이후로 국내 차이나타운은 서서히 활기를 잃어갔다. 각종 제약이 화교들의 경제 활동을 위축시켰다. 1970년대 초부터 화교 인구가 급격히 줄면서 차이나타운은 유명무실해졌다. 쇠락하는 차이나타운을 등진 화교들은 미국, 대만 등지로 이민을 떠났다.

그러나 최근 들어 차이나타운이 부활의 기지개를 켜고 있다. 중국을 비롯한 범중화경제권의 경제적 영향력 확대에 따른 결과다. 이들 지역과의 경제 교류・협력을 강화하고 투자를 유치하려는 한국 측도 적극적인 자세이다.

한 나라의 차이나타운은 그 나라 화교 경제의 상징이다. 동시에 세계의 화상(華商) 네트워크와 연결되는 창구이기도 하다. 때문에 많은 국가들이 중화권과의 경제적 파트너십 형성에 차이나타운을 적극 활용하는 것으로 알려져 있다.

한국 화교의 영주권 문제

2002년 5월, 한국거주 화교에게 영주권이 부여되기 전까지 화교의 법적 지위는 불안정한 상태에 있었다. 1948년 12월 제정된 한국의 국적법은 속지주의가 아닌 속인주의를 따랐다. 따라서 화교는 자연히 외국인 신분이 되어 한국인이 되려면 까다로운 귀화조건을 충족시켜야 했다. 그래서 대부분의 화교는 대만 국적을 포기하지 않고 외국인으로 살았다.

1960년대초부터 18세에 달한 화교에게 외국인 등록을 의무화 하였다. 3년마다 거주권 신고를 하게 하여, 성인 화교는 화교협회를 통해 법무부에 외국인 등록을 해야 했다. 한국의 화교는 일본의 한국인과 달리 영주권이 부여되지 않았다. 이는 행정 서비스, 금융 서비스, 일상 생활에서의 불편을 의미한다.

화교에 대한 경제적 차별도 존재했다. 1961년 토지법 제정으로 외국인의 토지 소유가 금지되어 화교들은 몇 대째 살아온 집과 토지를 팔아야 했다. 이는 1968년에 이르러 1세대 1주택에 한하여 200평 이하, 영업용 50평 이하 소유가 가능하도록 개정된 바 있다. 1970~90년대 부의 주요한 축적 수단이 부동산 투자였지만 화교들은 길이 차단되어 있었던 것이다.

2002년 4월, 한국정부는 영주 자격 제도(F5. 영주자격)를 개선하여, 그동안 체류에 불편함을 감수해야 했던 화교들에게 영주권을 부여하였다. 즉 한국정부는 그 동안 대만 여권을 소지한 채, 한국에서 장기거주해온 화교에게 영주권(F5)을 부여하게 된 것이다.[54)]

일산 차이나타운 건립과 세계 화상(華商)대회의 서울 개최

2005년 10월, 경기 고양시 일산 한국국제전시장(KINTEX)에서는 국내 자본과 화교 자본이 손을 맞잡고 추진 중인 '일산 차이나타운'의 착공식이 열렸다. 일산 차이나타운의 착공은 21세기를 맞이하여 한국에서 새로운 차이나타운을 설립하기 위해, 국내 사회 지도층 인사들과 화교들이 1999년부터 추진해 온 결과물이기도 하다.

일산 차이나타운 관계자에 따르면 그 계기는 1999년 금융위기 였다. 차이나타운이 없는 나라라는 현실에 대해 문제 제기는 1990년대 중반부터 되었으나, 당시에는 아무도 주목을 하지 않았다. 그러나 1999년 외환위기 발발 이후, 화교 자본을 유치하기 위해서는 차이나타운 건설이 필수적이라는 사실을 한국 사회도 깨닫게 된 것이다. 일산 차이나타운은 착공후 2년간 사업 진행 문제로 차질을 빚었으나, 2008년 다시 착수되어, 2013년 1단계 완공을 목표로 하고 있다.[55)]

---

54) '한국에서 장기 거주하는 외국인(화교 포함)의 거류에 관한 법규'를 개선하여, 2002년 4월 18일, 대통령령 제17579호로 <출입국관리법 시행령 수정령>을 발표했다. 장기거류자격(F2)을 가진 외국인이 한국에 만 5년 이상 거주한 자 및 해당자의 20세미만의 자녀, 그리고 합법적으로 신청하여 허가를 받은 자는 F5 영주권을 부여하고 외국인 등록증을 발급한다. 또한 2002년 4월 27일 법무부는 <출입국관리 실행규칙 부분 수정령>을 공포하여, F5 자격권자에게는 영구 거주권을 주며, F2는 1차에 거주 기간을 3년을 주도록 했다.

55) 일산 차이나타운 건설 사업은 2005년에 1차 계획이 발표 되었으나, 사업 진행 문제로 2년간 진척이 없었다. 최근에는 청융화(程永華) 주한 중국대사가 2009년 11월 26일 고양시 차이나문화타운 1단계 사업 건설현장을 방문, "한・중 발전에 중요한 프로젝트로 지원과 협조를 아끼지 않겠다"고 말했다. 프라임그룹이 고양시 일산서구 대화동 킨텍스 지원시설 6.8만㎡에 추진중인 차이나문화

일산 차이나타운 건립은 전국 각지에서 추진 중인 차이나타운 건설 사업에도 자극제가 되고 있다. 인천시는 인천 청라 지구에 '아시안 빌리지'라는 이름의 차이나타운 조성을 계획하고 있는데, 인도네시아의 화교 재벌인 리포그룹이 여기에 투자할 의향을 밝힌 바도 있다.

규모를 갖춘 차이나타운이 없는 한국에서 세계 화교상인 대회가 2005년에 개최되기도 하였다. 2005년 10월에는 제8차 세계화상(華商)대회가 서울에서 개최(10월 9일~12일)되어 당시 노무현 대통령이 참석 하였다.

세계 화상대회는 전 세계 화교의 인적 네트워크와 경제협력을 강화하기 위해 리콴유 前 싱가포르 총리의 제안으로 시작된 전 세계 화교 기업인들의 '비즈니스 올림픽'이다. 1991년 첫 대회가 열린 이래 싱가포르, 태국, 말레이시아, 홍콩, 캐나다 등을 오가며 7차례 대회가 열렸다. 전 세계에 퍼져있는 6000만명의 화교들이 보유하고 있는 것으로 추정되는 유동자산은 3조달러. 서울 대회에는 전 세계 30여 개국에서 3000여 명의 화교 기업인들이 참가했다.

그동안 세계 화상대회는 화교 기업인들 간의 친목대회 성격이 강했다. 그런데 이번 서울 대회는 화상들과 한국 기업이 서로 만나 비즈니스 기회를 창출하는데 초점을 둔 것이 특징이었다. 한・화상 라운드포럼, 1대1 상담, 벤처캐피털 포럼, 투자설명회 등 한국 기업인과의 교류의 장이 다양하게 마련되었다.

타운 개발사업은 1조원 이상을 들여 상업시설, 호텔, 콘도미니엄, 중국을 테마로 한 전통공원 등을 건설하는 것으로 2008년 1월 1단계 사업이 착공됐으며, 2013년 완공을 목표로 하고 있다.

이 때문에 그간 세계 화상대회에 참석하지 않던 중국 롄상(聯想)그룹의 류촨즈(柳傳志) 회장, 홍콩 아시아파이낸스그룹 천유칭(陳有慶) 회장, 인도네시아 리포그룹 리원정(李文正) 회장 등 거상들이 참여했다. 또한 대만 포모사그룹 왕융칭(王永慶) 회장의 아들 왕원양(王文洋), 홍콩 골드라이온그룹 2세 경영인 쩡즈밍(曾智明) 부회장 등 화교 재벌 2세들도 참여했다.

화교자본은 전 세계에 걸쳐 막강한 네트워크와 자금력을 갖추고 있다. 미국 실리콘 밸리 기업의 50%가 중국계다. 이들 중국계 벤처 기업은 쓸만한 사업 아이템이 있으면 미국의 벤처캐피털이 아니라 홍콩이나 싱가포르로에서 투자 상담을 하고 자금지원을 받는다. 바로 화상(華商)들의 네트워크를 활용하는 것이다. 또 이렇게 해서 생산된 제품들은 화교 네트워크에 따라 중국에서 생산돼 전 세계로 팔려나가게 되는 것이다.

화교자본은 특히 금융, 유통, 부동산업 등에 강점을 가지고 있다. 일례로 인도네시아의 리포그룹은 전 세계에서 150여 개의 초대형 쇼핑몰을 운영하고 있는 유통 재벌이다. 이러한 화교자본의 특징이 한국 기업의 기술이나 경영노하우와 결합되면 시너지 효과를 낼 수도 있다.

위축되는 한국 화교사회가 현실임에도 불구하고, 화상대회가 서울에서 개최된 이유는 개최 장소 결정권을 가진 싱가포르, 태국, 홍콩 등 3개국 중화총상회에 한국 화교들의 열악한 상황을 개선하자는 공감대가 형성됐기 때문이라고 한다.

한국 화교사 주요 연표

1882년 - 임오군란 발발과 함께 청군의 군역 상인으로 화상들이 처음 서울에 옴
1884년 - 인천에 청국 조계(租界)가 설정.
1901년 - 서울 지역 화상들이 연합해 한성중화상회를 설립.
1912년 - 중화민국 수립으로 서울의 청국 총영사관이 중화민국 총영사관으로 바뀜.
1913년 - 인천, 부산, 원산의 중화민국 조계가 폐지됨.
1931년 - '만보산 사건'으로 인해 조선 전역에 화교 배척 경향이 확산됨.
1949년 - 중화인민공화국 수립.
1955년 - 중화요식업총회 설립.
1957년 - 무역법 제정(외국인 무역업자는 한국 정부의 허가를 얻어야 됨)
1961년 - 외국인 토지소유 금지령 공포.
1968년 - 외국인토지법 공포. 주택용지 200평, 영업용지는 50평으로 소유 한도 설정.
1973년 - 중화음식점 쌀밥판매금지령 공포(3개월 만에 해제).
1992년 - 한・중 국교 수립과 동시에 한・대만 국교 단절.
1998년 - 화교의 체류 허가기간을 3년에서 5년으로 연장.
1999년 - 한국화교경제인협회 설립. 외국인의 토지취득 및 관리에 관한 법률 시행으로 토지소유 제한 조치가 해제됨.
2002년 - 한성중국교민협회 창립. 영주권 관련 법규 개정으로 화교에 영주권이 부여됨.
2004년 - 한국중화총상회 설립.
2005년 - 제8차 세계화상대회 서울 개최.
2008년 - 일산 차이나타운 착공. (2013년 1단계 완공 예정)

참고문헌

강효백,「중국인의 상술」, 한길사, 2002

고양,「호설암」김태성,정미화(역), 달궁, 2006

고영근,「중국학 입문」, 부산외대출판부, 2003

고영근,「현대중국정치론」, 부산외대출판부, 2007

구민,「진상 중국제일상인」정광호(역), 삼진기획, 2005

구양일비,「홍정상인 호설암의 인간경영」, 이선영(역), 태웅출판사, 2005

김동하,「한국유학생 중국훔쳐보기」, 매일경제신문사, 1996

김동하,「21세기 중국경제의 비전」, IBS컨설팅그룹, 1996

김동하,「중국의 경영전략」, 백산서당, 1996

김동하, '중국 서부대개발 정책이 한국기업에 주는 시사점' 중국연구 제27권, 중국연구소, 2001

김동하, '중국의 중부굴기 정책에 대한 소고' 국제지역연구 16권 3호, 서울대 국제학연구소, 2007

김동하, '중국의 개혁 개방이 키워낸 인텔리형 부호, 궈광창' 이코노미플러스(2008년 5월호), 조선일보사, 2008

김동하, '가전유통업 부호 장진둥' 이코노미플러스(2008년 8월호),

조선일보사, 2008
김동하, 'BYD, 중국 전기자동차의 미래' 친디아저널(2009년 9월호), 포스코경영연구소, 2009
김영욱, 「더 이상 한국에서 배울 것은 없다」, 랜덤하우스코리아, 2004
김원배, 김경배, '중국인의 상관습과 유의사항에 관한 연구' 「국제상학」20권 4호, 한국국제상학회, 2005
김창도, '장신, SOHO차이나 총재' 이코노미플러스(2008년 10월호), 조선일보사, 2008
김형순 외, 「중국 비즈니스문화의 이해」, 배재대출판부, 2008
리샨통(李善同) · 허우용즈(侯永志), '중국권역별 경제사회발전 특징 분석' 대외경제정책연구원 · 한국무역협회 무역연구소 공동주최 국제세미나, 2002
매일경제, 배터리대왕 왕촨푸 BYD 회장, 「중국 스타기업(1)」, (2009.9.7)
매일경제, 중국 디지털영웅 리옌훙 회장, 「중국 스타기업(2)」, (2009.9.8)
매일경제, 바이두, 구글도 맥못추는 中 검색 지존, 「중국 스타기업(2)」, (2009.9.8)
매일경제, 메이디, 금융위기후 더 강해진 중국판 GE, 「중국 스타기업(5)」, (2009.9.24)
매일경제, 클린턴도 공들여야 만날 수 있는 마윈 회장, 「중국 스타기업(6)」, (2009.10.8)
매일경제, 워런 버핏 · 빌 게이츠도 반한 남성정장, 「중국 스타기업

(9)」, (2009.11.10)

박현옥 · 박정동, '한국화교(인천화교)의 경제활동 및 사회적 지위에 관한 연구', 인천발전연구원, 2003

범용(范勇) 「중국인도 모르는 중국 상인 이야기」이정식(역), 도서출판 황전, 2000

서울신문 특별취재팀, 「중국의 미래를 읽는다」, 일빛, 2005

서창배, '중국의 외국자본 규제 강화와 한국기업의 對中투자 최근 트렌드에 관한 소고' 「한중사회과학연구」제8권, 한중사회과학학회, 2006

서창배 이해평, '중국의 외국인 투자 환경과 그 특징' 「한국동북아논총」50집, 한국동북아학회, 2009

선웨이펑, 「마윈웨이」, 김창우(역), 시공사, 2009

스유엔, 「상경(商經)」, 김태성 · 정윤철(역), 더난출판, 2002

안경준, 「이것이 중국 상술이다」, 도서출판 여백, 1998

양세욱, '중국의 외식문화 즐기기, 친디아저널(2009년 6월호), 포스코경영연구소, 2009

어우양이페이, 「호설암의 기회경영」, 김준봉, 이지현(역), 지상사, 2006

오귀환, 「사마천, 애덤스미스의 뺨을 치다」, 한겨레신문사, 2005

왕샤오핑,박정동, 「화인형 기업경영」, 삼성경제연구소, 2004

우덕호, 「한국 화교의 과거와 현재」, 부산외대 강의자료, 2006

온원기, 「중국인의 의식구조 개조」고영근(역), 교보문고, 1993

이상준, 「중국인의 상도」, 책이있는마을, 2008

이월하, 설가주, 「역경」, 허유영(역), 청림출판, 2008

장쥔링, 「광둥 상인의 경영교훈 商典」안창현(역), 경덕출판사, 2008
장쥔링, 「절강 상인의 경영지혜 商智」이은희(역), 경덕출판사, 2008
장쥔링, 「푸젠 상인의 경영계책 商策」신병철(역), 경덕출판사, 2008
장쥔링, 「강소 상인의 경영묘수 商謨」이효진(역), 경덕출판사, 2008
장쥔링, 「원저우 상인의 경영교본 商經」송원찬(역), 경덕출판사, 2008
장쥔링, 「상하이 상인의 경영전략 商略」강경이(역), 경덕출판사, 2008
주간한국, '한국 화교사회 부활 기지개' (2005.10.12)
중국민정부, 「중국인도 다시 읽는 중국 사람 이야기」김하림(역), 에디터, 1998
증다오, 「장사의 신 호설암」, 한정은(역), 해냄, 2004
지니진셩이, 쑨시엔예, 「하이얼 스토리: 중국 혁신의 이정표」, 유혜경(역), 한스컨텐츠, 2006
지만수, 「한국기업의 對중국 권역별 진출과 전략」, 대외경제정책연구원, 2002
진순신, 「중국의 역사. 1권~12권」권순만 外(역), 한길사, 1995
차오티엔셩, 「중국 상인, 그 4천년의 지혜」김장호(역), 도서출판 가림기획, 2000
천관런, 「중국각지상인」 강효백(역), 한길사, 2004
한중경제포럼, 「차이나 쇼크」, 매일경제신문사, 2001
황정봉, '중국인의 상관습과 상혼에 관한 연구(Ⅰ)' 「産經論集」12권, 제주대 관광산업연구소, 1998
황정봉, '중국인의 상관습과 상혼에 관한 연구(Ⅱ)' 「社會發展硏究」15권, 제주대 지역사회발전연구소, 1999

國家統計局,「中國統計年鑑 2007」, 中國統計出版社, 2008
國家統計局,「中國統計年鑑 2006」, 中國統計出版社, 2007
孫景峰,「先做朋友，后做生意」，中央編譯出版社，2007
孫景峰,「酒桌上的生意經」，哈爾濱出版社，2006
王雅軒,「中國古代歷史地圖集」, 遼寧教育出版社, 1990
錢華, 劉德聯,「中國古代詩歌選讀」, 北京大學出版社, 2006
王晶,「中國各省商人性格揭密」，中國經濟出版社，2007
陳星橋, 晋商, 徽商, 豫商与文化,「大陸橋視野」6期，2006
佐伯富著, 張正明譯, 山西商人發展的原因,「晋陽學刊」第2期, 1983
李冀,一种圖騰式的經濟-縱觀內蒙古經濟的發展,「新西部」4期，2007
黃鑒暉,「明清山西商人硏究」, 西經濟出版社，2002
張正明,「晋商興衰史」, 山西古籍出版社，1995
李希曾主編,「晋商史料与硏究」, 山西人民出版社，1996
沙蓮香,「中國民族性」, 中國人民大學出版社，1990
陳冠任,「世界各國商人」, 當代中國出版社, 2002
陳冠任,「中國各地商人」, 當代中國出版社, 2002